実践につながる
新しい幼児教育の
方法と技術

大浦賢治
野津直樹 編著

Methods and techniques
for new early childhood
education

ミネルヴァ書房

はじめに

　読者の皆様は「幼児教育」と聞くと何を思い浮かべますか。たとえば「モンテッソーリ教育」やフレーベルの「恩物」などを思いつく方も多いことでしょう。幼児に対する教育の重要性や、その関心の高さは以前から人々の間でありました。そして、もちろんこうした古くからある幼児教育の重要性は今でも決して色あせるものではありません。しかし、現代は変化の激しい時代です。少子化、児童虐待、ICT（情報通信技術）など、かつて私たちが経験したことのないような環境の中に今の子どもたちは置かれています。そこで、時代に即した教育が求められているわけです。

　さらに視点を変えてみると近年の心理学、脳科学の発展には目覚ましいものがあり、第1章でも解説している通り、今まで考えられていた以上に乳幼児期は人間の一生涯に対して重要な時期であることが明らかにされています。こうした理解に基づいてより良い教育を子どもたちに与えることは社会全体の責務ともいえるでしょう。このように子どもに対する教育への関心と期待は、以前にも増して高まっているといえます。

　しかしながら、これまで世に出た幼児向けの「教育の方法と技術」関連の書籍は「教育」とはいいながら、どちらかといえば「養護」に偏った傾向があったように思われます。この科目は幼稚園教諭免許取得のための授業科目として指定されているものでもありますので、養護に配慮しながら教育的側面にも視野を広げたテキストの存在が求められることでしょう。

　このような理由によってこれまでとは一味違った全く新しいタイプのテキスト『実践につながる新しい幼児教育の方法と技術』がここに誕生しました。

　こうした本書の主な特色は以下の通りです。
1. 2018（平成30）年施行の幼稚園教育要領や保育所保育指針などにおいて新たに定められた「幼児期の終わりまでに育ってほしい姿」を念頭に置きながら、経験豊富な保育士養成校の現職教員が執筆した本格的幼児教育テキストである。

2. 短大、専門学校などの授業形態(15回)に合わせて15章立てで構成されている。

3. 写真、イラスト、図表などを適宜挿入した理解しやすい内容となっている。

4. 「音楽」、「造形」などに加えて「外国にルーツのある子ども」、「乳児院の子ども」など幅広いテーマをカバーしており、ICTに関してもこれまでにない充実した解説をしている。

5. 保育者としての自覚や責任感も同時に養われる。

　以上の通り本書は幼児教育に特化して充実した内容を備えており、最後まで読み進めることによって自然に理論と応用力が身につくように配慮されています。どうか、読者の皆様、実践的なノウハウが満載の本書で「最新の幼児教育」を学ばれることにより、限りない可能性を秘めた子どもの未来が輝かしいものとなるような、そしてその子どもが大人になってもその心の中にいつまでも残るような、そんな掛け替えのない保育者に成長してください。

　執筆者一同、皆様を心から応援しています。

執筆者を代表して　大浦賢治・野津直樹

目　次

第15章　教育の方法と技術のまとめ――保育者の真の姿とは

これからの時代における
新しい幼児教育の可能性

　現代は変化の目まぐるしい時代です。たとえば、街にはさまざまな情報通信機器が溢れています。また、これまで以上に個人としての生き方が尊重されて、人と人との関係も大きく変わりました。こうしたなかで、世界の多くの国や地域で子どもの教育に関心が高まっています。それは子どもが将来の社会を担う存在だからです。日本でも 2017 年 3 月に保育所保育指針、幼稚園教育要領、幼保連携型認定こども園教育・保育要領が改訂（定）されました。

　そこで、第 1 章では、まず心理学や脳科学の立場から子どもの心や身体についての理解を深めます。次に、これまでどのような幼児教育がなされてきたのかを簡単に振り返ると共に、今日の世界各国における幼児教育制度について概観します。さらに教育でしばしば議論の的となる「差別と平等」の問題についても考えてみましょう。

第1節
心理学や脳科学からみた子どもの特徴

学習のポイント
- 子どもにとって外的な刺激がいかに重要であるのかということを理解しましょう。
- 子どもを理解するための「視点」を養いましょう。

1　周囲の環境から影響を受ける子ども

　自分の目の前にいる子どもをみる場合、もちろん目でみるわけですが、そこには子どもに対するいろいろな「見方」があります。たとえば、同じ一人の子どもをみた場合でも、「どんな風にみえますか」と尋ねてみると、みる人によってさまざまな答えが返ってくるでしょう。この第1節では特に心理学や脳科学の立場から子どもをみた場合について考えてみます。

　「もし〜ならば、……です」という形で表される文のことを条件文といいます。これに関して大浦（2014）は、図1-1から図1-4に示した絵を幼稚園児と小学校の児童に示して、条件文に対する子どもの理解度を調査しました。その実験の方法は以下の通りです。

　片方は男の子の絵であり、それぞれ時計回りに❶教室のなかで男の子が半ズボンを履いている絵、❷原っぱで男の子が半ズボンを履いている絵、❸教室のなかで男の子が長ズボンを履いている絵、❹原っぱで男の子が長ズボンを履いている絵の4枚（図1-2）が子どもに提示されました。

　これに対して「お母さんのいいつけ」として実験者は「お母さんは太郎ちゃん（男の子の名前）に、いつも『原っぱで遊ぶのならば、長ズボンをはかなければいけません』といっています」という条件文（図1-1）を示して、さらに「どの絵の太郎ちゃんがお母さんのいいつけを守っていないか」と子どもに回答を求めました。その正解は❷の絵だけを選ぶことです。この問題では学年が上がると正解も増えました。

　もう片方は女の子の絵であり、それぞれ時計回りに❺家のなかで女の子が裸足でいる絵、❻家の外で女の子が裸足でいる絵、❼家のなかで女の子が靴を履いている絵、❽家の外で女の子が靴を履いている絵の4枚（図1-4）が子どもに提示されました。これに対して「お母さんのい

条件文の理解
条件文の理解を正しくできるようになるのは概ね11、12歳以降であると考えられている。

いつけ」として実験者は「お母さんは良子ちゃん（女の子の名前）に、いつも『家の外で遊ぶのならば、靴をはかなければいけません』といっています」という条件文（図1−3）を示して、さらに「どの絵の良子ちゃんがお母さんのいいつけを守っていないか」と子どもに回答を求めました。その正解は❻の絵だけを選ぶことです。

図1-1　ズボン問題で使用した条件文の言明シート　図1-3　靴問題で使用した条件文の言明シート

図1−2　ズボン問題で用いた絵　　　図1−4　靴問題で用いた絵

出所：大浦賢治　『発達心理学研究』　2014年　pp.212-213　日本発達心理学会より転載許可を得たうえで掲載

＋α

4つの発達段階

発達心理学者のピアジェは、子どもには感覚運動期、前操作期、具体的操作期、形式的操作期の4つの発達段階があると考えた。

　ところが、6年生も含めて多くの子どもは❼の「家のなかで女の子が靴を履いている絵」に対しても「お母さんのいいつけを守っていない」と答えました。その理由を聞いてみると、「家が汚れてしまうから」や「お母さんに怒られるから」という答えが返ってきました。確かにいわれてみればその通りです。でも、それは経験的に子どもがそう答えているのであって、世界中の誰もがそのように考えているとは限りません。

　たとえば、もしこの絵をアメリカの子どもたちにみせたとしましょう。そうすれば「❼の絵はお母さんのいいつけを守っている」と答える人が多く出てくるはずです。なぜならばアメリカでは家のなかで靴を履いているのが普通だからです。こうして考えてみると、子どもは人や事物などを含んだ自分の身のまわりの環境から、何らかの影響を受けて育つということがいえます。

2　愛着の必要性

　大浦が行った実験からもわかるように、子どもと母親との関係には特別のものがあると考えられますが、このことに関してはアカゲザルを用いたハーロウの実験が有名です。

　この実験では、生まれて間もないアカゲザルが母親から引き離されました。そして、母親の代わりに、ミルクを飲むことができるものの全体が針金でできたサルの模型と、胴体部分を布で巻いて実物に近いけれどもミルクを飲むことができないサルの模型が用意されました。ハーロウはそれから子ザルの行動を観察しましたが、そのときに子ザルが取った行動は、お腹がすいたとき以外は布を巻いた模型にしがみつくというものでした。さらに布を巻いたサルの模型と一緒にそのまま育てられた子ザルはその後に自傷行為をしたり、自分の子どもを虐待したりするなどの症状を示しました。このことから健全な心身の発育には親の愛情が大切であるということがわかったのです。

　ハーロウの実験は動物を用いたものでしたが、愛着を研究したスピッツやボウルビィは、施設に入れられて母親的な存在と十分な接触が子どもになかった場合、たとえそのほかの栄養状態や衛生状態に問題がなかったとしても子どもはしだいに無関心、無反応になり、発達に遅滞が生じることを見出しています。この症状をホスピタリズム（施設病）といいます。

　また、エインズワースは図1-5に示すストレンジシチュエーション法を用いて、愛着のパターンが3つあることを発見しました。これは、さらに後の研究によって、そのどれにも当てはまらないパターンが見出され、現在では以下に示す通り、4つに分類されています。

●回避型
　養育者が子どもからの働きかけに対して否定的に振る舞う場合、養育者との分離に際して泣いたり混乱を示したりするということがほとんどみられない。
●安定型
　養育者が日ごろから子どもの欲求に敏感であり、相互の交渉が調和的であると、分離時に混乱を示しても再会時には容易に鎮静化する。
●アンビバレント型
　子どもが送出する各種のシグナルに対して養育者の敏感さが相対的に低い場合、分離時には混乱を示し、再会時には身体接触を求める一方で激しい怒りを養育者にぶつけることがある。

●無秩序・無方向型

　養育者が精神的に不安定である場合、子どもには接近と回避という本来両立しない行動がみられる。また不自然でぎこちない動きをすることがある。

人物

エインズワース
Ainsworth Mary
D. Salter
(1913-1999)
アメリカの発達心理学者である。ストレンジシチュエーション法を用いて、愛着には個人差があることを明らかにした。

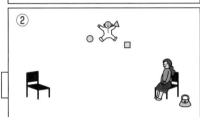

① 子ども用おもちゃ　ストレンジャー用　母親用
実験者が母子を室内に案内。母親は子どもを抱いて入室。実験者は母親に子どもを降ろす位置を指示して退室。(30秒)

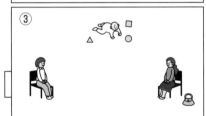

②
母親は椅子にすわり、子どもはおもちゃで遊んでいる。
(3分)

③
ストレンジャーが入室。母親とストレンジャーはそれぞれの椅子にすわる。
(3分)

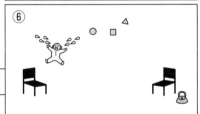

④
1回目の母子分離。母親は退室。ストレンジャーは遊んでいる子どもにやや近づき、はたらきかける。
(3分)

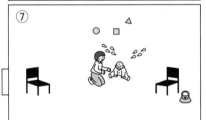

⑤
1回目の母子再会。母親が入室。ストレンジャーは退室。
(3分)

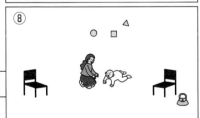

⑥
2回目の母子分離。母親も退室。子どもはひとり残される。
(3分)

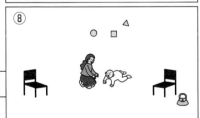

⑦
ストレンジャーが入室。子どもを慰める。(3分)

⑧
2回目の母子再会。母親が入室しストレンジャーは退室。
(3分)

図1-5　ストレンジシチュエーション法
出所：繁多　進『愛着の発達』大日本図書　1987年

こうしてみると、子ども、そのなかでも特に乳幼児の健やかな成長のためには、養育者との心の通い合いや、深い愛情が不可欠であると考えられます。では、次に脳科学の観点から体の内部に目を向けてみましょう。

3　外界の刺激と脳の発達

人間は五感を通して自分の身のまわりの環境からさまざまな情報を取り入れています。たとえば目や耳によって美しい風景や音楽を楽しむことができます。しかし、こうしたごく当然のようになされていることの背景には感覚器官を取りまとめる脳の活動があります。

ニューロン（神経細胞）、そしてシナプスが発達することによって、脳は発達します。さらに、環境からの刺激によってあるシナプスが増強される一方で、それとは関わりのないシナプスは死滅します。これを「シナプスの刈り込み」といいます。たとえば乳幼児はどんな国の言語の音も聞き分けることができますが、日本語の環境で育つと英語の音にだんだん反応が鈍くなっていきます。これは英語の音を聞き取るために必要なシナプスが刈り込みによって死滅したことが原因ですが、脳の働きを効率的にするためにこうした現象が起こると考えられています。

このように人間の一生のうち、特定の期間に適切な刺激を受けることでその後の能力の伸びに影響がある時期のことを感受性期あるいは臨界期といいます。津本は、片方の眼の視力が眼鏡をかけても矯正できない子どもに関して、その矯正できない原因が感受性期において片方の眼に眼帯をかけていたことによるものであることを突き止めた粟屋の研究などを引用しながら、この時期に適切な刺激を脳に与えることが重要であると指摘しています。

最近、小さな子どもにスマホをもたせて子守代わりにしている親をみかけますが、それでは人と人との触れ合いやコミュニケーションが希薄であり、さらに実物に接する機会がないために脳に対する十分な刺激が得られないことも考えられます。乳幼児期におけるこうした電子機器の長時間の使用は、これまでもたびたび疑問視されており、その扱い方には何らかの注意が必要でしょう（第10章）。

子どもは皆、自分自身に備わった遺伝的要因と自分の身のまわりの環境的要因の両方からさまざまな影響を受けて育つと考えられています。これを相互作用説といいます。厚生労働省の資料によれば、子どもの脳は誕生と共に成長します。特に生後から概ね3歳ごろまでに脳の感受性が最も高くなっており、この時期はとても重要だと考えられます。

シナプス

神経細胞と神経細胞の結合部のことであるが、実際には結合していない。神経伝達物質を放出して、信号を化学的に伝達している。

相互作用説

遺伝的要因と環境的要因が相互に関係していると考えるものであり、ジェンセンによって主張された。

第2節
世界の幼児教育の現状

学習のポイント
● 幼児教育の重要性について理解を深めましょう。
● 世界の幼児教育の特色を把握しましょう。

1　幼児教育の必要性

　第1節では心理学と脳科学の立場から子どもの特徴について簡単にみてきました。そして、そのことから科学的にみた場合に乳幼児期が子どもの将来の成長にとっていかに重要であるかということがわかりました。また、OECDによる最近の調査によれば、1年以上の就学前教育を受けた子どもは、そうではない子どもと比較した場合、社会経済的背景による調整をした後でも、15歳児の生徒学習到達度調査（PISA）の成績が高いことなどが明らかになっています。

　こうしたことは科学が進歩するずっと以前から断片的に知られていました。実際に十分な栄養や外界からの刺激が不足すると、さまざまな問題が心身に生じることは大人でも経験しています。しかし、子どもの場合、なおさら大きな影響のあることがわかったのです。乳幼児期の子どもに対しては、大人からの質の高い関わり方が特に重要だといえます。

　この点に関して、これまでも子どもに対するさまざまな形の幼児教育が広く行われてきました。たとえば、子どもを発見したといわれるフランスの思想家ルソーの影響を受けたペスタロッチは、母親の愛情を重視しながら精神、心情、身体が調和するような教育がなされることを主張しました。

　また、1840年に世界で初めての幼稚園をつくったことで有名なフレーベルは、子どもの成長を育むために「恩物」と呼ばれる幼児用の教材を考案しました。これは全部で20種類あり、日本にも明治時代に導入されて、現在でも使われています。図1-6は、そのなかの1つを示しています。フレーベルは子どもと神のつながりを考えてこの道具を作成しました。ちなみに日本語の「幼稚園」はドイツの「キンダーガルテン」という語を訳したものですが、それは直訳すると「子どもの庭」といった感じの意味になります。

コトバ

OECD
Organization for Economic Co-operation and Development の略である。これは1961年に設立された経済協力開発機構のことであり、国際経済などについて話し合うことを目的としている。

PISA
OECDに所属する国が実施する国際的な学力調査のこと。以前「ゆとり教育」の結果、成績が一時下がったために話題になったことがある。

人物

ルソー
Rousseau, Jean-Jacques (1712-1778)
フランスの思想家であり、『エミール』などの著作がある。

図1－6　第1恩物：つるした状態

出所：広岡義之（2018）88頁から著者の許可を得たうえで掲載

　さらに、モンテッソーリは、教育が生命に対する援助であると考えて、科学的な観点から子どもの自立を重視しました。そして、彼女が作った「子どもの家」では、幼児たちが主体的に学びを深めることができるような環境が提供されました。

2　現代の子どもを取り巻く社会状況

　現代は科学技術の進歩が目まぐるしい時代です。次から次へと新しい電子機器が販売され、少し前に出たものは「型落ち」といってすぐに旧型になってしまいます。最近の学校教育ではICTが盛んに叫ばれています（第10章）。いや、科学の話だけではありません。国際化の進展と共に人的交流も盛んであり、ときとして深刻な移民問題を抱える地域もあります。日本でも外国にルーツをもつ子どもたちが増えています（第11章）。

　また、最近発達に障害のある子どもが増加していることが指摘されています。これに対して文部科学省は特別支援教育の充実をはかっていますが、適切な支援を受けられない子どもの存在があります。第1節でもみてきた通り最近の心理学や脳科学の発展から人間の脳の成長にとって、生後約3年の期間は特に重要といわれていますので、幼少期からそうした子どもを見守る体制作りが必要でしょう（第12章）。

　さらに、先進国を中心にして人口減少が深刻な問題となっており、その対策も急がれています。実際に日本の各地でも過疎化が深刻な問題となっており、学校の統廃合がしばしばみられるようになっています。少子化のあおりを受けて近所に同い年の子どもが少ないといった状況も生まれたために、保育所などでは子どもの人的交流を少しでも深めることを目的として、異年齢保育などを実施しているところもあります。

　そのほか、子どもに対して十分な教育をするためにはその教育を受ける機会が社会のなかにおいて平等であることも必要なはずですが、最近、

家庭間での格差が一種の社会問題にまで発展してきました。アメリカなどではその対策が多く取られているようですが、家庭の貧困によって子どもの教育を受ける機会が制限され、将来その子どもが何らかの不利益をこうむることが日本でも心配されています。そのなかには貧困が原因で児童虐待につながるケースも報告されています。最近の児童虐待はその通報件数が約16万件に達しており、かなり深刻な状況です。こうした子どもたちを救い、適切な教育を施すことも欠かせません（第13章）。

　前述したような、個人を対象としたモンテッソーリらの教育法はもちろん今日でも有益です。しかし、現代の子どもを取り巻く状況は、かつてなかったほどに課題が山積しています。そのため、もっと視野を広げてみることも大切でしょう。これに関して泉（2017）は、その「はしがき」のなかで、「それぞれの国が、新しい時代の要請に応えようと真剣に努力していることは事実であり、その点を謙虚に読み取っていただきたい。そうすれば日本の保育改革への示唆も、おのずとみえてくるはずである」と述べています。では、世界の国々は子どもたちの幼児教育や保育に対して、現在どのような対策をしているのでしょうか。次に主な国々の教育制度についてみていきましょう。

格差社会
年収や財産など経済的な違いが半ば固定化され、底辺にいる人がどんなに努力しても生活が豊かにならないような社会のこと。

3　世界の幼児教育や保育の現状

　世界各地の教育に関しては、どの地域にも共通する課題とその国や地域に特有の課題の両方があると考えられます。そこで、ここでは泉（2017）を手掛かりにして各国のさまざまな特色を抽出し、さらに大まかに整理しました。それが以下に示す**表1－1**です。

表1－1　世界の主な国々の幼児教育や保育

国名	主な特色
スウェーデン	・子どもが生まれると1歳過ぎまでは親が家庭で養育できる制度がある。 ・すべての子どもが就学前保育を受けられるように努力されている。 ・分類されることによって子どもが自分自身に劣等感などをもつことがないように基礎学校6年生になるまで学校の成績をつけない。 ・子どもの権利が尊重されている。

デンマーク	・就学前に1年間通う「0学年」があり、義務教育は10年間である。 ・教育カリキュラムの柱は、言語、自然、芸術・音楽、運動、社会的能力、協同活動の6つである。 ・保育においては、子どもの参加、民主主義、人権などの価値観が尊重されている。
フランス	・2歳以上の子どもを受け入れる保育学校があり、これは義務教育ではないが、無償である。 ・保育学校は国内のいたるところに設置されており、利用の平等性がはかられている。 ・保育学校の目的は、初めての学校経験において子どもに成功感を与えることなどである。
カナダ	・幼児教育と保育の内容が州ごとに異なり、ほとんど私的なNPOによって運営されている。 ・移民が多いために多様性やインクルージョンに配慮がなされており、教材でも「女性の工事作業員」など固定観念のない写真が使われている。
オーストラリア	・幼児教育と保育サービスが公式保育と非公式保育に分けられている。 ・施設型保育、家庭型保育など日本と同様にさまざまなタイプの保育形態がある。 ・国家戦略として「乳幼児への投資」が位置づけられている。

出所：泉（2017）を参考にして筆者作成

　以上みてきた通り、世界の国々はさまざまな対応を取り、その国に合った幼児教育や保育の実践をしているといえます。これらの施策は子どもの最善の利益を実現すると共に、将来社会で有為な人材を育成することなどを目的としてなされているものです。では日本の場合、現在どのような課題があって、それに対していかなる対処がなされているのでしょうか。保育所保育指針などが2017年に改訂（定）されたことはこの章の最初に紹介しましたが、この点については次の第2章で「環境指導法」に焦点を当てながら詳しくみていきましょう。

●**コラム**● 教育における差別と平等の問題

　教育について考えるときに、しばしば「差別と平等」がテーマにな

コトバ

NPO（エヌピーオー）

non-profit-organizationの略。営利を目的としない市民が主体となった組織団体のことである。

子どもの最善の利益

子どもの幸福を第一とする考えである。1989（平成元）年11月20日に第44回国連総会において採択された「児童の権利に関する条約」において基本的な原則とされている。

ることがあります。たとえば、最近起こった出来事として医学部の入試で何回も受験していた人や女性が、わざと不合格にされていたという事実が明らかになり社会的に大きな注目を集めました。なぜこれが問題になったのかといえば、合格点に達していたにもかかわらず、不合格扱いとされて教育を受ける権利や機会を奪われていたからです。教育を受ける権利は、誰に対しても平等であるべきでしょう。

ところで、差別とはどういうことなのでしょうか。たとえば、トイレやお風呂などは男女別になっています。それで文句をいう人は誰もいません。それにはきちんとした理由があるからです。でも、男性も女性も同じ時間だけ働いて、つくった製品も同じ数なのに賃金が違うとそれは差別になります。つまり、合理的な理由があって何かを分けることを「区別」、合理的な理由がないのに何かを分けることを「差別」といいます。

では、運動会で 100 メートル走があって、みんな速さが違ってゴールしたのに全員が 1 等賞にされたとしたらどう思いますか。おかしいですね。でも、実はこれと似たようなことがかつて実際にありました。それが 1970 代後半から 1990 年代後半ごろまで続いた「地元集中」という運動です。

この運動は、主に関西の一部の地域で高校受験を控えた中学 3 年生を対象として行われていたものです。その趣旨には、高校間にある学力格差から進学校に進んだ生徒には、そうではない高校に進んだ生徒に対して差別意識が生じるという過度の一般化がありました。そして、わざわざ遠くにある進学校へ行くのではなくて、誰もが地元にある新設校、あるいは底辺校と呼ばれる学校に通えば、皆がこれまでと同じようにいるわけだから差別がなくなるというまったく短絡的な考え方を当時の教員たちはしていました。

しかし、これは生徒一人ひとりの学力、個性、才能、主体性、そして将来への希望といったものをまったく考慮しないものです。さらに、地元集中運動によって推奨されている学校への進学を拒めば、教員や同級生たちから嫌がらせを受けることもありました。こうして、当時の子どもたちは自分の人生を自分自身で決められない状況に置かれていたのです。子どもの権利を無視したこの運動は、その後社会からさまざまな批判を浴びるようになり、現在では終息しています。この運動は約 20 年間続けられたわけですが、ではその結果として当時の教員たちが考えていた意味での差別はなくなったのでしょうか。

子どもの権利
近年、「体罰禁止」など子どもの人間としての権利が認められる傾向にある。しかし、まだまだ課題が多い。

　結論からいえば、差別はなくなりませんでした。なぜならば、ある人が進学校への受験をせずに地元集中で推奨された他の学校へ進学したとしても、その代わりに別の人がその進学校へ入学しましたし、それは別の人にとってみれば競争相手がいなくなって得をしたことになります。そして、教員のいう通りに地元の学校へ進学した人は差別をしなかったかもしれませんが、しかし、それは逆に差別される側に回されただけの話です。結局、これでは彼らがいうところの差別の構図は何も変わりません。

　もともと差別をするのは誰なのでしょうか。たとえば勉強ができることと、仕事ができることは必ずしもイコールではありません。それなのに出身校で就活のエントリーを制限し、最初から応募を認めない一部の企業といえるでしょう。子どもに差別の責任や原因があるわけではありません。むしろ、子どもたちはそうした差別を受けたくない思いから、進学校を目指すのでしょう。

　つまり、社会を変えないと当時の教員が主張したような差別はなくならないわけです。当時の教員たちは一生懸命にこの運動に取り組んでいました。しかし、社会に対しては何もいえないのに、閉鎖的な校内で弱い立場にある生徒に独り善がりの偏狭な理想を押しつけても、それは間違いです。これでは子どもの主体性も育ちません。彼らがやっていたことは結局ただの自己満足に過ぎないのです。

　では、ここで教育における平等について、もう一度考えてみたいと思います。前述した通り、差別とは合理的な理由がないのに何かを分けることでした。つまり、肌や髪の色、信条、男女の別などによって正当な理由もなく人を分別することです。そして、これを基にして考えてみると、平等とは「さまざまな状態が異なったとしてもその人自身の存在、それ自体を尊重する」ということになるでしょう。先ほどの例でいえば、100 メートル走で 1 位になった人もビリになった人も「よく頑張った」とお互いに讃え合う、さまざまな学校があるけれども、卒業して学校が変わったとしても以前と変わらずお互いを認め合うような関係でいるということになるでしょう。

　このようにいろいろな点で異なるお互いの存在をそのままに認めること、つまり、差異をなくすのではなくて一人ひとりの差異を認め合うことが「平等」だといえるでしょう。この点はこれからの幼児教育の可能性を考えるうえでも特に大切でしょう。

（大浦　賢治）

演習課題

① テキストには載せなかった世界の国々の教育事情について、どんな特色があるのか調べてみましょう。
② 自分が幼稚園や保育所にいたときにどんな教育を受けていたのか振り返ってみましょう。

【引用・参考文献】

泉　千勢編著　『なぜ世界の幼児教育・保育を学ぶのか　子どもの豊かな育ちを保障するために』　ミネルヴァ書房　2017 年

大浦賢治　「子どもの条件文解釈における実用的推論スキーマ説の妥当性」『発達心理学研究』25　2014 年

大浦賢治編著　『実践につながる　新しい保育の心理学』　ミネルヴァ書房　2019 年

数井みゆき・遠藤利彦編著　『アタッチメント　生涯にわたる絆』　ミネルヴァ書房　2005 年

経済協力開発機構（OECD）編著　『図表でみる教育　OECD インディケータ（2016 年版）』　明石書店　2016 年

厚生労働省「海外の調査研究」
https://www.mhlw.go.jp/file/05-Shingikai-12601000-Seisakutoukatsukan-Sanjikanshitsu_Shakaihoshoutantou/02siryou.pdf（2019 年 7 月 7 日アクセス）

汐見稔幸・無藤　隆監修　『平成 30 年施行　保育所保育指針　幼稚園教育要領　幼保連携型認定こども園教育・保育要領　解説とポイント』　ミネルヴァ書房　2018 年

津本忠治　「脳と心のお話《第九話》　脳発達と感受性期のお話」
http://www.brain-mind.jp/newsletter/09/story.html（2019 年 7 月 21 日アクセス）

繁田　進　『愛着の発達』　大日本図書　1987 年

広岡義之　「ボルノーにおけるフレーベル幼児教育思想の一考察(2)——『恩物』の教育学的意義について」『神戸親和女子大学研究論叢』51　2018 年

フレーベル　荒井　武訳　『人間の教育（上）（下）』　岩波書店　1964 年

皆川泰代　「脳科学からの示唆」『新・発達心理学ハンドブック』　福村出版　2016 年

モンテッソーリ　林　信二郎・石井　仁訳　『モンテッソーリの教育　子どもの発達と可能性　子どもの何を知るべきか』　あすなろ書房　1986 年

谷田貝公昭・原　裕視編　『子ども心理辞典』　一藝社　2011 年

ルドヴィツァ・ガンバロ他編著　山野良一・中西さやか監訳　『保育政策の国際比較』　明石書店　2018 年

環境指導法

　保育の環境とは、子どもの育ちを促す保育者が意図的に構成する園内環境、園外環境も含めて環境ととらえています。

　「環境を通して行う保育」では、保育者が幼児の発達に必要な経験が得られるように適切な環境をつくり出すことが大切にされています。そして、保育者の役割として、幼児が主体的に関わる遊びを中心とした生活をするなかで、幼児の活動を引き出すような創意工夫が求められます。

　本章では、1942（昭和22）年以降の「保育要領──幼児教育の手引き」から、保育内容「環境」の変遷史を概説し、今日に継承される保育内容「環境」のねらいについて考えていきます。そして、求められている幼児の身近な環境の素材について考察すると共に、推進役としての保育者の役割について考えていきます。幼児の生活を充実したものにするために、保育環境をどのように用意するべきかを検討していきます。

第1節
領域「環境」に関連する保育内容の歴史的変遷

学習のポイント
●今日の領域「環境」に関連する保育内容の歴史的変遷について学びましょう。
●環境を通して行う保育について理解しましょう。

1 保育内容「環境」の目指すもの

　2018（平成30）年に施行された幼稚園教育要領第1章総則第1幼稚園教育の基本では、「幼児期の教育は、生涯にわたる人格形成の基礎を培う重要なものであり、幼稚園教育は、学校教育法に規定する目的及び目標を達成するため、幼児期の特性を踏まえ、環境を通して行うものであることを基本とする」と示されています。

　保育内容「環境」は、保育所保育指針・幼稚園教育要領・幼保連携型認定こども園教育・保育要領において共通しており、「周囲の様々な環境に好奇心や探究心をもって関わり、それらを生活に取り入れていこうとする力を養う」とされています。

　その「ねらい」は「（1）身近な環境に親しみ、自然と触れ合う中で様々な事象に興味や関心をもつ（2）身近な環境に自分から関わり、発見を楽しんだり、考えたりし、それを生活に取り入れようとする（3）身近な事象をみたり、考えたり、扱ったりする中で、物の性質や数量、文字などに対する感覚を豊かにする」です。身近な環境と事象が対象になっており、幼児自らが働きかけるための保育者の援助が求められていることがわかります。

　ここでは、領域「環境」の「ねらい」を理解するために、保育内容「環境」が、どのような成立の歴史をたどってきたのかをみていきたいと思います。そのため、第2次世界大戦の終戦以降の幼稚園教育要領の変遷史を、領域「環境」に関連する保育内容に着目して概説していきます。

コトバ

保育内容
幼稚園や保育所、幼保連携型認定こども園で保育を行うにあたり、望ましい人間形成という保育の目標を達成するために展開される生活の内容すべてを指す。

2　教育要領の変遷

1 1940 年代

①教育基本法・学校教育法の制定

　1947（昭和 22）年に教育基本法、学校教育法が制定されました。ここで、幼稚園は学校教育法第 1 章総則第 1 条に規定する学校体系のなかの施設として位置づけられました。

> 学校教育法第 77 条
> 　幼稚園は、幼児を保育し、適当な環境を与えて、その心身の発達を助長することを目的とする。
>
> 学校教育法第 78 条 3
> 　身辺の社会生活及び事象に対する正しい理解と態度の芽生えを養うこと。

　学校教育法第 77 条「適当な環境を与えて、その心身の発達を助長する」同第 78 条 3「身辺の社会生活及び事象に対する正しい理解と態度の芽生えを養う」の「ねらい」は、今日の保育内容「環境」に継承されています。

②「保育要領――幼児教育の手引き」の発刊

　1948（昭和 23）年、GHQ の民間情報教育局の初等教育担当のヘレン・ヘファナンと作成委員長の倉橋惣三を中心として「保育要領――幼児教育の手引き」が発刊されました。保育要領は国が作成した保育の最初の手引書であり、保育の新しい方向を指向するものです。その第一の特色は、自由保育の理念に基づいた保育の内容・方法を示したことでした。第二の特色は、幼児教育全体の参考になる手引書として書かれたことでした。

　教育基本法・学校教育法発足にともない、学校教育法施行規則に基づいて学習指導要領、それにならい幼稚園教育の基準を示す保育要領が作成されました。これは、学校教育法第 79 条に基づいて、幼稚園の保育内容を規定した日本で最初の保育内容に関する基準文書です。そして、今日の幼稚園教育要領・保育所保育指針・幼保連携型認定こども園教育・保育要領の 3 つの指導要領の保育の原点といえます。

　この保育要領では、保育内容を「楽しい幼児の経験」として、12 項目の具体的な活動項目が提起されていました。これまでの教科ごとの時間割に基づいた学科中心の保育から、幼児中心の保育方法へと変換されました。戦前の保育 5 項目と比較すると、幼児の生活全般を保育の対象

コトバ

教育基本法
日本の教育に関する根本的・基礎的な法律である。

＋α

学校教育法
教育基本法が日本の教育の理念全般を提示しているのに対し、学校教育法はその具体的な施策を述べている。

コトバ

GHQ
総司令部。第二次大戦後、連合国軍が日本占領中に設置した総司令部。

人　物

倉橋惣三
（1882-1955）
大正期から昭和にかけて、日本の幼児教育の理論的な指導者で、児童中心の進歩的な保育を提唱した。「生活を、生活で、生活へ」と導いていくことが大切だとした。

とし、興味関心や自発的な活動に基づく自由遊びが重視されるようになりました。

　この 12 項目とは、❶見学　❷リズム　❸休息　❹自由遊び　❺音楽　❻お話　❼絵画　❽製作　❾自然観察　❿ごっこ遊び・劇遊び・人形芝居　⓫健康保育　⓬年中行事です。

　保育要領では、幼児の生活環境として、運動場・建物・遊具があげられました。ここから、保育内容を実践する前提条件として生活環境がとらえられていたことがわかります。

　保育内容「環境」と関連するのは、「見学」「自然観察」「年中行事」です。園内ではできない直接体験の場を与える必要があるとして、保育項目に園外に出る「見学」「自然観察」「年中行事」が入りました。

② 1950 年代

　1956（昭和 31）年に、1947（昭和 22）年に制定された教育基本法・学校教育法のもとで、保育内容を規定するものとして幼稚園教育要領が制定されました。その特徴は、幼稚園の役割の明確化と小学校教育との一貫性でした。

　そして、保育内容を❶健康　❷社会　❸自然　❹言語　❺絵画製作　❻音楽リズムの 6 領域に分類整理しました。領域「環境」に関連するものは❷社会と❸自然でした。

　しかし、小学校の教科の概念との相違点を明らかにしなかったため、これらの保育内容が教科のように教えられました。1964（昭和 39）年の幼稚園教育要領の刊行では、1956（昭和 31）年と同じく 6 領域で同様でした。1956（昭和 31）年の幼稚園教育要領と基本的な構造は同じでした。従来の「ねらい」を精選し、領域の性格、望ましい幼児の経験や活動の意義、留意点を明示したことに特色があります。

③ 1980 ～ 90 年代

　1989（平成元）年の幼稚園教育要領改訂は、1956（昭和 31）年以降の幼稚園の小学校化から幼稚園教育を原点に返す方向に転換しました。同年、改訂内容は教師主導の保育から、幼児中心の保育への転換、「環境による保育」を基本理念として、領域も 6 領域から 5 領域に改められました。また、小学校 1、2 年生に生活科が導入されました。幼稚園教育の基本は「環境を通して行うもの」（幼稚園教育要領総則）という認識は、1989（平成元）年の幼稚園教育要領の改訂において、総則に幼稚園教育の基本がはじめて明確に記載されたときからです。

　1998（平成 10）年改訂でも、幼稚園教育は幼児期の特性を踏まえ、「環境を通して行う」ものであることを基本とすることが示されました。教

生活科

生活科は、児童の生活圏を学習の対象や場としている。そして、それらと直接に関わる活動を重視している。その結果として児童が具体的な活動や体験のなかでさまざまな気づきを得ることをねらいとしている。

育課程審議会答申「新しい時代を拓く心を育てるために」では、心を育てる場として幼稚園、保育所の役割を見直し、体験的活動を取り入れる幼児の自然体験プログラムの提供が見直し内容として示されました。

前回の基本姿勢や保育内容は継承しつつも、教師の指導性と幼児の主体性のバランスをはかることを位置づけました。

④ 2000 年代

①総合的な学習の時間の導入

2002（平成 14）年、小学校 3 年生以上に「総合的な学習の時間」が導入されました。

幼稚園教育要領と保育所保育指針では、幼児期にふさわしい教育（保育）の内容として❶健康　❷人間関係　❸環境　❹言葉　❺表現の 5 領域を提示しました。

従来の幼稚園教育要領では、教師が望ましい経験や活動を教師主導で一斉に幼児に指導することが一般的でした。しかし、新しい幼稚園教育要領は環境との関わりのなかで、子どもを主体とした教育を行い、遊びを援助する保育への転換が期待されました。幼稚園教育要領によれば、幼児教育では「ねらい」は生活や遊びを通して総合的に達成されていきます。それは幼児教育では生活の全体を通して「ねらい」が達成されていくものであり、そのなかでも遊びを通した指導を中心として「ねらい」が総合的に達成されるようにすることが肝要であると説明されているためです。

②幼稚園教育要領の改訂

2008（平成 20）年の幼稚園教育要領の改訂では、「幼児期における教育は、生涯にわたる人格形成の基礎を培う重要なものであり、幼稚園教育は、学校教育法第 22 条に規定する目的を達成するため、幼児期の特性を踏まえ、環境を通して行うものであることを基本とする」とされました。

幼稚園教育要領は、発達や学びの連続性、家庭と幼稚園生活の連続性に配慮しながら、計画的に環境を構成するという、1989（平成元）年からの領域の考え方を継続しつつ、幼小連携と協同的な学びが重視されました。

⑤ 2010 年代

2018（平成 30）年告示の幼稚園教育要領総則には、最初の部分で幼児期は、生涯の人格を形成する基礎であること、幼児期の保育は、幼児期の特性や環境を通して行うこと、教師は幼児との信頼関係を築くこと、とあります。第 1 章総則第 1 幼稚園教育の基本は、2008（平成 20）年の幼稚園教育要領と同様でした。

コトバ

総合的な学習の時間
児童、生徒が自発的に横断的・総合的な課題学習を行う時間である。

遊び
遊びとは配慮してつくられた環境において子どもたちがモノや人などと主体的に関わることでつくり出される具体的な活動。

19

　そして、これらの実践のため「教師は幼児との信頼関係を十分に築き、幼児と共によりよい教育環境を創造するように努めるもの」と保育者の役割についても示されました。

　以上、みてきたように領域「環境」に関連する保育内容は、1989（平成元）年以降の「環境を通しての保育」でした。また、1998（平成 10）年には、その実践のため推進役として保育者の主体的で対話的な役割が求められました。

第2節
子どもの身近な環境について

学習のポイント
●子どもの身近な環境について考えてみましょう。
●子どもの物的環境について、理解しましょう。

　ここでは、自然環境のなかでの特に物的環境と人的環境について考えてみましょう。

1　物的環境・人的環境

　保育環境は、物的環境と人的環境に大別されています。

　物的環境とは、物理的な事象、建物、設備、自然物や素材などをはじめ、通信機器や出版物など、広く社会文化情報的なものも含めたものです。

　人的環境とは、ほかの幼児や子どもや保育者、親、兄弟、近隣の人々で形成する人間関係や、そのなかでの社会的な役割、それらがつくり出す雰囲気や意識、価値観などを含めたものです。

　さらに、時間、空間なども環境として考えられます。保育の環境とは、育ちが促される保育者が意図的に構成する園内環境、より広く園外環境も含めて環境としてとらえることができます。

　保育環境の意義として、幼児が自らの興味や関心、能力に応じて環境に関わり、それに応じて環境からの応答を受け取るといった相互交渉によって、幼児の自主性、主体性の形成をはかることにあります。そのためには、幼児が意欲的に身近な環境と関わることのできる、また、それによって充足感を得ることができる園生活を構成する保育者の試みが求められています。

　ここでは、玩具に廃材を使用して子どもの自主性を育む保育を実践している、千葉県北東部に位置する八街市立川上幼稚園の保育者による手づくり玩具の物的環境の事例を紹介します。

コトバ

人的環境
保育者、ほかの子どもたち、調理師などの職員等、子どもを取り巻くすべての人々を指す。保育者は、子どもが園生活で最初に出会う人間である。

玩具
子どもの遊ぶ道具のことで遊具・おもちゃともいう。

21

事例2−1　ペットボトルのフタでカスタネット

　夏季保育の教材は、廃材のペットボトルのフタを使用した玩具のカスタネットづくりでした。それは二つ折りにした紙皿の内側にフタを向かい合せにつけて音を出すというものです。幼児は、紙皿の表面に絵を自分で主体的に描いたり、色鮮やかなフタを選ぶという自主性を発揮して取り組んでいました。

廃材を用いたカスタネット
（八街市立川上幼稚園）

　これは小学校の生活科（下）の教科書のリサイクル素材を利用した玩具づくりに対応した課題でした。また、紙コップを使った糸電話づくりのコーナーもありました。カスタネットと同様に、子どもが色を塗る自主性が発揮できると同時に、糸電話の音の振動という科学的な体験にふれる内容です。

　小学校生活科では、次のような課題の順序で廃材と関わっています。まず、「あそんで、ためして、くふうして」「どんなあそびができるかな」次に「もっとたのしくあそびたい」「うごくおもちゃにちょうせんだ」最後に「いっぱいあそんだ、いっぱいわかった」と段階を踏んで廃材と関わり、最後は仲間と話し合う対話的授業になっています。幼児の遊びを取り入れつつ、主体的な学びがさらに継承されています。

　この夏季保育の保育形態は、制作の設定保育でした。設定保育とは、保育者がねらいをもって指導案を設定し、それに基づいて行う保育のことです。保育者が活動の目標をもって取り組み環境設定も行うため幼児がスムーズに遊びに入ることができます。また、コーナー保育の保育形態でもありました。

　コーナー保育の留意点として、幼児が自由に主体的に動いているため、保育者が意図を先行させ、幼児をコーナーに追い込むことがないようにしたいものです。

　小学校の生活科の教科書と対応した取り組みがみられ、保育者が用意周到に小学校の生活科または理科に連携する課題を取り入れて、保育環境を設定していることがわかります。このような小学校生活科との連携を視野に入れた保育環境を準備することで、小学校生活科への連続した学びとなります。

コトバ

コーナー保育

子どもたちが主体的に物と関わることのできる保育方法の1つである。特徴は保育室のなか、または園舎全体に遊びのコーナーが常設されていて教材となる物や道具が常に置かれている状態であり、幼児がそこに行けば自分の好きな遊びを行うことができるというシステムになっている。

2　自然環境

　自然環境を構成する要素は地質、地形、気候、土壌、陸水、海洋、植生、動物などがあります。

　地域の自然環境を取り入れた八街市立川上幼稚園は、同市にあるほかの公立幼稚園2園や私立幼稚園の園児にも保育の機会を提供しています。

　川上幼稚園の年間計画には、「さつまいもの苗植え」「シロツメ草遊び」「竹の子掘り」「泥だんごづくり」「ざりがに釣り」「夏野菜の収穫」「梨狩り」「イチョウの葉の掃除」「秋の自然物を使った製作」「さつまいものつるで縄跳び」「芝そり」などがあります。幼児の身のまわりの自然を保育のカリキュラムのなかに取り入れています。

　自然環境のなかの、虫と幼児の関わりについて、川上幼稚園の事例を紹介します。

科学絵本

科学絵本とは、科学性と物語性、着眼点を併せもつものである。

事例2－2　**セミはどうやって羽化するの**

　セミは長い間をかけて、土のなかで幼虫になり、梅雨明けの季節に地上に出てきて羽化を始めます。そして、成虫になります。セミの抜け殻がみつかる場所とは羽化がみられる場所のことです。幼虫たちは、夕方から夜にかけて抜け出した跡である穴

葉の裏にはセミの抜け殻がいっぱい
（八街市立川上幼稚園）

からでて、あたりを歩き回りながら安全な場所を探します。川上幼稚園のキウイ棚の下には、土に穴があいていました。そして、キウイの葉の裏側に幼虫の抜け殻が何個もあることを保育者は幼児に知らせました。幼児はセミの抜け殻を自分の胸につけたりして遊びながら、セミの羽化に興味をもつようになりました。

　このような虫とのふれ合いが幼児の興味関心へとつながるのでしょう。

　生活科の教科書で対応する章では、順を追って「小さななかまたち」「どこにいるのかな、なにがいるのかな」「かってみたいな」「ふしぎびっくり大はっけん」「みんな生きている」というように、虫との出会いを学んでいます。川上幼稚園の事例では、保育者の声掛けの援助によって、幼児にセミの成育する場を気づかせています。保育者側のセミへの知識

が求められています。

　次に、植物との関わりについての事例もみてみましょう。

事例2−3　スイカの栽培

　川上幼稚園では、スイカが園庭で栽培されています。そのスイカは、幼児が園庭で食べた種が自然に発芽したものでした。1年に4個くらいのスイカが収穫されるそうです。園長先生やほかの先生は、

スイカの苗（八街市立川上幼稚園）

スイカの栽培の仕方を熟知していて、スイカを転がして栽培しなければならないことを幼児にみせて教えています。また、花壇ではイチゴの苗も栽培されています。このような栽培をするための小さな花壇は教室の目の前にあり、幼児にさまざまな栽培方法を毎日みせていることがわかります。

　ここで大切なことは、幼児の注意を栽培に向けさせているのは保育者の声かけだということです。「なにをそだてようかな」「さぁそだてるぞ」「ぐんぐんそだて大きくそだて」「きょうもげんきかな」「できたよおいしそう」「あきのしゅうかく」「おいしかったね、たのしかったね」などです。

　川上幼稚園には、幼児の身のまわりに自然があふれています。小学校で学ぶ生活科との連続性があります。

　次に、筆者が2018年の環境指導法スクーリングで実践した授業を紹介します。

事例2−4　授業研究

　四季のイメージを色画用紙でコラージュした壁面構成をつくる課題を出しました。学生たちに四季のイメージを表すために、四季を表すモノを言葉であげてもらいました。それをもとして、四季の画面構成を試みま

四季の壁面構成（小田原短期大学）

した。結果として、学生たちは四季の色彩の特徴をつかんで表
現していました。

　このように保育者になる学生たちが、四季を表す色彩に敏感になるこ
とは感性を鍛える意味でも大切な試みだと思います。季節の行事にある
色彩を壁面構成に取り入れる学習は、学生たちに四季の色彩への気づき
を促すことになります。日常的に気づかない四季の行事の彩りを、学
生相互の発表によって、お互いに気づく学習もあると思います。

事例2-5　地域の行事のなかで育つ子ども

　千葉県佐倉市の神社の祭礼には、
道々に多くの注連縄がみられます。注
連縄についているひらひらした紙、
それが紙垂です。子どもたちは、このよ
うな祭礼の飾りをつくっている大人を
みて育ちます。
　また、1年前から、子どもたちはお囃
子の練習をして祭礼の準備をします。
年長者から何年もかけて、お囃子を習

道々にみられる注連縄

い、子どもたちは成長すれば、それをまた年少者に伝えていき
ます。

　このような祭礼という地域の行事に参加しながら、地域の一員とし
て認められ、その行事の担い手になっていく過程のなかで、子どもた
ちは人間関係を学び育っていきます。

第3節
主体的・対話的学びの推進役としての保育者

学習のポイント
●主体的・対話的学びの推進役としての保育者について学びましょう。
●小学校教育との接続を意識した保育について理解しましょう。

これまで、領域「環境」の「ねらい」や「内容」をみてきました。ここでは、幼児の学びの推進役としての保育者の姿勢と、小学校教育との接続への意識について述べていきます。

1 幼児の学びの推進役として

2018（平成30）年、幼稚園教育要領第1章総則の目標において幼稚園は幼児が「自由感」をもって行動できる場でなければならないとされています。幼児が好奇心に満ち、かつ行動的であり、幼児自らが環境に働きかけ、試行錯誤を繰り返しつつ、体験や学びを重ねて発達を遂げていくことを推進する役割が保育者にはあります。

1989（平成元）年改訂の幼稚園教育の基本は、教師の役割の部分について書かれていなかったため批判を受けました。そのため、1998（平成10）年の改訂のときに、以下の教師の役割の部分が書き足されました。それは、「教師は幼児の主体的な活動が確保されるよう幼児一人一人の行動の理解と予想に基づき計画的に環境を構成しなければならない。この場合において、教師は、幼児と人やものとのかかわりが重要であることを踏まえ、物的・空間的環境を構成しなければならない。また、教師は幼児一人一人の活動の場面に応じて、様々な役割を果たし、その活動を豊かにしなければならない」というものです。この内容は、2018（平成30）年の幼稚園教育要領第1章にも引き継がれています。

幼児の生活のなかで、最も尊重されるべき基本は、幼児自らが環境との関わりのなかから遊びを生み出し、その活動を中心とした生活を大切にしなければならないことが示されてきたことです。しかし、幼児自身の生み出す活動を尊重するという姿勢が行き過ぎて、環境を用意しておけば幼児は自然に望ましい発達を遂げるという誤った考えに陥ったり、保育者として子どもに対して関わることを控えようとする傾向さえみら

コトバ

2018（平成30）年の幼稚園教育要領第1章総則の目標
「1．幼児は安定した情緒の下で自己を十分に発揮することにより、発達に必要な体験を得ていくものであることを考慮して、幼児の主体的な活動を促し、幼児期にふさわしい生活が展開されるようにすること。」

自由
ほかからの強制・拘束・支配などを受けないで、自らの意思や本性に従っていることをいう。

れるようになりました。これらの保育者の態度は放任保育につながると同時に、幼児自身の活動を活気のないものにするでしょう。それゆえに、人的環境としての役割を担う保育者が、幼児にとって重要な人的環境であることを忘れてはならないでしょう。

2　小学校教育との接続を意識する

　幼稚園教育要領の現状と課題・改善の方向性を踏まえた論点案として、「発達や学びの連続性を踏まえた幼児教育の充実が教育課題部会において示された」「小学校教育との連携に関する内容」があげられています。

　幼稚園教育要領の改訂の基本方針の1つは「主体的・対話的で深い学び」の実現に向けた授業改善の推進です。主体的・対話的学びの実現のため、教師は絶えず指導の改善をはかる必要があるとされました。主体的とは、子どもが意欲をもち、周囲の事物に関わり、先の見通しを示されながらやってきたことを振り返ることで成り立ちます。対話的とは思いや感じ方を言葉や身振りや作品その他により伝え合いつつ、物事を多面的に理解することです。それぞれの考え方を深めていくことが大切でしょう。

（早川　礎子）

演習課題

① 　いろいろな保育形態について、良い点と悪い点について調べて書き出しましょう。
② 　環境を通しての保育をどのように設定したらよいのかについて、物的環境と人的環境の側面からあなたの考えを書きましょう。

【引用・参考文献】
柴崎正行・若月芳浩編　『保育内容「環境」』　ミネルヴァ書房　2013年
酒井　朗　「教育方法からみた幼児教育と小学校教育の連携の課題──発達段階論の批判的検討に基づく考察」『教育学研究』81巻4号　日本教育学会　2014年
早川礎子　「幼児教育における保育内容『環境』の変遷における一考察」『小田原短期大学紀要』49号　2018年
早瀬眞喜子・山本弥栄子　「幼稚園教育要領・保育所保育指針の変遷と保育要領を読み解く」『プール学院大学研究紀要第』57号　2016年

森　隆夫　『せいかつ（下）みんなともだち』　光村図書出版　2014 年

汐見稔幸他　『日本の保育の歴史──子ども観と保育の歴史 150 年』　萌文書林　2017 年

第3章

造形表現

　本章では、人間にとって欠かすことのできない表現の価値について考えていきます。その上で幼児教育における領域「表現」の位置づけを、幼稚園教育要領の変遷と他領域との関連のなかからみていきます。また造形表現の特質を、活動の痕跡である作品が残ること、道具に表現行為が左右されること、素材や技法により広がる世界とし、それぞれの利点と注意事項について考えていきます。

　最後に2〜5歳児を対象とした版画製作の事例を取り上げます。版画は工程の多様性や版種の多さから、発達段階に合わせた展開を考えやすい技法です。造形表現の構成を考える際に重要な発達と環境について、事例も交えながら説明を行います。

第1節
表現が育むこと

学習のポイント
●人間にとって欠かすことのできない表現の価値とは何でしょう。
●幼児教育における領域「表現」の位置づけについてみていきます。

1　表現の世界に入り込む

　泥だらけになって土を触るとき、夢中で絵筆を動かすとき、舞い上がる紙吹雪を追いかけ走り回るとき、何度も飽きることなく行為を反復する子どもの姿は、一見同じようにみえる行為が毎回異なる輝きを放つことを教えてくれます。「わあ」「きゃあ」「おお」、歓声が飛び交うなかで子どもが夢中で表現するとき、どのような世界が広がっているのでしょうか。

　矢野智司は『幼児理解の現象学——メディアが開く子どもの生命世界』において、「子どもが絵を描くときに画面構成や色彩、形態を模索するプロセスは、社会的に有用な能力の向上や社会的関係の構築を生み出すが、芸術制作の本来の価値は労働とは異なる有用性の外部にある無用性である」と述べています。ここでいう無用性とは、役に立たないことや必要のないことを指すのではなく、何かの役に立つという有用な目的から逆算されない純粋な行為の性質を表しています。

　たとえば、日常生活における労働の目的は労働自体ではないため、労働のプロセスは目的を実現するための有用な手段となります。このような有用性に基づく行為があまりにも多くなると、未来に従属しながら過ごすことになるため現在を価値あるものとして感じにくくなり、常に未来への不安をもちながら生きることになります。一方で、子どもが夢中で表現するとき、子どもの関心の中心にあるのは作品を完成させることではなく、表現のプロセスそのものの楽しさです。一心不乱になって描くとき、子どもは表現の世界へ深く入りこんでいるため、描いている自分を客観的に意識することはありません。作田啓一はこのように自己と外界の境界が溶けていく体験を「溶解体験」と呼んでいます。溶解体験はみるものとみられるものが溶け合い、分割されない深い体験です。矢野は溶解体験は「何かの役にたつことではなく、生命に触れることに由来する価値の在り方」であり、「有用性の世界からの離脱」であり、こ

溶解体験

社会学者の作田啓一は、純粋な関心に開かれた対象への没入によって自己と外界の境界が溶けていく体験を、溶解体験と呼んだ。「体験はその経験を生きる主体の直感の記号でしか表現できない」といい、その例として写真や絵画をあげている。

のような体験によって私たちは「自己自身に価値があることを見失わずにすむ」と述べています。表現の世界に没入するとき、子どもたちは今を十全に生きることができるのです。

2　領域「表現」

① 幼稚園教育要領の変遷

　幼稚園教育は、学校教育法に規定する目的及び目標を達成するために、幼児期の特性を踏まえ、環境を通して行うものです。その手引きとなる幼稚園教育要領は、1899（明治32）年の幼稚園保育及設備規程、1926（大正15）年の幼稚園令、1948（昭和23）年の保育要領を経て、1956（昭和31）年に刊行されました。1956年、1964（昭和39）年までは、健康、社会、自然、言語、絵画製作、音楽リズムの6領域でしたが、1989（平成元）年より健康、人間関係、環境、言葉、表現の5領域となり、以後1998（平成10）年、2008（平成20）年、2018（平成30）年の改訂でも変更されていません。現在の5領域における領域「表現」は、絵画製作や音楽リズムといった枠組みを超えた総合的な営みのなかに位置づけられています。

　2018年の幼稚園教育要領の改訂においては、領域「表現」は「内容」及び「内容の取扱い」が一部のみ改定となっていますが、保育所保育指針は、改定の方向性の1つである「保育所保育における幼児教育の積極的な位置づけ」のもと大幅な改定がありました。「3歳以上児の保育に関するねらい及び内容」は幼稚園教育要領の領域「表現」と同じ内容となっています。

② 領域「表現」の方向性

　ここでは幼稚園教育要領の領域「表現」の冒頭及びねらいの内容から、領域「表現」の方向性について考えていきます。

感じたことや考えたことを自分なりに表現することを通して、豊かな感性や表現する力を養い、創造性を豊かにする。
ねらい
(1) いろいろなものの美しさなどに対する豊かな感性をもつ。
(2) 感じたことや考えたことを自分なりに表現して楽しむ。
(3) 生活の中でイメージを豊かにし、様々な表現を楽しむ。

　田澤里喜は『表現の指導法』において、幼稚園教育要領、保育所保育指針の多くの箇所に「自分なり」という言葉が使われていることを指摘し、子どもによって異なる個性を認めることの重要性を述べています。「豊かな感性」や「表現する力」についても、すぐにわかる表現だけで

領域「表現」の指導
6領域の幼稚園教育要領では、領域を小学校の教科のように考えていた。そのため運動遊び、歌、描画など領域別の指導が行われていた。5領域に改訂されてからは、内容は領域ごとに特定の活動を取り出すのではなく、総合的に指導されるようになった（砂川、2010）。

なく素朴な表現も含めて認めることが大切であり、子ども自身が充足感を味わえる環境が重要といいます。

　幼稚園指導要領解説においても、幼児が日々の生活における心の動きを自分の体や素材を仲立ちにして表現することで「自分の存在を実感し、充実感を得て、安定した気分で生活を楽しむことができるようになる」とあります。幼児一人ひとりの違いが受容される環境が前提にあってはじめて、安心して感じ、楽しみ、表現するというねらいへとつながっていくのです。幼児が自分の存在を実感し安定して過ごす基盤の形成へと結びつく領域「表現」は、物的、人的環境と関わるなかで、矢野が述べるように「自己自身に価値があること」を深く感じる場であるといえます。

③ 5 領域のなかの「表現」

　幼稚園教育要領の 2 章「ねらい及び内容」の冒頭では、領域の編成について「各領域に示すねらいは、幼稚園における生活の全体を通じ、幼児が様々な体験を積み重ねるなかで相互に関連をもちながら次第に達成に向かう」ものであり、内容は「総合的に指導されるもの」としています。

　領域「表現」には、「ねらい」を達成させるための「内容」として 8 つの事項があります。そのなかで強調されていることは、生活のなかでさまざまな出来事にふれることの重要性、それを伝えあい、表現し、使う、飾るなどして楽しさを味わうことです。描画や粘土造形といった造形活動や、歌やリズム遊びといった音楽活動だけでなく、生活のなかで出会う面白い音や形、気持ちのよい手触りなど、全身で関わるさまざまな活動が含まれています。「内容」の解説には、幼児の表現は言葉、演技、造形など分化した単独の方法でなされるより、絵を描きながら関連したイメージを言葉や動作で表現するなど、「未分化な方法でなされることが多い」とあります。

　また 2018 年の改訂では「内容の取り扱い」の 3 つの事項のうち（1）と（3）にそれぞれ一文が追加されました。（1）では身近な環境と関わるなかで豊かな感性が養われるようにする際、「風の音や雨の音、身近にある草や花の形や色など自然の中にある音、形、色などに気付くようにする」が加わりました。（3）では幼児が自ら表現を楽しみ意欲を発揮させることができるための配慮として、「様々な素材や表現の仕方に親し」むが入っています。いずれも生活との連続のなかに表現を位置づけるものであり、表現はそれだけを切り離して語り得ない、健康、人間関係、環境、言葉の他領域との重なりのなかで展開するものなのです。

物的環境
園庭、教室などの施設、施設に設置された遊具や机、椅子などの設備、造形表現で使用する道具や素材など。

人的環境
教師や友だちなど園で接する人々、親や地域住民など、幼児が関わりをもつ人々。

第2節
造形表現の特質と課題

学習のポイント
- ●造形表現の特質について、作品、素材、技法の観点から理解を深めます。
- ●幼児の表現活動を取り巻く課題を知り、教師の役割について考えましょう。

1 造形表現の特質

1 痕跡としての作品

　ここでは、領域「表現」における造形表現の特質についてみていきます。

　筆者は以前スポーツ選手を対象とした美術教育実践の研究に携わったことがあります。それはスポーツ選手に人物クロッキーを何枚も描いてもらい、そこでどのような学びが生じたのかを考察していくものでした。印象的だったのは、自身の描いたクロッキーを振り返ったときに「おお」「すごい」という声が思わず選手たちの口からもれたことでした。それは何枚も描くなかで「何となくこういう感じ」から「確かにこういう感じ」へと描いたものが変化し、自身の成長を実感した瞬間でした。描いた痕跡を時系列でみることは、他者との比較ではなく自分自身の変化に対する気づきをもたらします。このように活動の痕跡が作品やなんらかの形で残り振り返ることができるのは、造形表現の大きな特質です。

　平田（2010）は、造形的行動が実体のあるものとして残ることにはプラスとマイナスの両面があると述べています。プラスの面は、造形物が目の前にあることでじっくり作者（子ども）に向き合うことができ、育ち方、関心事などがみえ子ども理解に役立つことです。マイナスの面は作品主義に走ったり、親や上司など他者から評価を得るための手段として利用される場合が生じることです。

　先述のクロッキーと同じように、作品には製作者が過ごした時間が直接的に刻まれています。幼児は作品をみることで自分が表現したことの喜びや実感を深め、自分とは異なる他者の作品へも興味を広げていきます。また、教師は幼児の世界について理解を深めることができます。しかし、平田が指摘するように、作品が別の目的へ誘導されると表現は何かに役立つための道具となり、生き生きとした魅力を失っていきます。そのため作品の完成を活動の到達目標とするのではなく、幼児が充実し

コトバ

クロッキー
5分や10分など、短時間で素早く写生することや、その作品自体を指す。速写ともいわれる。

た時間を過ごした結果として捉える視点が必要となります。領域「表現」の「内容」にも「楽しむ」という言葉が繰り返し出てくるように、表現する過程で幼児が過ごす時間を丁寧にみていくことが大切です。

2 道具と表現行為

チューブ入りの絵の具が屋外で絵を描くことを可能にし、鮮やかな色を出すクレヨンの出現が自由画教育の表現を変え、発色や使いやすさを改良したクレパスの開発が表現の自由度を高めたように、道具と表現行為は密接に関わっています。道具と表現の関係について、佐藤（1988）は以下のように述べています。

> 鉛筆という筆記具が子どもたちに常用される以前には、筆記は毛筆に頼るほかなかったので、手先が不器用な低年齢の子どもたちにとっては「書きとどめる」こと自体が困難だった

このように、道具には独自の特徴や使用方法があり、そのことによって使用できる年齢や表現の仕方が形づくられます。体全体を使って大きな丸を描くときに伸びやかな線が描ける画材は何か、長時間形をつくって遊び続けられる粘土の種類は何かなど、幼児の体験を支える画材の種類や特性を理解しておくことは必要不可欠です。幼稚園や保育所でもっともよく使用される固形描画材には**図３−１**のようなものがあります。

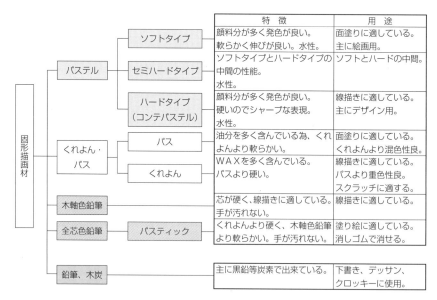

			特　徴	用　途
固形描画材	パステル	ソフトタイプ	顔料分が多く発色が良い。軟らかく伸びが良い。水性。	面塗りに適している。主に絵画用。
		セミハードタイプ	ソフトタイプとハードタイプの中間の性能。水性。	ソフトとハードの中間。
		ハードタイプ（コンテパステル）	顔料分が多く発色が良い。硬いのでシャープな表現。水性。	線描きに適している。主にデザイン用。
	くれよん・パス	パス	油分を多く含んでいる為、くれよんより軟らかい。	面塗りに適している。くれよんより混色性良。
		くれよん	ＷＡＸを多く含んでいる。パスより硬い。	線描きに適している。パスより重色性良。スクラッチに適する。
	木軸色鉛筆		芯が硬く、線描きに適している。手が汚れない。	線描きに適している。
	全芯色鉛筆	パスティック	くれよんより硬く、木軸色鉛筆より軟らかい。手が汚れない。	塗り絵に適している。消しゴムで消せる。
	鉛筆、木炭		主に黒鉛等炭素で出来ている。	下書き、デッサン、クロッキーに使用。

図３−１　固形描画材の分類

出所：「画材の基礎知識」Pentel

③ 技法と自由な表現

　幼児は生活のなかで感じた面白さや美しさを体や素材を媒介として表現します。幼児の表現を深めるためにはさまざまな技法にふれる機会をつくったり、参考となる作品をみせたり、道具の使い方を教えたうえで手順に沿って活動を進めることも必要となります。時には幼児の活動を誘導するようにみえるかもしれませんが、新たな表現に出会うことで幼児は世界を広げ、自分の思いに合った表現方法を得ていきます。

　幼稚園教育要領解説の「内容の取扱い」にはそのことが記されています。

> 教師が様々な素材を用意したり、多様な表現の仕方に触れるように配慮したりして、幼児が十分楽しみながら表現し親しむことで、他の素材や表現の仕方に新たな刺激を受けて、表現がより広がったりするようになることが考えられる。

　幼児が素材や表現の仕方にふれられるように教師が配慮するのは、幼児が表現を楽しみ親しむためであることがわかります。多様な素材や表現にふれるなかには版画のように工程があったり、絵の具や粘土のように手順に沿って進めるために制約が加わることもあります。そのような状況でも十分に楽しむためには、幼児が自分なりに工夫して驚きや喜びを感じる余地が重要です。

　幼稚園や保育所において多様な実践がみられるモダンテクニックはその良い例です。紙の上に絵の具を垂らし二つ折りにして開くデカルコマニーや、クレヨンの上に水性絵の具を重ねるバチックは、偶然できる効果を利用しているため、でき上がった色や形を新鮮な気持ちで楽しむことができます。表現過程での幼児の感動を支えるためにも、教師は事前に活動のなかで守るべき約束と、自由に取り組む内容を整理しておくことが大切です。

コトバ

モダンテクニック
近代に考案された、偶然できた色や形を楽しめる技法の総称で、結果をコントロールできない工程を技法に含む。デカルコマニー、バチック、マーブリングなど。

2　造形表現を取り巻く今日的課題と教師の役割

　少子高齢化、核家族化する社会のなかで、世代をまたいだ子育て文化の伝承や親同士のつながりの減少による孤立化など、子育てを取り巻く環境には大きな変化が起きています。日本学術会議では、1960（昭和35）年代を境とした車による交通量の増大が、生活道路での遊びから室内遊び中心の生活転換をもたらし、外遊びにより得られていた社会的体験や多様な能力を開発する機会を奪っていることを指摘しています。

　子どもが主体となり遊びを生み出しながら仲間同士で過ごす機会や空

間の減少は、子ども独自の世界へも影響を及ぼしています。生活との連続性のなかに位置づけられる造形表現の現場でも、道具や素材体験の希薄さが浮き彫りになっています。このような時代にあっても、幼稚園、保育所、認定こども園といった集団保育施設では、他者と関わりながら多様な体験の機会を得ることができます。幼児教育の現場で教師は幼児のこれまでの体験を認識したうえで、表現活動を組み立てていくことが求められています。

　幼児の活動を支える要素として、身近な大人の関わり方も重要です。幼児と保護者を対象としたアートワークショップでは、保護者の積極的な表現活動への参加によって、幼児が他者へと興味を広げていく様子がみられることがあります（屋宜、村川　2016）。通常、保護者は幼児の傍で様子を見守ることが多いのですが、積極的に参加した場合、幼児は保護者の表現に強い関心を示します。そして道具の使い方や表現の仕方を真似たりしながら、保護者以外の他者の表現にも興味を広げていきます。身近な他者の表現にふれることによって、幼児の興味はあっという間に展開をはじめます。同様のことが、幼児教育現場における幼児と教師や友だちの関係にも当てはまります。

　幼稚園教育要領の表現「内容の取扱い」は「他の幼児の表現に触れられるよう配慮したりし、表現する過程を大切にして自己表現を楽しめるように工夫すること」とあります。幼児にとって身近な他者である友だちや教師が行う表現は、興味の広がりを支える重要な要素です。

　幼児にとって身近な他者である友だちや教師、保育者への興味は、表現の広がりを支えるものです。幼児が多様な人間関係のなかで遊び、独自の世界の基盤をつくる場は減少しましたが、機会があれば、幼児はその隙間を埋めていく柔軟な好奇心をもっています。教師は幼児の驚きや感動を受け止め共感すると共に、自身も表現を楽しむ気持ちをもつことが大切なのです。

コトバ

アートワークショップ

ワークショップとは、「講義など一方的な知識伝達のスタイルではなく、参加者自らが参加・体験して共同で何かを学び合う／創り出す、新しい学びと創造のスタイル」。アートワークショップは、表現活動をメインに内容を組み立てている（中野、2001年）。

第3節
造形表現の展開

学習のポイント
- ●幼児の発達を踏まえた造形表現の展開を事例からみていきます。
- ●造形表現の構成を考える際に重要な幼児の発達と環境について考えましょう。

1　2〜5歳児を対象とした版画製作の展開について

　造形表現の展開について、茨城県の保育所で実施した2つの事例をみていきます。当該保育所ではこれまで5歳児が卒所アルバムの表紙を飾る紙版画製作を行ってきましたが、版づくりのときに紙の接着に乾燥時間がかかることや、インクの扱いが難しい刷りの工程は保育士が行うなど、製作上の課題や制限がありました。また5歳児クラスのみが版画製作を行うため、慣れない工程に進行の難しさをともなうこともありました。

　そこで、卒所に向けた製作よりも前に版画に取り組み、少しずつ版画に親しむ機会をつくることにしました。版画は、版づくり、インク塗り、刷りの工程があり、それぞれ取り組む内容が異なるため集中力が継続しやすい活動です。また、紙版画、粘土版画、木版画、ステンシル版画など種類が多様なため、幼児の発達段階に応じて内容を選ぶことができます。事例では2〜5歳児を対象に行った、2種類のシール版画についてみていきます。

事例3−1	2、3歳児のラベルシール版画

材料	画用紙A4サイズ1枚、ラベルシール、版画用水性インク3色、容器、スポンジローラー、新聞紙、はさみと大きめのシール（3歳児クラスのみ）

　シール版画は台紙にシールを貼り、その凹凸を写し取る版画です。楽しくシールを貼るだけで版づくりができるため、普段の遊びの延長で行えます。2歳児の活動では数種類のラベルシールを画用紙に貼っていきます。3歳児の活動ではラベルシールに加えて、大判サイズのシールをはさみでカットする工程も加わります。

コトバ

紙版画

紙を貼り合わせることでできる段差の部分が、白く抜けることで形が現れる版画。

粘土版画

刷ったとき、傷つけたところが白く抜けて表現される版画。

木版画

彫刻刀で木を彫ってつくり出す版画。出っ張っている部分のインクが写しとられる。

ステンシル版画

切り抜かれた部分にインクに色がつくことでできる版画。

(吉田、宮川、2015)

工程①　版づくり

　版画の工程について簡単に説明した後、シールを貼り版づくりスタートです。幼児は机の上に置かれたシールの箱から好きな形を取り、ためらうことなく次々にシールを貼り重ねていきます。時々、数種類のシールを覗き込み、使う形を考えます。シールが手に貼りついて上手く画用紙に貼れないときは、保育士に手伝ってもらいながら進めます。友だちの版にも興味をもち、手をとめてじっと覗き込む姿もみられます。

工程②　インクを塗る

　シールによる版ができた幼児は、教室の片隅にセットされたインクコーナーで版にインクを塗ります。赤、青、黄色、3色のなかから好きな色のインクコーナーに並びます。一番の人気はヒーローの赤色です。トレーに広げたインクをスポンジローラー全体につけ、版の上で転がしインクを塗ります。スポンジローラーはゴムローラーよりも軽いため、幼児が自分でインクを塗ることができます。インクを塗る工程はとても人気があり、幼児は列をつくり、友だちがインクを塗る様子を興味津々に覗き込みながら自分の番を待ちます。

インクを塗る（2歳児）

友だちの製作をみる（3歳児）

工程③　刷り

　インクを版全体に塗った後、インクのついていない新聞紙の上に版を移動させ、上から画用紙を重ねます。インクが手につかないように画用紙の上にさらに新聞紙を1枚置き、上から手で刷ります。手の感覚に集中して、画用紙の隅々までこするように気をつけます。通常、刷りにはバレンを使いますが、刷りの工程を簡単にするために手で直接こすります。

　新聞紙の間から画用紙を取り出し、ゆっくりと版と画用紙をめくると、シールを貼っただけではみえにくかった形が浮かび

コトバ

スポンジローラー
発砲エチレンでできたローラー。軽いため幼児でも扱いやすく、サイズも豊富。

ゴムローラー
ゴムでできたローラー。スポンジローラーに比べて重く、圧をかけやすい。版画用のローラーとして普及している。

バレン（馬楝）
竹の皮でつくられた、木版画の刷具。

あがります。不思議な模様が現れると、声をあげて喜んだり、じいっと模様をみつめるなど反応はさまざまです。

工程④　乾燥・展示

　刷り終えた作品は、教室の天井付近に張り巡らせた紐に洗濯バサミで固定して、乾燥・展示します。作品だけでなくシールを貼り重ねた版も一緒に展示することで、両方を見比べて形や見え方の変化に気づく面白さがあります。

事例3－2　4、5歳児のシール版画（テーマ：自画像）

材料	画用紙A4サイズ1枚、大判サイズシール1枚、版画用水性インク3色、容器、スポンジローラー、新聞紙、はさみ

　4、5歳児は自画像をテーマに製作しました。自画像は複数の形を重ねて凹凸をつくって版にするため、のりで接着しながら行うと幼児には扱いが難しくなります。ここでは版画の工程を十分に楽しめるように、切り貼りした形を簡単に貼り重ねられる大判シールを使用します。

　さらに、自画像というテーマであっても、似せるという意識ではなく形を組み合わせて楽しめるように、鉛筆で下描きをせずフリーハンドで即興的にシールを切り貼りしていきます。ただし、下描きなしでは難しいと感じる幼児もいるため、その場合は下描きしてカットするように促します。

工程①　版づくり

　製作に入る前に自分の顔をよく触り、形を触覚的に観察します。版づくりは顔、頭部、髪、顔のパーツの順で、大きなパーツから徐々に小さなパーツへ進めます。フリーハンドで形を切り取っていくことは難しいように思えますが、初めは慎重にはさみを動かしていた幼児も、製

①シールをカットする（5歳児）

作が進むにつれて迷いなく次々とカットしていきます。

工程②　インクを塗る

　事例3－1と同じく、版づくりが終わった幼児から順にイン

触覚的に観察

私たちは普段視覚に頼る生活をしている。手で顔にふれると形だけでなく温度や柔らかさなども感じることができる。触覚的に観察するとは、このように複合的に感じながら観察することをいう。

クを塗っていきます。2、3歳児に比べてローラーの動かし方にも安定感があり、しっかりと版を抑えながら進めていきます。

工程③　刷り

②インクを塗る（4歳児）

　新聞紙の間に版の上に重ねた画用紙をはさみ、体重をかけて手でしっかりとこすります。画用紙をめくり、刷り上がった形がみえた瞬間は一番の盛り上がりでした。

2　造形表現の構成

1 幼児の発達

　幼児の造形活動は、発達段階に応じた内容であることがとても大切です。特に初めての表現にふれるときは、道具の使用についても伝達事項が多くなるため、幼児が新たな試みに挑戦しながらも無理なく楽しめる内容であることが重要です。事例3－1、3－2の版づくりでは2歳児はラベルシール貼り、3歳児はそこにはさみでカットする工程を加え、4、5歳児はより複雑な形の組み合わせに挑戦しました。刷りの工程では幼児が扱いやすい軽量のローラーを使用したり、バレンを使用せず直接手でこするなど、道具と工程を簡略化しています。

　同じ種類の版画でも内容の細部を変えたり、発達に合った道具を使用することで、幼児は自分なりに工夫したり、意欲的に表現に取り組むことができます。そのためには発達への理解が欠かせません。以下は、幼児の指先の発達についてまとめられたものです。造形表現の内容を考えるときにはこのような幼児の姿を踏まえたうえで内容を構築することが求められています。

1歳3か月：クレヨンを握ってなぐり描きをする。厚地の絵本のページを2～3ページまとめてめくれる。

1歳9か月：5～6個の積み木を積み上げることができる。スプーンを使って食べることや一人でコップから水を飲むことができる。

2歳～2歳6か月：厚地の絵本を1ページずつめくることができるようになる。ビーチボールのような物なら投げることができ、投げて

道具の使用

はさみを使いはじめて間もない3歳児と、指先の動きが発達した5歳児とでは、同じく切るといってもその詳細は大きく異なってくる。

も転ばない。ちょうどよいところに投げてやると受け取れる。

2歳6か月〜3歳：コップや茶わんに入っている水をこぼさずに飲む
　ことができるようになる。手本を示してやるとクレヨンなどで垂直
　線が書ける。色紙を二つに折る（一度折り）ことができる。

3歳〜4歳：色紙の二度折りができ、ハサミを使えるようになる。ク
　レヨンなどで円が描ける。

4歳〜5歳：箸を上手に使えるようになる。ボタンの掛け外しができ
　るようになり、シャツを被って着たり、パンツを上手に脱ぎ履きで
　きるようになる。ボールを片手で上から投げられるようになる。

5歳〜6歳：クレヨン・鉛筆を大人と同じように持って使える。7㎜
　幅の波形平行線の間を両端の線に触れないで線が書ける。箸が上手
　に使える。

出所：藤野信行編著『乳幼児の発達と教育心理学』建帛社、2003年

② 環境構成

　造形表現活動の環境構成には、物的環境と人的環境があります。人的
環境である教師や保育者の役割については第2節でふれたため、ここで
は主に物的環境についてみていきます。まず、活動場所の安全性を確保
することは年齢にかかわらず基本的な配慮事項です。道具や素材は幼児
の動線を想定して配置します。これらの配慮は幼児の安全を守るだけで
なく、活動の途中で何度も注意するといった事態を回避し、表現への没
頭を妨げないことにもつながっています。

　事例3-1、3-2ではインクを用いた製作だったため、最も懸念さ
れたのはインクによる汚れの広がりです。事前に新聞紙などで机を養生
しておくことが大切です。しかし、最も汚れが広がりやすいのは、子ど
もたちがインクの塗りから刷りへ移るときや、刷り終わった版画を移動
させるときなど、インクのついた紙に直接手でふれる場面です。そのた
め、事例では新聞紙の汚れた面を内側に折りたたみながら使用したり、
刷り終えた作品は教室の天井付近に張り巡らせた紐につるすなど、幼児
が移動して汚れないように動線を確保しました。

　また、内容や準備が複雑だと、教師や保育者にとっても表現活動を始
める障壁となります。環境構成では安全性への配慮に加え、活動をシン
プルにして無理のない計画を立てることで、幼児が継続的に表現できる
安定した環境を整えましょう。

（屋宜　久美子）

行動予測

行動が予測できないこと
は危険性とつながるため
ネガティブな意味で使わ
れがちだが、活動が教師
の予想を超えて盛り上が
りをみせている証拠であ
り、幼児の表現行為が引
き出されたことをも意味
している。

演習課題

① 技法や素材から多様な展開を生み出すことは、幼児の発達に応じた
造形表現の内容を考えていくうえで重要です。表現技法を 1 つ取り
上げ、2 つの異なる活動内容を考えましょう。

② 幼児の表現に共感し共同するためには、教師や保育者も表現者とし
て育つことが重要です。あなたがこれまで製作を行うなかで感動し
たり、楽しいと感じたエピソードを思い出し、そのように感じた理
由について考えてみましょう。

【引用・参考文献】

小松佳代子・屋宜久美子「スポーツ選手に対する美術教育実践の試み――美術における学
びの意味を考えるために」東京藝術大学『美術とスポーツにおける身体観の相違につい
ての理論的・実践的研究』JSPS 科研費(21652014)挑戦的萌芽研究報告書（研究代表者：
小松佳代子）　2012 年

作田啓一　『生成の社会学をめざして――価値観と性格』　有斐閣　1993 年

佐藤秀夫　『ノートや鉛筆が学校を変えた』　平凡社　1988 年

汐見稔幸・無藤　隆監修　ミネルヴァ書房編集部編　『平成 30 年施行 保育所保育指針　幼
稚園教育要領　幼保連携型認定こども園教育・保育要領 解説とポイント』　ミネルヴァ
書房　2018 年

田澤里喜編著　『表現の指導法』　玉川大学出版部　2015 年

東京藝術大学美術教育研究室編　『美術と教育のあいだ』　東京藝術大学出版会　2011 年

中野民夫　『ワークショップ――新しい学びと創造の場』　岩波書店　2001 年

日本学術会議　『我が国の子どもの成育環境の改善にむけて――成育コミュニティの課題と
提言』　2017 年

平田智久・小林紀子・砂上史子編　『保育内容「表現」』　ミネルヴァ書房　2016 年

藤野信行編著　『乳幼児の発達と教育心理学』　建帛社　2003 年

文部科学省「幼稚園教育要領解説」
http://www.mext.go.jp/component/a_menu/education/micro_detail/__icsFiles/afieldfi
le/2018/04/25/1384661_3_3.pdf（2019 年 8 月 2 日アクセス）

屋宜久美子・村川弘城　「参加者間の交流を促すアートワークショップの環境構成について
――未就学児の親子を主な対象として」『美術教育研究』　NO.21/2015　美術教育研究
会　2015 年

矢野智司　『幼児理解の現象学――メディアが開く子どもの生命世界』　萌文書林　2014 年

矢野智司　『意味が躍動する生とは何か 遊ぶ子どもの人間学』　世織書房　2006 年

吉田　収・宮川萬寿美編著　『生活事例からはじめる造形表現』　青踏社　2015 年

第4章

幼児教育における
身体表現

　子どもは、その身体を通してさまざまな経験をし、そこから多くのことを学びとります。幼児期の豊かな表現経験が、小学校以降の学校教育での生活や学習の基盤となります。

　この章では、保育での活動のなかで出会う子どもたちの姿から、そこにみられる身体表現の意義と、活動を促す保育者の援助について紹介します。豊かな身体表現を引き出すために保育者として留意しておくこと、また、これからの時代に求められる情報機器の活用やドキュメンテーションの記録が子どもの身体表現を促すツールとなる可能性、インクルーシブ保育における身体表現の価値について学びます。

第1節
子どもの育ちと身体表現

学習のポイント
● 小学校以降の生活や学習の基盤を培う幼児期の身体表現の意義について理解しましょう。
● 幼児期の身体表現活動の発達特性を学びましょう。

幼稚園教育要領第2章「領域『表現』」ねらい

（1）いろいろなものの美しさなどに対する豊かな感性を持つ。
（2）感じたことや考えたことを自分なりに表現して楽しむ。
（3）生活の中でイメージを豊かにし、様々な表現を楽しむ。

1　身体を通じて育つ

　幼稚園教育要領では、領域「表現」は「感じたことや考えたことを自分なりに表現することを通して、豊かな感性や表現する力を養い、創造性を豊かにする」ことをねらいとして示されています。領域「表現」では、身体表現、音楽表現、造形表現、言語表現などの活動があげられますが、子どもの表現は、それぞれが別に表されるというよりは、それらが混ざった未分化な表現として現れます。保育者は、分野にこだわらず、子どものその素朴な表現を大切にし、表現しようとする意欲を受け止めて、生活のなかで子どもらしいさまざまな表現を楽しめるようにすることが大切です。

　特に、身体表現活動においては、上手い・下手、正解・間違い、勝ち負けは存在しません。どんな表現であっても、それが「らしさ」として受け入れられ、認め合うという経験となります。子どもは、自分の表現を受け入れられる経験によって自分の存在を実感します。そのなかで、充実感を得て、安定した気持ちで生活を送ります。これが豊かな感性や自己を表現する意欲を育てていくのです（幼稚園教育要領解説第2章2.5「表現」ねらい）。

　保育における身体表現といえば、手遊びやリズムダンスのような活動が取り上げられることが多いのですが、長野（2011）は、それを狭義の身体表現として、「からだを使った遊びにともなう自己表現や他者とのコミュニケーションなどの精神活動を促して、言葉の発達ならびに健やかなこころとからだをバランスよく育む活動」とする広義の意味で身体表現をとらえるべきだと主張しています。日々の保育のなかで、子どもが何かを伝えようとしているとき、また、ごっこ遊びに没頭している姿に、子どもの内面がにじみ出ており、それこそが身体表現であると考えます。認知発達の考えから子どもの育ちをみると、子どもは「身体を通

じて学び、考える」（乾、2018）のだとされます。自分から積極的に環境に働きかけて、さまざまな情報を獲得していくことで認知機能が発達するのです。

　このように、子どもの心の育ちには、身体の経験がとても重要であることは明らかです。子どもは、日々、身体を通したさまざまな経験から多くを学んでいます。保育者として、これを十分に理解して、子どもがより自由な表現を楽しめる保育となることが望まれます。

2　子どもの発達と身体表現

　保育は、幼児期の発達の特性を十分に理解し、幼児の発達の実情に即応した教育を行うことが大切です（幼稚園教育要領解説序章2.1（2）③）。身体表現の発達特性については、髙野（2015）が保育所保育指針を基に詳しく説明しています。ここでは、特に活動内容に関して表にまとめます（表4-1）。

表4-1　身体表現の発達特性からみた活動の内容

年齢	身体表現活動の内容
3歳ごろ	少し複雑な動きができるようになる。 同じ遊びの繰り返しを楽しむ。 想像力が高まるため、絵本を使った表現遊びができるようになる。 固定概念にとらわれない自由な発想で、変身したりなりきったりすることが楽しくてしかたない時期。
4歳ごろ	保育者の不意の指示にも機敏に反応して動くことができる。 同じ遊びの繰り返しを楽しむ。 表現遊びのアレンジを子どもたちで考えることができる。 「友だちと」の関係が築けるようになり、小さいグループでの発表から仲間意識が生まれ、友だちの発表を観ることで表現の違いに気づくこともできる。
5歳ごろ	全身を使った複雑な活動を楽しめるようになる。 友だちと言葉でイメージを共有して遊ぶ。 簡単な表現遊びであれば、グループで取り組み、互いに見せ合うことを楽しめる。
6歳ごろ	さまざまな種類の運動遊びを好む。 ごっこ遊びでは、複雑な設定の役割や複雑な展開がされる。 年長としての意識が芽生え、自分たちなりの意見を述べ合って認め合い、調整しながら進めていくことができる。 感情が豊かになり、仲間意識や人を思いやる心が育つ。

出所：髙野牧子『うきうきわくわく身体表現遊び』同文書院　2015年　pp.21-24
　　　厚生労働省『保育所保育指針解説』フレーベル館　2018年より筆者作成

　また、子どもの発達の実情に即応するためには、「何歳にはこのような姿である」というような一般化された基準をもたないで、また、誰が誰より優れているか劣っているかといった比較をせずに、子どもと直接

+α

各年齢の身体表現に関するキーワード（髙野、2015）

3歳ごろ
「運動機能の高まり」「言葉の発達」「友達との関わり（並行あそび）」「ごっこ遊びと社会性の発達」

4歳ごろ
「全身のバランス」「巧緻性の高まり」「想像力の広がり」「葛藤の経験」「きまりに対する意識」「自己主張と他者の受容」「豊かな感情」

5歳ごろ
「運動能力の高まり」「イメージの共有」「目的のある集団行動」「思考力の芽生え」「仲間の中の人としての自覚」

6歳ごろ
「巧みな全身運動」「見通しを立てる力」「自主と強調の態度」「さまざまな事象への興味・関心の高まり」「思考力と自立心の高まり」「創意工夫によるあそびの発展」

ふれ合うなかで、その言動や表情から思いや考えを理解し、受け止めて、「今、何に興味をもっているのか、何をしようとしているのか、何を感じているのか」と推測し続けていくことが大切です（文部科学省「幼児理解に基づいた評価」第1章）。

3　幼小接続を見据える

　幼稚園は、その後の学校教育全体の生活や学習の基盤を培う役割を担っています。小学校就学までに「創造的な思考や主体的な生活態度などの基礎を培うようにする」ことが求められています（幼稚園教育要領解説第1章3.5（1））。

　領域「表現」は「豊かな感性や表現する力を養い、創造性を豊かにする」ことがそのねらいとされます。創造性とは、「ノーベル賞級の発見やピカソのような芸術作品のような歴史的社会的に新しく意義のあるタイプだけでなく、仮に社会のなかでは既に誰かが生み出していたとしても、その個人にとっては新しく価値のある物事を生み出すようなタイプも創造性と捉えるべき」（岡田、2013）と考えられます。子どもは、自由に表現する楽しさを実感し、仲間と工夫しながら進め、それぞれの表現を認め合って、新たな表現を考えたりしていくなかで、更なる意欲が生まれてきます。この経験が、小学校の学習における「感性を働かせ、表現することを楽しむ」力となります。音楽や造形、身体などの表現の基礎となるだけでなく、自分の気持ちや考えをそのときに最も適切な方法で表現できることは、小学校以降の学習全般の素地となります。

　また、自信をもって表現できることは、小学校生活を意欲的に過ごす力となるのです（幼稚園教育要領解説第1章第2.3（10）（10））。幼小の接続を見据えて、子どもたちが、あらゆる面で「自由に自己表現したい、してもいいんだ、という自由感」を育てることが大切です（無藤、2008）。

　小学校では、体育の授業の一環で表現運動系として扱われます。「自己の心身を解き放して、イメージやリズムの世界に没入してなりきって踊ったり、互いのよさを生かし合って仲間と交流して踊ったりする楽しさや喜びを味わうことのできる運動」として、低学年では「表現リズム遊び」、中・高学年で「表現運動」が行われます。年長クラスでは、このような小学校での活動にスムーズに移行できるよう意識して学習内容を計画していくことも必要となります（小学校学習指導要領解説体育編第2章）。

創造性の定義

「新しく、質が高く、適切なアイデアや物事を生み出すこと。」（岡田、2013）

表現リズム遊び

「表現遊び」及び「リズム遊び」で構成される。「表現遊び」身近な動物や乗り物などの題材の特徴をとらえ、そのものになりきって全身の動きで表現したり、軽快なリズムの音楽に乗って踊ったりする楽しさにふれることのできる運動遊び。「リズム遊び」中学年の「リズムダンス」と高学年の「フォークダンス」へのつながりを考慮して、簡単なフォークダンスを軽快なリズムに乗って踊る。

総合的な表現活動における身体表現

1　五感を使った活動

　子どもは、生活のなかで音、形、色、手触り、動きなどさまざまなものから刺激を受け、諸感覚を働かせて受け止めて、そのなかにある面白さや不思議さを楽しみます。このような体験を繰り返していくなかで、気づいたり感じたりする感覚が磨かれ、「豊かな感性」が養われていきます（幼稚園教育要領解説第2章2.5）。

| 事例4−1 | 泥遊びを楽しむ |

　砂場で遊ぶことが好きな子どもたち。でも、衣服が汚れることを気にしている様子が見受けられます。そこで、思いっきり遊べるように、汚れても良い服とサンダルを着用しました。初めは汚れることに抵抗があった子どもも、遊びに夢中になっていきます。裸足になって土の上を歩き、乾いている土、濡れている土の感触の違いに気づき、楽しんでいます。前の活動で「石に水をかけると色が変わる」ことを覚えていた子たちは「砂も変わるかな」と水をかけてみたり、以前にやった音遊びのなかで「いろんなところに音がある」ことを思い出して、お鍋に泥や砂を入れて混ぜながら「こっちはじゃりじゃり」「こっちはサラサラ」とその感覚や音の違いをみつけていきます。ケーキやプリン、コーヒーをつくってお店屋さんごっこをはじめる子たちもいます。それぞれが、自分たちのイメージを土を使って表現しています。そのうちに、「大きな山をつくろう！」「こっちに温泉をつくろう」と、みんなで大きな穴を掘ったり土を積み上げたりと、イメージを共有しながら遊びに夢中になっている姿がみられました。

　泥は保育の現場で多く用いられている素材の1つです。「泥は一人ひ

幼稚園における身体表現遊び
「体操」「手あそび」「歌あそび」「ごっこ遊び」「ポンポンやリボンを使って」「イメージを表現」「リズムダンス」がよく実践されている（多胡、2013）。

とりの多様な特性や発達に応え、その時々に発生する多様な操作やイメージにも応え、様々なものを作ることができる素材であり、泥のヌルヌルした刺激が子どもたちの心を心地よく揺さぶる刺激として受け入れられる」（宮田、2016）ものとされます。

　泥遊びの楽しさは、年齢によって異なるようです。年少では感触を楽しむこと、年長では、道具を使って「何をしよう」と挑戦する姿がよくみられます。保育者は、子どもたちが十分楽しめるように「仕掛け」をたくさん用意しておきます。たとえば、子どもたちが砂場にいくまでの動線上に、「さりげなく」水を入れたバケツや、大きさの違うスコップや透明のコップにお鍋、長さや太さが違う樋（とい）などを置いておきます。年長さんたちは新しいものにすぐに気づいて試行錯誤しながら使おうとしてくれますが、年少で特にそれらのものに初めて出会う子どもたちは、それらがあることも道具となることも気づきません。そんなときは、保育者が「一緒に遊ぶ仲間」となって、「ねえねえ、これ、こうしたらどうなるのかなぁ」と一緒に考えてみましょう。

2　手足、身体を題材とした活動

　幼児期は、身体の著しい発育と共に、運動機能が急速に発達します。それにともなって活動性も高まり、全身で物事に取り組み、我を忘れて活動に没頭します。こうした取組みは運動機能だけでなく、心身のほかの側面の発達も促すことにもなります（幼稚園教育要領解説序章2）。

　子どもが何かにふれているとき、その対象と自分自身の体と心と、さらにはまわりを取り巻く環境全体とが互いに結びついた1つの経験となります。この経験が自分を取り巻く世界を自分のものとしていくのです。この時期の子どもにとって、ふれるという体験は、周囲の環境と関わり、外界を知るための重要な手段となります。さまざまな状態のさまざまな素材に体で直接ふれて、それを十分に味わい楽しむ経験を通して、子どもの感覚は磨かれ、豊かな感性が育っていきます（保育所保育指針第2章）。

事例4-2　全身で大きな壁面を塗る

　作品展に向けての壁面製作は、毎年、年長クラスが担当します。幅17mの大きな紙に描きます。筆で塗っていては間に合わないので、直接手を使って塗ることにします。この時期が来ると「汚れてもいい服」をもってきてもらいます。毎年、年長のお兄さんお姉さんの姿をみているので、今年の年長さんたちもワクワク待ち遠しいようです。暖かいお天気の日、園庭につ

幼児期の運動機能の発達
3歳ごろ
基本的な動作が一通りできる、「〜しながら〜する」ができる。
4歳ごろ
全身のバランスが上手にとれる、活動的になり運動量が増える、異なる2つの行動を同時に行える。
5歳ごろ
大人と同じ動きができる、体全体を協応させた複雑な動きができる、集団遊びで活発に動く。
6歳ごろ
全身運動が滑らかで巧みになる、全力で自信をもって活動する。
（厚生労働省「保育所保育指針解説」）

ながる広い場所にブルーシートを敷いて、破れにくい厚めの模造紙を置きます。保育者がペットボトルに溶いておいた絵の具をみんなで一斉に紙に撒きます。お約束は、「ツルツル滑ると危ないので、みんな真ん中から外に向かって塗ること」です。子どもたちは「わー！」と模造紙に乗り、夢中で色を広げていきます。手や足だけでなく、顔や髪にも絵の具がベッタリ。でも、今日は汚れてもいい服です。終わったらみんなシャワーで流しましょう。絵の具の上に寝っ転がって全身を使って塗る子もいます。ぬるぬる、ベタベタしたものが大好きな子どもたちは、いつもよりもダイナミックな活動に大興奮です。

大きな壁面をみんなで塗る

　独特のぬるぬるした感触をもつ絵の具を主に指や手に取って描画するという活動は、絵の具を直接自分の手に取るという非日常の行為、柔らかくてぬめりのある絵の具の質感にともなう心地よい皮膚感覚、指や手では細かい描画が難しいため逆に絵の上手い下手を気にしなくてよいという特性が重要な要素だとされます（林、2011）。
　子どもたちは偶然「紙が破れた！」ら、「もっと破りたい！」という気持ちになります。そうなると活動は混乱して作品も展示することはできません。ですが、子どもたちのその思いも受け止めたい。この事例では、前段階として、新聞紙に思いっきり絵の具を塗りたくって好きなだけ破ってしまう活動をしておきます。満足した子どもたちは「今日は破らないできれいに塗ろうね」と、ある程度落ち着いて活動を行うことができます。また、体に絵の具がつくことを嫌がる子どももいます。喜んで飛び込んでみたものの、やってみたら嫌なことに気づく子もいます。紙の端のほうで小さく縮こまっている姿もこの子たちの身体表現なのだと受け止めて、保育者は子どもの気持ちに寄り添います。筆を渡せば使ってくれるようであれば、一緒に塗ることにしましょう。

3　自然や自然物を題材とした活動

　領域「表現」の内容の取扱い（1）では「風の音や雨の音、身近にある草や花の形や色など自然の中にある音、形、色などに気づくようにすること」という部分が、改訂の際に充実した内容として示されました。

領域「表現」
内容の取扱い（1）
豊かな感性は、身近な環境と十分に関わる中で美しいもの、優れたもの、心を動かす出来事などに出会い、そこから得た感動を他の幼児や教師と共有し、様々に表現することなどを通して養われるようにすること。その際、風の音や雨の音、身近にある草や花の形や色など自然の中にある音、形、色などに気づくようにすること。

自然環境は子どもたちの興味や関心を大いに喚起します。思いがけない出来事に出会うことも多く、そこではさまざまな活動が展開されます。

また、現代社会において、子どもたちは戸外で遊ぶ経験が不足しており、「戸外での遊びの面白さに気づかないまま、室内の遊びに偏りがち」であることが指摘されています。保育現場では、子どもの関心を戸外に向け、外の空気にふれて自然を楽しみ、その気持ちよさを味わえるような活動を展開しましょう（幼稚園教育要領解説第2章2.1「内容（3）」）。

事例4−3　自然のなかで遊ぶ

年少さんと秋を探しに公園へ行きました。いつもは遊具で遊ぶのですが、今回はあえて遊具のない公園を選びました。子どもたちははじめ、「どう遊ぶのかな？」と不思議そうにしていましたが、少しずつ、赤や黄色の葉っぱやどんぐりをみつけて拾ったり、枯れ葉や枝を踏んでガサガサ、ポキポキという音を聞いて楽しみました。その後、新聞紙でマントやかんむりをつくり、拾った葉っぱやどんぐりを貼ると、みんなそれぞれに素敵な衣装ができました。できあがるとヒーローたちの誕生です。ヒーローごっこやおいかけっこをしたり、輪になって大きくなったり小さくなったりと、のびのびと身体を動かす楽しい時間となりました。

子どもは、全身で自然を感じ取る体験によって、心が癒されると同時に多くのことを学びとります。この際、「幼児が心を動かされる場面は、必ずしも大人と同じではないこと」を心に留めておくことが大切です。子どもたちは、日常生活のなかの何気ない事象に心を動かされます（幼稚園教育要領解説第2章2.5「内容（1）」）。保育者は、子どもの身近な自然や自然物、偶然みつけた自然の変化を遊びに取り入れたり、話題として取り上げるようにしましょう。

また、継続して関心を向け続けるように促すことで、新たな自然への気づきや関心が高まります。この体験は、小学校の生活や学習において、自然のさまざまな事象に関心をもつ意欲となります（幼稚園教育要領解説第1章2.3「幼児期の終わりまでに育ってほしい姿（7）」）。

4　身近な素材を用いた活動

領域「表現」の内容の取扱い（3）では「様々な素材や表現の仕方に親しんだり」という部分が、今回の改訂で充実した内容として示されて

保育で取り上げられる自然物の例

石、砂、葉っぱ、木の枝、木の実など。

身体表現を引き出す「生き物」

カエル、カタツムリ、めだか、トンボ
→歌があるため表現しやすい

うさぎ、蝶々、魚、タコ
→動きがイメージしやすい

います。保育において、子どもたちが身近な物や遊具、用具に興味をもって関わり、自分なりに使って試したり、考えたり、つくったりしながら、探究していく態度を育てることが求められます（幼稚園教育要領解説第2章2.3（8））。

身近な素材の例
新聞紙、シャボン玉、風船、ビニール、ペットボトル、リボン、スズランテープなど。

事例4－4　段ボールで電車ごっこ

　年少クラスでは、さまざまな素材のなかから今回は段ボールを選んで楽しみます。「一人1つの段ボールがないこと、段ボールを投げないこと」の2つだけお約束をしました。はじめはこの大きな段ボールをどう扱おうかと困っていた子どもたちでしたが、何人かの子がなかに入ったり覗いてみたり、体の上に乗せたりして遊ぶようになります。「温泉」を楽しむグループや、破れた段ボールを上手に立ててお家に見立てて遊んだりする子どももいます。なかに入った何人かが縦に並んで「電車や〜！」と声を上げると、ほかの子どもたちも段ボール電車に乗りはじめます。「入れて！」と言えたり、「入り〜！」と誘ってあげたりする姿もみられます。まだ段ボールの底を抜くことは思いつかないようですので、保育者が「さりげなく」底を切り取った段ボールを置くと、早速電車が走り出しました。そうなると、いつもみている電車のようにつながりたくなります。どうすれば電車がつながるかをみんなで相談した結果、床にテープで線路を描くことで、みんなで「つながって進む」電車ごっこを楽しむことができるようになりました。

段ボールで遊ぶ

　子どもは、美しいものや心を動かす出来事にふれていくなかで、心のなかにイメージを蓄積していきます。この蓄積されたイメージが組み合わされて、いろいろなものを思い浮かべる想像力となり、新しいものをつくり出す力へとつながっていきます（幼稚園教育要領解説第2章2.5「内容（2）」）。

　年齢が上がるにつれて、イメージをもって見通しを立てて表現することが多くなってきます。子どものもっているイメージが明確なときは、保育者はイメージに合うような素材を用意して、子どもが気づくように促します。「ときには教師自らが工夫の仕方を示したりするなど、いろいろな物に興味をもって関わる機会をつくる」ことも求められます（幼稚園教育要領解説第2章2.3「内容（8）」）。

第3節
表現を引き出す保育者の技術

学習のポイント

- ●身体表現を引き出す保育者の言葉がけや環境構成に必要な視点を学びます。
- ●情報機器の活用やドキュメンテーションなどの保育記録の可能性について学びます。

1　保育者の動きと言葉がけ

　子どもは大人の表現した動きを 40%くらいしか表現できないといわれます（高内、2008）。子どもの表現を 100%引き出すためには、保育者は指先まで意識して、大きくしっかりと動きましょう。そのとき、オノマトペを用いたり、「手を上に」だけではなく「お空に向かって」のように子どもから動きを引き出す言葉がけも大切です。子どもはみたままに動くので、子どもの右手を出すときは、向かい合う保育者は鏡のように「左手を出す」配慮も忘れてはいけません。また、幼少期は身体の部位をはっきりとは認識できていません。「膝、腰、肩、頭」や「手はお膝」など、身体部位に意識をむけた動きを繰り返すことで自分の身体への認識を深め、さまざまな動きができることを学んでいきます（小林、2019）。保育者には、遊びのなかにこのような学びがあることを理解して活動に取り組むことを願います。

　身体表現遊びにおける保育者の言葉がけに着目した研究（遠藤、2014）では、子どもの発言を肯定的に受け止め発言する「肯定」、子どもの発言に対して同じ言葉で復唱する「反復」、具体的な方法、結果などを尋ねる「質問」、幼児の動きにオノマトペや声の抑揚を添える「同調」、幼児の動きに意味づけをする「言語化」、一緒にしようと誘う「誘導」、新しい遊びを提案する「提案」、が子どもの表現を促すとし、子どもの表現への保育者の柔軟な言葉がけが重要であることが示されています。しかし、無藤（2008）は、子どもへの言葉による伝達は、「大人が考えているよりも限られた働きしかもたないことに留意すべきである」と述べます。子どもは言葉を使えるようになっても、言葉に込められている意味やニュアンスの理解があいまいですので、何をいわれているのかわからないことが多いのです。保育者は言葉だけではなく、視線や表情、身振りなどにも注意を払って伝えるように留意しましょう。

コトバ

オノマトペ

擬音語や擬声語（物や人が発する音や声を表す言葉）のこと。広義には擬態語（事物の状態や心情のような音のないものを表現する言葉）も含まれる。「シュッ！」「トントン」「フワフワ」「ギュッ！」など。

言語化によるイメージの意識化

子どもの素朴な表現をていねいに取り上げて言葉にすることで、その表現に意味づけがなされる。これにより、子どものなかのイメージがはっきりと意識化されて、さらにイメージが広がっていく。

2　環境構成

どのようなものを子どものまわりに配置するかが、「多様な見立てや豊かなイメージを引き出すことと密接な関わりをもつ」とされます。子どもが、イメージの世界を十分に楽しめるように、イメージ表現を引き出すような道具や用具、素材を用意して、子どもと一緒に環境を構成していくことが大切です（幼稚園教育要領解説第2章2.1「内容（8）」）。

事例4−5　廃材を使った遊び

　室内にはさまざまな廃材を自由に使えるようにしています。それぞれの種類別にカゴに入れ、写真を掲示して、取り出したり片づけがしやすいように環境を整えます。子どもたちは室内遊びの時間になると、自分で好きな材料を選び、試行錯誤しながら遊びを楽しみます。

　年齢が上がるにつれて、先にイメージがあって、見通しを立てて表現することが多くなってきます。子どものもっているイメージが明確なときは、保育者はイメージに合うような素材を「さりげなく」用意します。そして、子どもが「これ使えそう」と気づくのを見守ります。ときには、たとえば「キリンさんって尻尾なかったかな？」といった言葉がけもします。すると「キリンの尻尾ってどんなんだっけ？」と子どもたちの会議がはじまり、図鑑やタブレットで調べながら、イメージに合う素材を探してなんとか表現しようと頑張る姿がみられます。

好きな道具で遊ぶ

　教師が工夫の仕方やヒントを示したり、他の子どもが工夫している姿に注目するように促すことでより子どもたちの活動が深まったり、まわりの物に興味をもって関わる機会になります。

　イメージを動きにする遊びのテーマとしては、生き物（動物・生き物・昆虫）や空想上の題材（忍者・おばけ・怪獣など）、乗り物、生活や園生活で体験した題材（料理・自然・絵本・物語）が多く用いられているとされます（多胡、2013）。

　イメージを促す教材として、たとえば、絵本であれば、一冊だけでなく、できるだけ多く揃えて読み聞かせ、それぞれの絵本の持つ異なるイメージにふれることで表現の選択肢をたくさんもてるようにするなど、子どものイメージが広がるような援助が大切です。

身体表現を引き出しやすい教材
リボン、スズランテープ、スカーフ、ストレッチ性の布など、帯状の画用紙（お面に使う。子どもが自らつくれるように完成したお面をおいておく）。

また、引き出したい表現にふさわしい音楽があれば、いくつか準備して BGM として流してみます。子どもたちの動きがスムーズになり、イメージが広がるようであれば採用しましょう。逆にメロディラインや歌詞にとらわれてイメージが固定してしまうようであれば、無理に音楽を使うことはありません。打楽器のリズムや子どもたちの体を叩く音、発する声の方が効果的な場合もあります（青木ら、2011）。

3 情報機器の活用

教職課程コアカリキュラムでは、これからの教員が修得すべき資質能力として、情報機器を活用した保育を構想する力を示しています。幼児期は直接的な体験が重要であることを理解したうえで、視聴覚教材やコンピュータなどの情報機器によって、普段の生活では体験することが難しい部分を補完したり、子どもがより深く知りたいと思ったり、体験を深めたいと思った場合などに活用されることが想定されています（幼稚園教育要領第1章）。

島田ら（2019）は、表現における情報機器による直接的な経験の補完とは「①創造的探求を深める、②より深い学びにつなげる、③個人の表現を拡張する、④個々の表現をつなぐ、⑤新しい表現方法と出会う、⑥個人の表現を他者と共有する」ことにあると述べています。

事例4－6 先生の魔法のパソコン

作品展に向けて、コーヒーカップの製作をすることになりました。保育者が、ホワイトボードにコーヒーカップのイラストを描いてみせ、製作がはじまりました。しかし、どうもコーヒーカップがどういったものかを理解できていない子どもが何人かいるようです。「先生の魔法のパソコンに聞いてみようか！」と子どもたちを誘って、検索サイトからコーヒーカップの画像をみつけてみせると、イメージがはっきりできたようで、それからは混乱する様子もなく製作活動が続けられました。

表現活動での情報機器の活用例としては、OHC（実物投影機）やOHP、スマートフォンやタブレットでのアプリが活用されています。身近な物を拡大したり透過させたりして普段とは異なる感覚の体験、イメージの共有、逆再生やスローモーションなどの非現実的な体験や、自分たちで動画を作成するといった活動によって、これまでにない表現活動の可能性が期待されています（島田ら、2019）。保育者には、それぞ

れの機器の特性や使用方法などを理解したうえで、保育に活用できる実践力が求められます。

　しかし、子どもが興味をみせているからと安易に使用するのではなく、子どもにとって豊かな生活体験として位置づけられるものか、子どもの直接的な体験と関連するものであるかを考慮し、使用する目的や必要性を自覚して活用してください。

4　子どもの行動の可視化

　今日では、多くの幼稚園がポートフォリオやドキュメンテーションなどを活用した保育記録に取り組んでいます。保護者と保育者、保育者同士の情報共有の有効なツールとなり、記録すること自体が保育者の幼児理解を深めていきます。文字が読めない子どもたちにとっては、写真や動画で自分の活動を省みることができます。そのときに自分が何を考えて、どのような決断をしたのかを思い返したり、友達が写っている様子から新しいやり方を学んだりできます。自分や仲間の姿をみることで「学びの自覚化や学び方の洗練化」が促されるのです。完成品や活動の結果をみることは、最後までやり抜いたことや達成感を味わう体験にもなります（浅井、2019）。

　さらに、可視化によって、子ども自身が「自分の活動を振り返り、次の課題をみつけるという主体的な学習サイクルの方法を身に付ける」(山本、2018)ことも期待されます。保育の質が高いことで知られるスウェーデンでの「教育的ドキュメンテーション」の実践では、子どもが自らのアイデアを絵に描いて示して説明をしたり、記録を資料として、仲間と出来事を振り返って話し合いを行い、そこから次の活動の可能性について話し合うといった活動に活用されています（白石、2018）。

　身体表現は、特に「物としては残りにくい点から、創作過程も含め、写真や映像なども利用したドキュメンテーションとして作品を残しておくことはとても重要」（髙野、2017）とされます。身体表現活動、特に劇遊びのように時間をかけて子どもたちとつくり上げていく過程において、子どもたちが自分の活動を振り返るツールとして活用することで、子どもの創造性を促し、主体的な学びへとつながっていくことが期待されます。

コトバ

ポートフォリオ
子ども一人ひとりの活動の記録の集積。その子どもが育ち学んできた過程がよくみえる。子どもにとっても自分の成長を確認することができる。

ドキュメンテーション
全体の活動の記録としてまとめられるもの。主に子ども同士の関係や関わりに着目して、仲間との関わりのなかで、目標のために自分の役割を果たす様子や、集団のなかでのその子らしさを見出すことができる。

第4節
共に学ぶ保育への身体表現の可能性

学習のポイント
●インクルーシブ保育における身体表現活動の意義を理解しましょう。
●すべての子どもが分け隔てなく学べる保育について考えましょう。

1　インクルーシブ保育

　2012（平成24）年に「共生社会の形成に向けたインクルーシブ教育システム構築のための特別支援教育の推進（報告）」（文部科学省、2012）に関する報告がされました。インクルーシブ（inclusive）とは、包括、包容、包み込む、を意味します。「インクルーシブ保育」とは、国籍や年齢、障害の有無にかかわらず、すべての子どもを違いや特性のある存在としてとらえて、すべての子どもを分け隔てなく包み込む保育を指します。すべての子どもが共に学ぶなかで、「他者と自分の違いに気づいたり、他者と違うからこそ、他者からの刺激を受けたり、あるいは他者を理解できるようになる」ことが期待されます（島田、2019）。

すべての子ども
幼稚園教育要領第5「特別な配慮を必要とする幼児の指導」では、その対象として「障害のある幼児など」と「海外から帰国した幼児等」が示されている。

2　インクルーシブ保育における身体表現活動

　インクルーシブ保育において、表現活動は、一人ひとりの表現を大切に受け止めて、尊重するなかで「みんな違ってみんないい」が実感できること、そして、表現を分かち合って共有する体験によって「みんなと一緒がうれしい」を実感できること、にそのメリットがあるとされています（文部科学省、2012）。特に、身体表現活動では、上手い・下手、正解・間違い、勝ち負けが存在せず、どんな表現であっても、それを「らしさ」として受け入れ、認め合う、まさに「すべての子どもが共に学ぶ」場となります。
　しかし、教師の理解のあり方や指導の姿勢が、他の幼児に大きく影響することや、幼児期は外見など子どもにとってわかりやすい面にとらわれたり、相手の気持ちに構わずに感じたことを言ったりする傾向があることは、保育者として十分に理解しておくことが大切です。そうした子どもの感情を受け止めて、「一人一人がかけがえのない存在である」ことが伝わるような関わりとなるよう留意しましょう（教育要領第1章5）。

　発達障害や知的障害をもつ子どものなかには、身体的不器用さを併せもつ子がいます。たとえば、学習障害をもつ子どもは、全身を使う「粗大運動」や手先を使う「微細運動」、整列や行進から外れやすいといった自分と周囲との位置関係や、方向性の認識などの困難さをもつことがわかっています。また、そのために、幼少期から運動の失敗経験や他者からの叱責が積み重なり、自尊心や仲間意識の低下、緘黙などの二次障害を引き起こすとされます（小林、2014）。これに対して、身体運動を軸とする活動による支援が有効となると考えられます。

　インクルーシブ教育における身体運動面からのアプローチとして、集団遊び的な活動のなかで身体運動能力の発達（動くことを学ぶ）を促すと同時に、知覚機能や記憶力、集中力、問題解決能力などを高めていく（動きを通して学ぶ）ことを企図する「ムーブメント教育」（小林、2014）や、これを基に身体表現活動の要素を生かして独自に発展させた「創造的身体表現遊び」（大橋、2016）、神経心理学的リハビリテーションを原型とした発展途上にある認知機能を強化するために開発された「認知作業トレーニング」（宮口、2014）などが提唱されています。

「認知作業トレーニング」プログラムの構成
（宮口、2014）
①身体を知る
②力加減を知る
③動きを変える
④物をコントロールする
⑤指先を使う
⑥動きをまねる
⑦動きを言葉で伝える

事例4－7　受け入れられて育つ意欲

　発達障害を指摘されている男児（4歳）は、みんなと同じ動き、同じ表現をすることが難しく、大きな音やワイワイした場所が苦手です。発表会にむけて劇遊びをしていても、オオカミの役がしたいとはいっても、いつも離れてみているだけでなかなか参加できません。ある日、保育者が効果音として鳴らしていたウッドブロックに興味をもったようですので、その役を頼むことにしました。はじめは自由に鳴らしてしまい劇の内容に合いません。ほかの子どもたちは事前に「効果音は○○くんにやってもらうことになりました」と伝えたことと、普段から彼と接しているためか、気にしていないようでした。何回も練習を繰り返している内に、偶然タイミングが合うときがあります。その度にみんなで「できた！」と喜んでいると、いつの間にか劇の内容に合ったところでウッドブロックを鳴らすことができるようになりました。このころから、オオカミ役としても練習に参加することも増えて、本番はみんなと一緒に発表することができました。

生活発表会で劇遊びを披露

これまでみたように、うまくダンスが踊れることや、役に上手になり
きれることが身体表現の目的ではありません。身体中で活動を楽しむ、
身体を思いのままに存分に動かせる、仲間の身体が何を語っているのか
推し量る。身体表現とは毎日の生活のなかにずっと在るものなのです。
授業では、学生に「身体のボキャブラリーを増やしましょう」といいま
す。子どもの成長にとって身体表現が言葉のように大切なことを十分に
理解して、保育者となる皆さんには、子どもたちの前で見せることので
きる身体、子どもたちと共に楽しめる身体、子どもたちから表出される
気持ちや意図が理解できる身体であることを期待します。

（近藤　正子・内藤　真希）

演習課題

① 身体表現でのグループ活動の際に、自分たちの表現活動を記録した
映像を振り返りに用い、保育における活用の可能性について話し合
いましょう。
② 発達特性を考えて、各年齢の「泥遊び」の指導計画を立案しましょう。

【引用・参考文献】

青木理子他　『新訂　豊かな感性を育む身体表現遊び』　ぎょうせい　2011 年

浅井拓久也編著　『活動の見える化で保育力アップ！ ドキュメンテーションの作り方＆活
　　用術』　明治図書　2019 年

池田裕恵・猪崎弥生編著　『保育内容「表現」——からだで感じる・表す・伝える　改訂第
　　2 版』　杏林書院　2019 年

乾　敏郎　「脳・身体からみる子どもの心——認知発達の原理から考える」『発達』155　ミ
　　ネルヴァ書房　2018 年

遠藤　晶　「身体表現遊びにおける保育者と幼児の相互作用を高める指導——保育者の『言
　　葉がけ』に着目して」『教育学研究論集』9　2014 年

岡田　猛　「創造的な社会を作るための心理学者の回り道」『心理学ワールド』63　2013 年

教職課程コアカリキュラムの在り方に関する検討会　「教職課程コアカリキュラム」　2017 年
　　https://www.mext.go.jp/component/b_menu/shingi/toushin/__icsFiles/afieldfile/
　　2017/11/27/1398442_1_3.pdf（2020 年 1 月 20 日アクセス）

厚生労働省　『保育所保育指針解説』　フレーベル館　2018 年

小林紀子・砂上史子・刑部育子編著　『新しい保育講座 11　保育内容「表現」』　ミネルヴァ
　　書房　2019 年

小林芳文・大橋さつき・飯村敦子編著　『発達障がい児の育成・支援とムーブメント教育』
　　大修館書店　2014 年

島田由紀子・駒久美子編著　『コンパス 保育内容　表現』　建帛社　2019 年

白石淑江編著　『スウェーデンに学ぶドキュメンテーションの活用　子どもから出発する保
　　育実践』　新評論　2018 年

髙野牧子編著　『うきうきわくわく身体表現遊び──豊かに広げよう！子どもの表現世界』
　　同文書院　2015 年

髙野牧子　「レッジョ・エミリアの幼児教育における身体表現性」『山梨県立大学人間福
　　祉学部紀要』12　2017 年

多胡綾花　「『身体表現あそび』の実践状況と実践上の問題点について」『湘北紀要』34
　　2013 年

長野真弓　「幼児における身体活動表現の実践・研究の課題ならびに科学的視点からの提案」
　　『心理社会的支援研究』1　2011 年

林　牧子　「イメージワークに伴う個の心理的ダイナミクス──保育者を目指す者の豊かな
　　感性を拓く」『愛知教育大学教育創造開発機構紀要』1　2011 年

宮口幸治・宮口秀樹編著　『不器用な子どもたちへの認知作業トレーニング』三輪書店
　　2014 年

宮田まり子　「保育材に関する検討」『子どもの挑戦的意欲を育てる保育環境・保育材のあ
　　り方』日本教材文化研究財団　2016 年

無藤　隆監修　『事例で学ぶ保育内容〈領域〉表現』　萌文書林　2008 年改

無藤　隆代表　保育教諭養成課程研究会編　『幼稚園教諭養成課程をどう構成するか〜モデ
　　ルカリキュラムに基づく提案〜』　萌文書林　2017 年

文部科学省　「共生社会の形成に向けたインクルーシブ教育システム構築のための特別支援
　　教育の推進（報告）」　2012 年　http://www.mext.go.jp/b_menu/shingi/chukyo/chukyo3/
　　044/attach/1321669.htm（2019 年 8 月 5 日アクセス）

文部科学省　『幼稚園教育要領解説』フレーベル館　2018 年

文部科学省　「新幼稚園教育要領のポイント」2017 年　http://www.mext.go.jp/b_menu/
　　shingi/chousa/shisetu/044/001/shiryo/__icsFiles/afieldfile/2017/08/28/1394385_003.pdf
　　（2019 年 8 月 1 日アクセス）

文部科学省　『小学校学習指導要領解説　体育編』　東洋館出版社　2018 年

文部科学省　『幼児理解に基づいた評価』　チャイルド本社　2019 年

山本麻美　「学びの活動を振り返るためのドキュメンテーションと幼児の造形作品との関わ
　　りについて」『名古屋女子大学紀要』64　2018 年

第5章

新しい時代を生きる子どもたちの音楽

　日本は今、新しい時代（Society5.0 時代）を迎えています。だからこそ新時代に対応できる「豊かな感性と表現」を養う必要性が高まっているのです。人は生まれても一人では育つことができません。育てる者からミルクをもらい、抱いてもらい、歌ってもらい、遊んでもらい、保育環境のなかでこそ育ちます。そのような保育を営む環境下には、育てる者と育てられる者両者の「感性」と「表現」が絶え間なくコミュニケートしています。

　さらに、育てられる者は育てる者から認められて成長することを考えると、育てる側の私たちこそ、人間らしい豊かな感性と表現を磨く必要性があるのではないでしょうか。個性あふれる子どもたちの感性や表現を見逃すことなく伸ばしてあげることのできる先生になりたいものです。第５章では、新しい時代を生きる子どもたちの音楽を学びましょう。

第1節
新しい時代に求められる「感性」と「表現」

1　子どもたちの音楽表現を育てるために求められる保育者の姿

① 社会の変化

　2018（平成30）年に教育・保育要領が改訂されました。では、どのような理由で改訂されたのでしょうか。

　AIやIoTなど、現代社会はテクノロジーの進化にともない激しく変化しています。このような時代においても、子どもたちが主体的に生きていく力の基礎を育むことができるように、私たちの目指すべき教育の方向性が具体的に示されたものが「幼児期の終わりまでに育ってほしい10の姿」です。改訂の背景には、私たちが迎えている新たな社会「Society5.0」と国の政策があったといえるでしょう。

　「Society5.0時代」については、内閣府が科学技術政策「第5期科学技術基本計画」のなかで以下のように説明しています（図5-1）。まずは、私たちが保育を営む社会について理解を深めましょう。

コトバ

AI
(Artificial Intelligence)
知的な作業を人工的なシステムにより行えるようにしたもの。

IoT(Internet of Things)
さまざまな物に通信機能をもたせることにより、インターネットに接続し相互に通信を行うことのできるツールである。

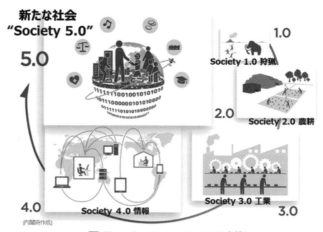

図5-1　Society5.0時代

出所：内閣府　https://www8.cao.go.jp/cstp/society5_0/index.html （2019年8月
　　　24日アクセス）

　新たな社会「Society5.0」とは、「サイバー空間（仮想空間）とフィジカル空間（現実空間）を高度に融合させたシステムにより、経済発展と社会的課題の解決を両立する人間中心の社会（Society）のこと」を指しています。狩猟社会（Society1.0）、農耕社会（Society2.0）、工業社会（Society3.0）、情報社会（Society4.0）に続く新たな社会がSociety5.0なのです。

　今、私たちはスマートフォン（IoT）を片手に、Society5.0を生きているというわけです。このSociety5.0は、日本が目指すべき未来社会の姿として、科学技術基本計画によって初めて提唱され、現在は第5期が推進されています。

　さらに第5期基本計画の第1章では、先を見通して戦略的に手を打っていく力（先見性と戦略性）と、どのような変化にも的確に対応していく力（多様性と柔軟性）を重視する基本方針のもと、以下の4つの目指すべき国の姿が掲げられています。私たちが保育を営む日本が、このような目標をもっていることを理解したうえで「幼児期の終わりまでに育ってほしい10の姿」をみつめなおすとよいでしょう。

> 【第5期科学技術基本計画の基本方針となる4つの柱】
> ①持続的な成長と地域社会の自律的発展
> ②国及び国民の安全・安心の確保と豊かで質の高い生活の実現
> ③地球規模課題への対応と世界の発展への貢献
> ④知の資産の持続的創出

　このように、何気なく過ごしている私たちの今の生活そのものが、テクノロジーの進化と共に歩むこれからの未来へと続いているのです。

2　今後期待される保育者の姿

　ここまでは、私たちが保育を営む社会的背景と、日本の目指す方向性を確認してきました。さらに、人間の発達が赤ちゃんから成人まで一貫して行われることを前提にすると、STEAM教育にもふれておく必要があるでしょう。発達上、現在の子どもたちが未来を担っているのですから、人格形成の基礎を培う重要な幼児期（3〜5歳）における教育的な意味や、保育の営みに対する考え方の根底を、保育を営む私たちがしっかりととらえておかなくてはならないのです。ここからは、育てられる子どもたちの主体的な表現「音楽」を支える保育者としての姿を学んでいきましょう。

　一般的に、保育科・音楽と聞くと、ピアノの弾き歌いを最初に連想す

コトバ

科学技術基本計画
1995（平成7）年に制定された「科学技術基本法」により
第1期（平成8〜12年度）
第2期（平成13〜17年度）
第3期（平成18〜22年度）
第4期（平成23〜27年度）の基本計画を策定し、これらに沿って科学技術政策を推進してきている。

STEAM教育
Science（科学）、Technology（技術）、Engineering（設計・ものづくり）、Art（芸術）、Mathematics（数学や応用数学）の5つの分野の頭文字をとった教育の方針である。テクノロジーの進化にともない「新しいこと・もの」を創造することのできる人材育成であり日本も国家規模で力を入れている。文部科学省・経済産業省より提出された未来の学びについての報告書・提言書より。

る人が多いのではないでしょうか。実際にこの本を読んでいる皆さんも、そのスキルを得るために多くの時間を費やし努力していることでしょう。そのスキルは保育を営む者において必要ですので、大切にしなくてはなりません。昨今ではテクノロジーの進化にともない、携帯端末から音楽を再生し教育現場で用いる機会も増えてきています。しかし、先生が子どもたちの前で生演奏をすることは、子どもにとってたくさんのメリットがあります。自分たちのために一生懸命ピアノに取り組む先生の姿や、先生のピアノに、友だちと心を合わせて演奏する一体感、そして指一本で再生される音楽と先生の体全体から織りなされる音楽の違いを、視聴覚器官で感じることができるのです。

　ピアノの練習には時間がかかります。資格を取得した後も、練習から解放されるわけではありません。保育を生業とするならば自身が退職するその日まで、コツコツと磨き続けなくてはいけないスキルです。人間性のあふれる温かい保育者を目指すなら、長い目でトレーニングを続け、子どもたちの喜ぶ演奏ができる先生を目指しましょう。今は上手に弾けなくても焦る必要はありません。毎日練習を続けていくことで徐々に弾けるようになるのです。

事例5-1　ピアノの練習に取り組む

　娘が0歳4か月で入園した保育園には、当時ピアノが苦手な新卒の先生がいました。約5年間お世話になった娘にも卒園が近づいてきました。そんなころ、娘のお迎えに行くと、静かになったホールには黙々とピアノの練習に励む、新卒だった先生の姿がありました。迎えた卒園式では、「さよなら僕たちの保育園」を見事に演奏する先生。それに応えるように精一杯歌う園児の姿に胸をうたれ、涙が止まりませんでした。子どもと共に成長した先生の姿にもまた、一人の親として人間として感動しました。「先生ありがとう。先生に育ててもらって本当に良かった」と心から思ったものです。

　事例5-1のように、園の先生たちの多くが夜遅くまで園に残り、ピアノ練習をしているものです。そんな先生の努力や熱意がピアノの音となり、子どもたちにも伝わるのではないでしょうか。

　このように、先生や友だちと一体感を感じることのできる歌唱表現活動は大変意義のあるものであり、行事などでも発表されています。しかし今回の改訂に基づいて表現（音楽）をとらえなおしてみると「子どもたちは、それぞれが自ら音楽に関わっているかどうか？」に着目する必

要がありそうです。一斉歌唱の特性をみてみると「さぁ、たのしく歌を歌いましょう！　リズムを守って、お口をひらいて、みんなあわせて！ここは優しく！　真直ぐに立って！」など、自ら関わる音楽と方向性の離れた制約がちりばめられています。

　もちろん、先に述べたように子どもたちが活動を通じて制約に気づくことも大変意義のある活動です。しかし、日々の活動を制約の多い既成曲の合唱や合奏などに頼り過ぎるのではなく、一斉歌唱などを行う前段階としての「音や音楽」を大切にし、その意義をとらえなおしておく必要があります。そのうえで一斉活動を展開することで、一人ひとりの子どもの感性を支える教育が実現できるのです。子どもたちの環境に溢れるさまざまな「音」は、保育者の正しい理解と聞く力によって、感性の育成を支える大きな資源になるということを理解し、子どもたちの創造の礎である感性を豊かに育んであげたいものです。

　子どもたちはまだ小さな世界観で生きています。その世界観を大きく占める先生や友だちから、自分の感性を理解・共感される経験を繰り返すことで友だちの感性にも理解・共感できる力（非認知能力）が身につくのです。既存の知識を獲得する力（認知能力）のほかに養っていきたい非認知能力について図５－２で紹介しています。新時代に求められる領域「表現」の音楽を理解しましょう。

音と音楽の基礎知識

豊かな響きのオーケストラも、情感あふれる歌声も、物理的には空気の振動にすぎないが、振動を人の聴覚が音として認識し、メロディー、リズム、ハーモニーなどの情報を使い脳（心）で音楽になるのである。

非認知能力

目標に向かってがんばる力、他の人とうまく関わる力、感情をコントロールする力などのこと。

人と関わる力　　目標に向かって粘り強くやり抜く力　　感情を調整する力

図５－２　非認知能力

2　子どもの音楽表現

　「表現する」ということは、感じたことや考えた内容を主体的に表に現すことをいいます。音楽は体で感じ、心のなかで音楽になります。自分の心を自分から使うわけですから、主体的ではない音楽は本来存在しないはずなのです。

　しかし、1989（平成元）年に改訂された幼稚園教育要領で、新たに「表現」という領域が設けられるまでは、日本の幼児音楽も既成の曲を上手

主体的

自分で状況を判断して目的を明確にし、自らの責任で最も効果的な行動をとること。自分で考えず、いわれる前に行う、自主性とは違う。

図5-3　音楽表現の生成の循環

出所：無藤　隆監修　吉永早苗著　『子どもの音感受の世界——心の耳を育む音感
　　　受教育による保育内容「表現」の探求』　萌文書林　2016年

に再現する技術を求める傾向が強かったのです。そのような時代の変遷
と今までの幼児音楽の傾向を理解したうえで、これからの音楽表現を学
ぶ必要があります。誰しもある日突然音程のある歌を歌えるようにはな
りません。まずは視聴覚器官で音そのものを認知し、心のなかで音楽を
つくり、それを表に現そうと表現する。音楽表現とはこのような生成を
繰り返すことで磨かれていくのです（図5-3）。

3　子どもの感性

　次に、子どもの表現を支える感性について学びます。感性とは、良い
ものや美しいものに対する一瞬のひらめきや気づきから現れる、「きれ
いだな。上手にできたかな？　これはいいことじゃないの？」などさま
ざまな評価の判断に関する印象や意味を知覚する能力のことをいいま
す。自分が感じて考えて行動するだけではなく、その過程を含んだ行動
に対して「素敵だね、面白いね、これはどうなるの？」と他者が受け入
れて認め、それを楽しんで、お互いに影響・触発し合うことを繰り返す
ことで発達する大切な能力です。

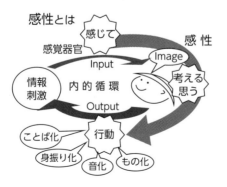

内的循環の事例

行動→感じて→行動

円を描いたらママだと思った。そう
したら目を描きたくなった。そした
ら口も髪も描きたくなった、など。

図5-4　感性の生成

出所：平田智久・小林紀子・砂川史子編『保育内容「表現」』ミネルヴァ書房　2010年

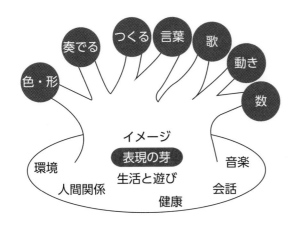

図５−５　表現の芽と表現活動

出所：神原雅之・鈴木恵津子編著　『改訂　幼児のための音楽教育』教育芸術社
　　　2018年

　図５−４の感性の生成とヴィゴツキーの主張より、感性への理解を深めましょう。感性は、非言語的、無意識的、直感的なものであるからこそ、日常の環境や人的環境の構成が大きな影響を与えるのです。子どもたちの心が子どもたちの思いや考えから動く、主体的な音楽的コミュニケーションを重視した環境構成を目指しましょう。優しい先生のクラスには、優しさを感じ表現できる子どもが育つように、他者との関係で生じる気持ちの評価・判断が感性を支えているのです。小学校で特別の教科として必修化された道徳もまた、感性に支えられていることを考えると、５領域「表現」における音・音楽の活動も、広げていく必要があるのではないでしょうか。「表現を育成するためには、心の内側から湧き出る感動的な体験が大切」（図５−５）という表現の芽と表現活動について理解を深めましょう。

人物

ヴィゴツキー
Lev Semenovich
Vygotsky
(1896-1934)
発達の理解には、個人、個人間、文化的一歴史的相互関係が必須と主張した教育心理学者である。

子どもたちを音楽で支える

学習のポイント
- ●新時代に求められる領域「表現」の音楽のあり方を理解しましょう。
- ●保育環境に溢れる「音」は、感性の育成を支える大きな資源となることを学びましょう。

1　幼児期における音楽活動の意義

　今回の改訂において、私たちが最も大切にするべきポイントは、「幼児教育で育みたい10の姿」です。5領域の「表現」（音楽）においても例外なくこれらのポイントを踏まえた活動計画が求められてきます。下の図5-6で10の姿を再確認し、5領域「表現」を担う音楽の可能性を考えてみましょう。

図5-6　幼児教育で育みたい10の姿

出所：文部科学省「幼稚園教育要領」　厚生労働省「保育所保育指針」
　　　内閣府「幼保連携型認定こども園教育・保育要領」

　10の姿すべてを育てることにつながる音や音楽環境を構成するのは難しいかもしれませんが、「**環境や遊びのなかで音や音楽を通して感じたことを、他者と協働することによって自分の心を動かす経験になる音楽体験**」をイメージするとよいでしょう。

　ここからは、より具体的な表現（音楽）の方法を学んでいきます。子どもたちの「自ら」や「主体的」を大切に扱うことにつながるコミュニケーション方法の1つに、コーチングがあります。子どもたちの表現を支えるときやこれから出会うさまざまな人間関係のなかでも活用していきま

コトバ

コーチング（coaching）
相手の話をよく聴き（傾聴）、感じたことを伝えて承認し、質問することで、自発的な行動を促すコミュニケーション技法である。

しょう。保育する者とされる者は、互いを映す合わせ鏡です。表現の芽を摘むことのない肯定的な対話を、高次に循環させるコミュニケーションの技をもつことも私たちの大切な仕事なのです。

2　声で支える

　保育者の声は、喜ぶ声・叱る声・慰める声・励ます声など、さまざまな場面において、状況に応じて実に豊かに表現されています。実習で耳にした先生たちの声を思い起こしてみましょう。ほめる時は明るく伸びやかに、叱るときには強く短くといったように、多様な音声表現を駆使し、日々の保育を営んでいることがわかります。

　人間の発達から考えると、音声のコミュニケーションは胎児期にはじまり、生涯にわたって継続します。胎生期5か月ごろに聴力が完成すると、音声によるコミュニケーションである対話の芽生えもはじまります。胎内での聴覚経験を経てさらに発達を遂げた子どもたちは、より高度な言語やリズムパターンを組み込んだ音の連なりを「音楽」として認識し、模倣することができるようになるのです。

　つまり、子どもたちの音楽を支える基本にあるのは、保育者の声の表現なのです。恥ずかしさも苦手意識も経験の数で変化します。まずは、オノマトペや手遊び歌で、保育者が豊かな声を心がけて表現しましょう。そのうちに、子どもたちは模倣で歌を覚えます。会話から歌が紡ぎだされ、つくり歌を自発的につくり、歌いはじめる姿までみることができるようになるでしょう。マザリーズという用語が生まれたことからも、私たちが本来もっている普遍的な「声」の存在を再確認できます。

　保育での読み聞かせには、感情を込めないで読むという定説もありますが、平坦すぎるのも物足りません。絵本を聞いている子がお話の世界から弾き出されてしまうほどの大きな表現は必要ありませんが、お話の世界に入り夢中になっている子どもを声で支える、そんな気持ちが大切です。

母親と乳児間の音声相互作用
赤ちゃんは胎生期5か月から音を聞き生後1年間でさまざまな話声のなかから単語を切り出し、その音声特徴と意味を自ら学びつつ環境にある言語を獲得していく。

コトバ

マザリーズ
(Motherese)
全世界のお母さんにみられる普遍的な話し方。高めの声でゆっくりと抑揚をつけ、赤ちゃんの反応を待つような間をもつことなどが特徴としてあげられる。

3　楽器で支える

子どもたちは、聞くことを通して感じた思いを、さまざまな方法や形で表現しています。その方法は子どもたちの数だけ生まれます。身近にある木の枝葉も拾った石も一枚の紙も、それを使って表現する者にとっては立派な楽器になります。もちろん、楽器の合奏も歌唱活動と同様、一体感や決まりなど、幼児にとって多くの学びや気づきがあります。そこに子どもが主体的に感じ、考える音へのプロセスがあるかどうかに注目して活動を展開しなくてはいけません。

展開の方法の例をあげてみましょう。

❶1枚の紙を楽器に見立てて、紙だけでどんな音が出るか試してみる。揺するとヒラヒラ。丸めるとクシャクシャ。破るとビリビリ。

❷❶を、状況を替えて試す。動きをゆっくりしたり早くしたり、みんなでしたり交互にしたり、毛布のなかでしたり静かな部屋でしたり。

❸さらに同じ条件でも、A君の音とBちゃんの音は違うはずですので、それぞれでどんな音が出るのかやってみる。

❹怒りながら、泣きながら、笑いながらやってみる。

❺子どもたちそれぞれが認知した音を、それぞれの感性で表現してみんなで味わう。

❻最後に、みんなで感想をいい合う。

このように個性あふれる音の表現を、❶から❻のような段階で考えながら楽しみを広げていける楽器遊びを目指しましょう。やみくもに音を出すのではなく、音にあった表現を創造することで、感性を揺さぶる音遊びが実現するのです。

子どもたちと材料を集めて手づくり楽器あそびもできます。ただつくって終わりではなく、できあがった音に対する対話や会話を楽しみ、友だちの感性にふれあう経験をプラスすると良いでしょう。打楽器やピアノも子どもの音楽表現を支える楽器です。練習の大変なピアノスキルですが、実は5種類のコード（C.F.G.D.B♭）をマスターするだけで、たとえば『ポケットいっぱいのうた』（教育芸術社）の144曲のうち、115曲の伴奏が概ね弾けるのです。難しい部分は、コードネームに記された音（例：Dm7がわからない場合はD＝レ）を1つ弾くだけでも曲になります。コードの音が正しいか確認できる下記の「My Chord」のような便利なアプリもあるので、活用するのもよいでしょう。

コトバ

打楽器

打つ、こする、振るなどして音を出す楽器の総称。各民族にさまざまな楽器がある。太鼓などの膜鳴楽器とそれ以外の体鳴楽器に分けられる。

「My Chord」

4　音環境で支える

　子どもたちは、園で過ごす以外にも実に多様な音を聞いています。音はテレビやインターネット、街角からも聞こえてきます。生活に溢れるそのような音もまた、子どもたちの音楽的な発達に影響を与えていることを無視してはいけません。子どもたちが興味をもつ音や音楽も日々の環境に取り入れて、個々が感じる音や音楽をみんなで味わいましょう。

　ここでは日本の幼児教育に取り入れられている音楽教育法を紹介します（表5－1）。子どもたちの発達や特性に合った音楽教育に基づいて、先生らしくアレンジしてもよいでしょう。アレンジできるようになるまでのテーマの読み込みと探求が、保育者の技術を高めるのです。

表5－1　音楽教育法の種類

種類	発案者	内容
リトミック	ダルクローズ Emile Jacques-Dalcroze（1865-1950）	音楽と聴覚及び身体運動とを内的に連関させることに重きを置く独創的なプログラム
コダーイ メソッド	コダーイ Zoltan Kodaly （1882-1967）	短いフレーズの模倣唱や応答唱など正確に音程をとらえて歌うことを重視したメソッド。声・手拍子・足音の大・小など、音を注意深く聞き違いに気がつき応える
モンテッ ソーリ教育	モンテッソーリ Maria Montessori （1870-1952）	身のまわりの現実を構成する物の特性を知覚する能力に注視し楽器は音に秩序を見出す教具として使われる
サウンド・ エデュケー ション	マリー・シェーファー Raymond Murray Schafer（1933-）	音を風景の観念でとらえて、身近な音を使ったサウンドマップやサウンドスケープなど、文化のなかでの音楽概念を提唱した
耳観察	倉橋惣三（1882-1955）	生活のなかの音をじっくり観察し表現活動の基礎とした

　自分が担任した子どもたちが卒園する日を想像してください。子どもたちをどんな姿で送りだしたいですか。さらにはどんな大人になってほしいですか。国際社会へ羽ばたくこれからの子どもたちにこそ、日本文化や伝統のエッセンスを取り入れた音環境を見直すのも良いでしょう。

　日本の子どもが古くから歌い継いできたわらべ歌には、音に合わせた身体運動や手合わせなどのスキンシップ、歌詞からは数字の概念への気づき、しりとり押韻などの言葉との出会いといった学びの要素がたくさん詰まっています。保育を仕事として割り切るのではなく、子どもたちの疑問や好奇心、私たちが出会った感動や体験を保育環境に反映させましょう。

　世界へ羽ばたく子どもの姿を思い描きながら日々の環境を自分らしく構成する努力が保育の質を上げるのです。

第3節
主体的で対話的な音楽遊び

学習のポイント
- ●新時代に求められる領域「表現」の音楽のあり方を理解しましょう。
- ●保育者の正しい理解により、「音」が感性を支えるツールになることを学びましょう。

1 概ね3歳からの音楽遊びのポイント

概ね3歳になると「こうしたらこうなる」がわかるようになります。会話も成立します。さらには「大きい―小さい」「高い―低い」「早い―遅い」などの違いも認識しはじめます。音楽面では音程は不十分ですが1曲を通して歌おうとするようになり、音楽に合わせて身体を動かし跳んだり跳ねたりできるようになります。3歳の発達を考慮し、子どもたちの「○○のつもり」「○○ごっこ」を認め、表現の喜びを感じてもらいましょう。

事例5－2　3歳からの音楽遊び「動物園をつくろう！」

遠足で動物園に行ったとします（行ったことのない場合は図鑑などの虚構体験から発展させてもよい）。先生は「どんな動物がいた？」と子どもたちと「会話」し、「その動物園をみんなでやってみよう」と提案します。動物園マップを壁に貼り、先生のカスタネットや太鼓のリズムに乗って自由にスキップしたりしながら動物園へ到着です。「まずはさるがいましたよ！みんなでさるになりましょう。どんな声で鳴いていたかな？次は何がいるかな？　どんな声で鳴いたかな？」先生の鳴らすリズムが聞こえたら、次の動物さんへ移動です。これは声を使った表現遊びです。動物の声は、象のように「パオ～～ン」と上から下をグリッサンド（音を滑らかに滑らせる）したり、鴨のように短く「クェックェックェックェッ」とスタッカート（音を短く切る）したり実に豊かに表現されています。

移動の途中ではヨイショヨイショと階段を使ったり、ヒューンとエレベーターを使ったり、プシューッとバスに乗ってもいいですね。声まねと動物のものまねで、声を使った表現を楽しみましょう。グリッサンドやスタッカートは、発声が滑らかになる効果も期待できますので、歌唱時の怒鳴り声解消にもつな

がります。少し早いかな、と感じても、まずは、先生が動物の
お手本になってみましょう。最後はみんなから感想を聞いて、
声遊びの面白さや表現の楽しさを味わいましょう。

　活動全体の印象が雑音にならないよう、一人ひとりの表現を丁寧に扱いま
しょう。おや？と思った表現でも「それはどうしてかな？」と興味をもち
問いかけます。表現に隠されたその子の秘密に出会えるかもしれません。
表現の芽を摘むことなく見守る姿勢が重要です。

2　概ね４歳からの音楽遊びのポイント

　概ね４歳になると、相手の気持ちがわかるようになり、友だちの思いを
共感することもできるようになります。順番や交代もでき、イメージを共
有して協同的な遊びを仲間と楽しむこともできます。「リンゴとバナナは
同じグループ」などの概念も発達してきます。
　音楽的な発達では歌を正確に最後まで歌えるようになり、正しい音程や
リズムに近づこうとする姿がみられます。音楽を自己流に表現しつくり歌
もできるようになります。

事例５－３　４歳からの音楽遊び「世界で１つだけの歌をつくろう！」

　この音楽遊びはわらべ歌の替え歌あそびです。「おちゃをの
みにきてください」というわらべ歌を基にしてつくられた絵本
を使用します。
　この本は、男の子が「はいこんにちは！」と出会ってから「は
いさようなら！」と別れるまでの間を面白く描いた絵本です。
　まずは先生がこの本を読み（歌い）聞かせ、本の世界とわら
べ歌のメロディーを十分に味わえるように表現しましょう。次
に、子どもたちがみんなで話し合ってつくる替え歌づくりに挑
戦してみましょう。メロディーは簡単で、本のなかにも繰り返
し出てきますのですぐに覚えられるはずです。４歳の発達を考
慮し「順番や交代」での替え歌づくりや、大好きな内緒話の伝
言ゲームで歌詞を伝えると盛り上がりそうですね。子どもたち
は友だちの気持ちを理解しながら絵本の世界観をどのように展
開させていくのでしょうか。同じ旋律でも子どもたちの創造性
によって驚くような歌詞がつくことでしょう。取り組んでいく
うちに、言葉の仕組みに気がつく子も現れるでしょう。

＋α

わらべ歌の替え歌あそび
やぎゅうげんいちろう
『いろいろ　おせわに　な
りました――わらべうた
「おちゃをのみにきてく
ださい」より』（幼児絵
本シリーズ）福音館書
店　2008年

基になっているわらべ歌
「おちゃをのみにきてく
ださい」の遊び方

おーちゃをの一みに　きてください

はい　こんにちは

いろいろおせわになりました

はい　さようなら

歌い聞かせのなかで繰り返し現れる歌唱部分は、わかりやすく丁寧に歌いましょう。活動は全体的にじっくりと時間をかけて一人ひとりの主張を大切にし、全員が楽しめるように終わることが重要です。活動がまとまったら異年齢のクラスに発表へ行ってもよいでしょう。

3　概ね5歳からの音楽遊び

① 道徳性の大切さとコールバーグの理論

ここでは遊び歌、「やおやのおみせ」に基づいた新しい取り組みを紹介します。この遊びは、概ね5歳児の音楽的な環境構成に道徳的な雰囲気を取り入れることを意識した音楽遊びのアイデアです。

でも、なぜ意識的に道徳的な雰囲気をつくる必要があるのでしょうか。環境を通して自然に感じなければ本物の道徳といえないのでは？　と思う人もいるかもしれません。2008（平成20）年に改訂された幼稚園教育要領では、道徳に関する内容を領域「人間関係」が取り扱っていました。そこには義務教育の前段階として「決まりの大切さに気がつきはじめる」目標が定められていたのです。しかし今回の改訂では、その目標（決まりの大切さ）の必要性を子どもたちが理解したうえで実践できるようになることが求められているのです。そのために「音楽」ではどんなことができるのかを考えてみましょう。

心理学者であるコールバーグが、ピアジェの研究（「他律－自律」の概念）に基づいて示した、道徳性発達段階をみてください（表5－2）。子どもに葛藤が生じる課題を与え、回答を分析した6段階の発達理論です。

表5－2　コールバーグの道徳性発達段階

Lv 1：慣習的 水準以前	ステージ1 罪と服従	例：叱られないように大人のいうことを聞く
	ステージ2 道具主義的相対主義	例：〜してくれたから〜してあげる
Lv 2：慣習的 水準	ステージ3 良い子	例：自分がいやなことは人にもしない
	ステージ4 法と秩序	例：自分の行動がどんな影響を与えるのか
Lv 3：慣習的 水準以降	ステージ5 社会契約的遵法	例：正しいことは社会に認められる
	ステージ6 普遍的な倫理的原理	例：社会のなかの自分はこれでいいのか？

出所：筆者作成

興味深いことに、幼児が属するLv 1では幼児が「罪と服従」に基づいて道徳性をとらえていることが理解できます。それはつまり、幼児は叱られないために服従し、その経験から道徳性を感じ学んでいるのです。

コトバ

「やおやのおみせ」
原曲は（アルエット）仏
「やおやのお店にならんだ
しなものみてごらん！
よくみてごらん　考えて
ごらん！」
「にんじん」「あるある」
「かぼちゃ」「あるある」
「おしぼり」「ないない」
歌の後に先生の質問が
あって子どもたちがクイ
ズ形式でリズミカルに答
える。

人　物

コールバーグ
Lawrence Kohlberg
(1927-1987)
アメリカの心理学者で
道徳性発達理論の提唱
者。エール大学を経て、
1968年にハーバード
大学教授（教育学・社会
心理学）となる。1974
年、同大学で道徳教育セ
ンター所長に就任した。

幼児は「だめ！」と怖い表情で叱られることで、それはいいことではないと感じるのです。その感受を基盤にして道徳性を発達させていくとコールバーグは唱えています。つまり幼児期の保育を営む者の道徳性が、幼児の道徳性を支えていると考えることができるのです。

さらに幼児期の他律的（誰かに叱られるのが嫌でいうことを聞く）であった道徳的判断は、発達と共に生涯を通して自律的な力へと発達していきます。そのため、子どもたちが幼児期の大半を過ごす保育現場でこそ、「いいこと・悪いこと」の基盤を明確に支えていく必要があるのです。コールバーグのこの理論に対しては、問題の指摘をする研究者もいますが、小学校教育でも開始された「考え議論する道徳とその発達の一貫性」を視野に入れ、本節では新しい時代における音楽遊びを紹介します。

② 概ね５歳からの音楽遊びのポイント

概ね５歳になると、今までは「大きい−小さい」と、２次元だった認知の世界が「大きい−中くらい−小さい」と３次元の世界に広がります。その力のおかげで４歳ごろから高まる「他者の視点を取り入れる意識」がより発達します。５歳ごろになると遊びを豊かに展開するためのルールをつくり守れるようにもなります。自分の感情をコントロールし、より多面的で客観的に自分自身の存在をとらえる力がついてきます。そうすると友だちに優しくする自分や、花や動物を大切にできる「思いやる心」が生まれてくるのです。

さらに「暑いからお花ものどが渇くかもしれない」など、推理的な思考力もついてきます。文字や記号にも興味をもちはじめ、即興的身体表現やみんなで歌ったりリズムに乗り踊ったりと「仲間と一緒」を好みます。

ピアジェの「他律−自律」の概念

語り聞かせた物語に対する子どもの道徳的判断から、８歳前後を境に判断の基準が結果論から動機論に、また、他律から自律へと移行する。さらに倫理的な発達は知性の発達に関連している。心理学者のジャン・ピアジェが示した。

事例5−4　**5歳からの音楽遊び「こころのひとみをのぞいてみよう！」**

「やおやのおみせにならんだしなものみてごらん。よくみてごらん！　かんがえてごらん！」

(以下、色字は伸ばす)

この遊び歌を、以下の歌詞に変えて、手拍子しながら歌います。
① 「こころのひとみにうつったこんなことみてごらん！　よくみてごらん！　かんがえてごらん！」
②次に保育者は用意した遊びのカード(※)からカードを1枚選びます。

(このカードは、実際の園(K市H園)児から取材した録音を現行の小学1、2年生における道徳教育の内容に準じてカテゴライズし、イラストに起こしたものです)

※12種類のカードは章末付録(岡元、2017)

「みんなでカードをよくみます。みんなどう思う？　みんなならどうしたらいいと思う？」と問いを投げかけます。
③時間をたっぷりかけて、みんなの意見を聞いてみましょう。ん？と思う表現には、「それはどうしてかな？　みんなはどう？」と本気で話し合います。
④カードを何種類か楽しんだら、今までに子どもたちから発言された事例を歌の歌詞に組み込んで、先生が質問してみましょう。正しいと思うときには「あるある！」、そうではないと思うときには「ないない！」と、手拍子しながら楽しく歌いましょう。

(例)「こころのひとみにうつったこんなことみてごらん！　よくみてごらん！　かんがえてごらん！」
泣いている赤ちゃんのカードを示しながら質問します。

先生「いないいないばあする」
子どもたち「あるある！」
先生「しずかにして！っていう」
子どもたち「ないない！」　など

　③では、自由に発言するのではなく、「私ならこう」「僕はこう」と一人ひとりが考えることに意義があります。

第4節
社会の一員としての「小さな表現者」を育む意義

学習のポイント
●これからの時代に求められる領域「表現」音楽を学びましょう。
●演習課題にトライしてみましょう。

　表現者という見方で人間をみると、そのあり方は実に多様です。歩くときも、話すときも、文章を書くときも、曲を演奏するときも、まったく自分と同じ表現をする人間を探すのは至難のわざでしょう。双子はまれに、そっくりな表現をすることがありますが、それもやはり生きてきた環境のなかに順応しながら育まれた感性が1つの表現に反映された姿だと考えられます。人間は古代から環境を変え続けています。より生きやすい環境を求めて、今も刻々と変化を続けています。変化にともない私たちの感性も創造性も表現方法も多様化し、料理も音楽もファッションも人間が創造してきた制約を限りなく超えていきます。

　しかし、強い者が弱い者の命を守る人間としての本質的な営みだけは、今も変わることはありません。あらゆる事象に多様化が認められた現代だからこそ、人格形成の礎となる幼児期における自然や人間の本質的な営みやそれを守るために必要な道徳性をより示していくことが必要になってきたといえるでしょう。保育は映し鏡です。先生みたいになりたい！　と子どもたちが憧れを抱くことのできる保育者になることが、保育を営む私たちの役割です。

　幼児期は、誰においても平等です。それはあっという間に過ぎていきます。これからはじまる長い生涯を支える感性も、この幼時期に礎を築くことを前提にするならば、これらの営みがどれほどに貴重なものであるか理解できることでしょう。そのなかでの音楽は、一見するとこれまでより専門性が縮小されたように思う人もいるかもしれません。しかしそれは反対で、幼児期に原始的な音の成り立ち（言語や感情に起因した発音）を感じ表現する力を伸ばしてあげることが、後の音楽の幅を大きく広げることへつながっているのです。

❶子どもたちが音や音楽を自分で感じ考え

❷友だちと協同することにより

❸子ども自身の心を揺さぶられる音楽活動になっているか

平成30年度施行「幼児期の終わりまでに育ってほしい姿」より
「道徳性・規範意識の芽生え」
友達と様々な体験を重ねる中で、してよいことや悪いことが分かり、自分の行動を振り返ったり、友達の気持ちに共感したりし、相手の立場に立って行動するようになる。また、きまりを守る必要性が分かり、自分の気持ちを調整し、友達と折り合いを付けながら、きまりをつくったり、守ったりするようになる。

この❶〜❸を常に念頭において人間らしい豊かな感性や表現力を支え育むことが、これからの時代に必要な音楽のあり方なのです。

（岡元　実和）

演習課題

① 　第3節3②で紹介した5歳からの音楽遊び「こころのひとみをのぞいてみよう！」をグループごと（先生役・園児役）に分かれて実践してみましょう。ポイントは先述したように、自由に発言するのではなく順番に発言し、子どもたちが本気で話し合い、「僕ならこうしたい！」と考える姿がイメージできるように行いましょう。

② 　5歳の発達及び音楽的な発達を考慮した、第4節の❶❷❸の段階に沿って自分たちらしい音楽遊びを製作発表しましょう。発表後は、自分達らしさの説明や解説も交えて音楽遊びのできばえについて討論会をしましょう。

　発表後は感想を含めエピソード記述で記しておきましょう。

付録 の遊びのカードについて

　実際の園児（K市H保育園）の年長クラス（2016）において、幼児の感じている道徳性を幼児の言葉で表現してもらい録音しました。その録音内容を平成29年に文部科学省より告示されていた特別の教科「道徳」の内容に照らし合わせ、合致したシーンを12枚のイラストにしています（その後、2018年から小学校において道徳教育がはじまっています）。

※幼児教育における道徳性の芽生えの観点からは、2016年に制作したイラストと現行の道徳内容に対する相違点はありませんでした。必要に応じて、本章最後のイラストをコピーして使用しましょう。

現在行われている小学校学習指導要領「生きる力第3章 道徳」の目標及び内容（1・2年）
https://www.mext.go.jp/a_menu/shotou/new-cs/index.htm

付録

付録

【引用・参考文献】

ドロシィ・ミール　レイモンド・マクドナルド　デーヴィッド・J・ハーグリーヴズ編　星野悦子訳『音楽的コミュニケーション　心理・教育・文化・脳と臨床からのアプローチ』誠信書房　2012 年

L. コールバーグ　永野重史監訳　『道徳性の形成──認知発達的アプローチ』　新曜社　1987 年

岩宮眞一郎　『図解入門　最新音楽の科学がよくわかる本』　秀和システム　2012 年

大浦賢治編著　『実践につながる　新しい保育の心理学』　ミネルヴァ書房　2019 年

岡元実和　保育士・幼稚園教諭養成課程における学生と幼児の感性を共に育む音楽環境構成の一考察第 1 報　幼児の言葉を表現する　『小田原短期大学研究紀要』　第 47 号　2017 年

神原雅之・鈴木恵津子監修　『幼稚園教諭・保育士養成課程 幼児のための音楽教育』　教育芸術社　2014 年

鯨岡　峻『関係の中で人は生きる──「接面」の人間学に向けて』　ミネルヴァ書房　2016 年

汐見稔幸・無藤　隆監修　ミネルヴァ書房編集部編　『〈平成 30 年施行〉保育所保育指針　幼稚園教育要領 幼保連携型認定こども園教育・保育要領 解説とポイント』　ミネルヴァ書房　2018 年

「すくすく子育て」　https://www.sukusuku.com/contents/qa/143200(2019 年 8 月 24 日アクセス)

鈴木昌世　『イタリアの幼児教育思想　アガッツィ思想にみる母性・道徳・平和』　福村出版　2012 年

冨田英也・鈴木恵津子　『改訂　ポケットいっぱいのうた　実践　子どものうた　簡単に弾ける 144 選』　教育芸術社　2011 年

内閣府「科学技術基本計画」
https://www8.cao.go.jp/cstp/kihonkeikaku/index5.html（2019 年 6 月 26 日アクセス）

平田智久・小林紀子・砂上史子編　『保育内容「表現」』　ミネルヴァ書房　2010 年

守屋　淳・上地完治・澤田　稔編著　奈須正裕編集代表　『子どもを学びの主体として育てる　ともに未来の社会を切り拓く教育へ』　ぎょうせい　2014 年

文部科学省　「小学校学習指導要領　特別の教科　道徳編」
https://www.mext.go.jp/component/a_menu/shotou/new-cs/youryou/sho/dou.html（2019 年 11 月 16 日アクセス）

文部科学省・経済産業省　未来の学びについての報告書・提言書　2018 年
http://www.mext.go.jp/component/a_menu/other/detail/__icsFiles/afieldfile/2018/06/06/1405844_002.pdf
https://www.meti.go.jp/press/2018/06/20180625003/20180625003-1.pdf（2019 年 8 月 24 日アクセス）

やぎゅうげんいちろう　『いろいろおせわになりました──わらべうた「おちゃをのみにきてください」より』　福音館書店　2008 年

山谷敬三郎　『学習コーチング学序説──教授方法とコーチング・モデルの統合』風間書房　2012 年

第6章

幼児期の生活と
言葉の発達

　第6章では、幼児期の言葉の発達について、幼稚園教育要領や保育所保育指針が目指す言葉の育ちを、教師や保育士としてどのように援助していくのかを学びます。

　言葉は人の重要なコミュニケーション手段ですが、生まれたばかりの赤ちゃんはまだ何も話すことができません。赤ちゃんはどのようにして言葉を理解するようになるのでしょうか。1歳半ごろには、自我の芽生えと共にしきりに自己主張をするようになり、言葉で意思を伝えようとする発達の質的転換期が訪れます。以降、2歳ごろのボキャブラリー・スパートや「いやいや期」を経て、入園を迎えるころの子どもは、個人差はあるものの他者との双方向の会話的コミュニケーションができるようになります。幼児期の言葉の育ちは、さまざまな人や環境と関わる身近な生活経験をとおして、豊かに育まれていきます。

第1節
言葉の誕生

学習のポイント
- ●言葉とはどのようなものかについて道具という視点から理解しましょう。
- ●言葉が発達する仕組みと大人の援助の必要性を理解しましょう。

1　言葉とコミュニケーション

① 道具としての言葉

　言葉は人が生きていくうえで、なくてはならない重要な役割をもつ「道具」ともいえます。人と動物の違いの1つは、言語によって未経験の知識や技術を学習し、高度な科学的技術を発展させたり、思想や哲学のような目にみえない概念を扱い、さまざまな学問の理論体系を生み出したりすることです。さらに、言葉は文字や音声などで記録したり、印刷機などの技術的道具を使用したりすることによって、日々の生活のなかで積み上げてきた知識や慣習、技術などを文化として次の世代へと引き継ぐための道具ともいえます。

　ロシアの心理学者ヴィゴツキー（1970）は、人の高次精神機能の成立には、心理的道具である言語・記号による媒介が必要であると考えました。田島（1996）によれば、ヴィゴツキーのいう言語とは「人間のコミュニケーションに使われる記号システムとしての発話・談話（speech）であり、あくまでも社会的状況のなかでの活動の媒介手段」のことです。つまり、具体的な文脈を離れた言語（language）ではなく、人と人の間で行う社会的なやりとりにおける具体的な会話（speech）が、人の知的な発達のためには欠かせません。

② やりとりを生む人の特性

　生まれたばかりの乳児は、耳や皮膚などの感覚器官は発達していますが、運動機能は未発達であるため、一人では何もできない無力な状態です。ポルトマン（1961）は、このようなヒトの特性を「二次的離巣性」と呼び、「生理的早産」という考え方で説明しました。ポルトマンによれば、哺乳類の出生時の発達状態は、ウマのようによく成熟している「離巣性」と、ネズミのように親の養育を必要とする未熟な状態の「就巣性」の2つのタイプがあります。ヒトの場合、ほかの高等な哺乳類と同じよ

人物

ヴィゴツキー
Lev Semenovich Vygotsky
(1896-1934)
ヴィゴツキーはソビエト連邦共和国時代初期に活躍した心理学者で、個人の精神発達と個人が生活する社会や文化などの環境との関係をとらえようとした心理学者の代表的存在といえる。

コトバ

高次精神機能
思考、理解、判断、論理、記憶、注意などの知的機能であり、外部からの情報を脳が理解したり、考えたり、判断したり、記憶したりする人間がもつ一般的な能力を意味する。

心理的道具
機械や器具などの技術的道具に対して、言葉や文字などを心理的道具という。

84

うに離巣性の特性をもって生まれ、発達した感覚能力や神経によって外界の刺激を情報として取り込み、反応することができます。しかし、運動器官が未熟なため、親の保護が必要な就巣性の特性も備えています。2つの特性を合わせもつことは、養育者をはじめ他者の関心を引き出し、会話的なやりとりを経験しながら、社会的・文化的な人間らしさを学習することに適しています。

2　言葉の発達の基礎

１ 感覚機能の発達

　赤ちゃんは誕生時から、養育者に働きかけたり、環境からの刺激を取り込んだりするための優れた感覚機能を備えています。たとえば、新生児期であっても乳児は従来考えられていたよりも視覚的能力の高いことがファンツの研究によって確認されています。

　ファンツによれば、生後46時間から生後6か月までの乳児にさまざまな図形のパターンをみせると、模様のないものよりも模様のあるもの、模様が単純なものより複雑な模様を長く注視することが明らかになりました。また、乳児にもみるものの好みがあり、図6-1のように、とりわけ人の顔を好んでみることが判明しています（選好注視法）。赤ちゃんにつぶらな瞳でじっと見つめられれば、母親はもちろんのこと、たいていの大人は笑顔で応じたり、子どもを守ってあげたい気持ちや世話をしてあげたい気持ちになったりするでしょう。

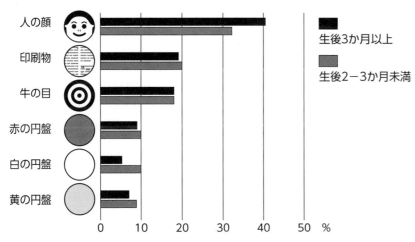

図6-1　乳児のパターン（縦軸）に対する注視時間全体の割合（横軸）
出所：Fantz, R. L.(1961)．"The Origin of form perception"
　　　Scientific American, 204(5), p.72. IMPORTANCE OF PATTERN

ポルトマン
Adolf Portmann
(1897-1982)
スイスの動物学者として知られ、動物としての人間の特殊性を多面的に解明した（三宅・村井・波多野・高橋、1983）。

生理的早産
内田（1989）によると、胎児は本来ならあと1年くらいは母胎内で発育すべきところだが、安全に出産するための解決策として胎児の頭があまり大きくなりすぎないうちに出産するようになった。つまり、正常の出産自体が生理的に「早産」ということになる。

ファンツ
Robert Lowell Fantz
(1925-1981)
アメリカの発達心理学者。ファンツは乳児の知覚に関する研究の先駆けとして、選好注視法を考案し、人間には発達初期から興味（interest）があることを明らかにした（赤井、1999）。

選好注視法
選好注視法（Preferential looking）は、現在でも乳児を対象とした心理物理実験に利用される（山口、2010）。

② 愛着の形成

　乳児には生来的に備わった原始反射、新生児模倣（共鳴動作）や生理的微笑のような神経系の反射などがあります。これらは生後数か月で消失していきますが、乳児の感受性の高さは、まわりの人の関わりを増すことに加えて、乳児自身も自分の表情や発声などが与える効果を学習することを助けます。身体や中枢神経系機能が発達することにより、意図的に泣き方や表情などを変えられるようになると、相手を選んで微笑んだり（社会的微笑）、人見知りをしたりするなど、意図をもって周囲に働きかける力をつけていきます。

　特に母親など養育者との応答的なやりとりは、乳児の視覚や聴覚、触覚などの感覚にとって好ましい刺激となり、基本的信頼感や愛着関係の形成を促します。そして、愛着の対象となる大人との関係を基盤にして、赤ちゃんは人の社会に参加しながら人間化への発達過程を歩み、言葉をはじめとした人として生きるための手段を学んでいきます。

3　言葉の発達理論

① 言語獲得装置と言語獲得援助システム

　赤ちゃんは「人間」として育つための仕組みと、コミュニケーションの基礎をもって生まれます。言語学者のチョムスキーは、人間には誰でも生まれつき言葉を使いこなせるようになる機能が脳内にプログラムされていると考え、この言葉を習得するための仮説的な仕組みを「言語獲得装置」（Language Acquisition Device ; LAD）として提案しました（岩田、1996）。

　このような言語の生得論に対して、心理学者のブルーナーは、ヴィゴツキーの発達理論をもとに、生後の環境からの働きかけを重視する考え方を「言語獲得援助システム」（Language Acquisition Supporting System ; LASS）として説明しました（Bruner、1983）。ブルーナーは、言葉の習得は母親とのやりとりなどの社会的な経験により、具体性をもって学ばれていくと考え、大人による援助的な足場づくり（scaffolding）を提示しました。養育者は、子どもが言葉を話し始める前から「注意喚起」、「質問」、「命名」などのフォーマットを使って、子どもの発声や身振りなどの反応を「言葉」として意味づける足場づくりを行い、子どもの成長にともなって足場を少しずつ外していきます。このような働きかけによる言語獲得援助システムは、生来的に備わった言語獲得装置を目覚めさせ、言葉を知らない子どもを言葉のある文化へと

チョムスキー
Avram Noam Chomsky（1928-）アメリカの言語学者。人間の脳には普遍的な文法知識が備わっていると考え、それが個々の言語（母国語）の獲得装置として働くことにより、子どもの経験する言語が不完全であっても正しい文法規則を習得できるという言語の生得論を唱えた（岩田、1996）。

ブルーナー
Jerome Seymour Bruner（1915-2016）アメリカの心理学者。教育心理学や認知心理学の視点から乳幼児の発達研究を行った。チョムスキーが抽象的なシステムとして言語が獲得されると考えたことに対して、言葉で何ができるのかというeffectiveness（効果性）を通して獲得されると考えた（Bruner、1983）。

導く役割を果たします。

② 言葉の臨界期

　言葉を学ぶ過程は単に機械的であったり、受け身的なものであったりするのではなく、人の生活のなかで行われる対人的な相互のやりとりを必要とします。もしも、生後に言葉のない環境に置かれた場合はどうなるでしょうか。古くは、1779 年にフランスで発見された推定 11 歳〜 12 歳の野生児（アヴェロンの野生児）や、1920 年にインドで狼の群れから発見されたアマラとカマラに関する例などがありますが、現代ではネグレクトなどの養育放棄による社会的隔離児の例があります。

　救出時の年齢や救出前の状況はさまざまですが、適切な時期までに言語的な環境と長期間接していない場合の言語習得能力は著しく低下し、言語訓練を行っても標準的な発話と理解の水準に達しないといわれています（岩田、2005）。

　これらの例は、言葉の習得には臨界期（critical period）または敏感期（sensitive period）と呼ばれる生物学的に備わった限られた時期があり、この時期に人の社会で言葉にふれて育つ重要性を示しています。人が言葉を習得するための臨界期は、10 〜 12 歳ごろまでと考えられています。

社会的隔離児

藤永ほか（1987）によると、出生直後から 5 年以上の長期間にわたる隔離において、隔離の種類が複合し、またその程度が極めて重いため、隔離を原因とする重度の発達遅滞が認められる子どものことを意味している。

第2節 幼児期に育む言葉

学習のポイント
●教科学習とは異なる幼児教育の特徴を理解しましょう。
●幼児期に育みたい言葉について理解を深めましょう。

1 幼稚園教育要領と言葉の指導

① 幼稚園教育の基本

　幼児期の学びは、「幼児期の特性を踏まえ、環境を通して行なうものであることを基本とする」（幼稚園教育要領平成29年告示）と示されるように、子ども自身が日々の生活のなかで、身体や感覚を使う遊びを中心とした経験から学ぶことを基本とします。また、幼稚園教育要領第2章「ねらい及び内容」にあるように、各領域の「ねらい」は互いに関連をもち、具体的な活動を通して総合的に指導されることに留意して、しだいに達成にむかうものとされています。

　したがって、「言葉の獲得に関する領域」は、教科ごとに行われる授業型の学習とは異なります。子どもたちの言葉が、自ら関わる遊びを中心としたさまざまな活動を経験する過程を経て、発達を遂げていく道筋をひらくための援助が基本です。

② 指導のねらい

　「言葉の獲得に関する領域」では、「経験したことや考えたことなどを自分なりの言葉で表現し、相手の話す言葉を聞こうとする意欲や態度を育て、言葉に対する感覚や言葉で表現する力を養う」という目標が示され、「自分の気持ちを言葉で表現する楽しさを味わう」、「人の言葉や話などをよく聞き、自分の経験したことや考えたことを話し、伝え合う喜びを味わう」、「日常生活に必要な言葉が分かるようになるとともに、絵本や物語などに親しみ、言葉に対する感覚を豊かにし、先生や友達と心を通わせる」の3つを「ねらい」に定めています。

　ここで大切なことは、言葉と「生活」との結びつきです。幼児教育は、効率よく教え込むことや、難しい言葉の知識を増やすことを目指しているわけではありません。教師や友だちと一緒に過ごし、やりとりを交わす生活のなかで体験する感じること、さまざまな思い、考えや気持ちを

「言葉の獲得に関する領域」の「内容」

「言葉の獲得に関する領域」の「内容」は「聞く」、「話す」、「表現する」、「伝え合う」を基本として、「人の話を注意して聞く」、「相手に分かるように話す」、「挨拶をする」などの言葉を使った他者とのコミュニケーションの基本が提示されている。また、考えることや想像すること、言葉に対する感性を磨くことなど内面の言葉の育ちも指導事項となっている。

互いに聞いたり伝え合ったりしながら、言葉で表現してみたくなる意欲が自然に育ち、言葉を使う生活を実現することを目指しているのです。

事例6－1　留守番中の危険を伝える絵本と子どものやりとり

　年少組で『おおかみと七ひきのこやぎ』を読んでいると、おおかみが訪ねてくる場面で、Aくんが「ダメ、ダメ！あけちゃダメだからね！」と叫びました。Bくんも「危ないよ」とつけ加えます。ほかの子どもたちも「うん、うん、絶対ダメだよね」とうなずき合いました。こやぎを守りたい気持ちを子どもたちが共有し合い、言葉で伝え合う姿がみられます。

2　言葉を育む環境づくり

1 具体的・総合的な指導

　幼児教育における言葉の指導は、「国語」のように決まった教科書やドリルもありません。領域「言葉」はほかの領域との関連をもちながら、園生活全体を通して、幼児が生活者として豊かな日本語の基礎を身につけることを目指します。

　たとえば、朝のあいさつからはじまって帰りのあいさつで終わるように、あいさつはコミュニケーションの基本として生活のなかの重要な要素ですが、「あいさつをする」という指導1つにも元気な気持ちのよいあいさつは「健康」に、先生や友だちと交わすあいさつは「人間関係」に、どんな声や表情であいさつするのか、ハイタッチをするのかなどは「表現」に関わるともいえます。さらに、季節や行事に関連する絵や飾りなどの掲示物に気づいたり、水槽の生き物などに興味をもったりした園児たちの会話がはずむことは、「環境」とも関わる「言葉」を育む指導につながるでしょう。

　文字については、内容の取扱い（5）に「文字に対する興味や関心をもつようにすること」が留意点としてあげられていますが、園では絵や写真などに文字をそえた表示がたくさんみられます。それらが対象と結びつく象徴（シンボル）であることを理解することは、文字を読むことに必要な能力であり、生活をとおして自然に目にふれたり関心を引き出したりする環境づくりが行われています。

2 絵本の役割

　絵本とは何かについて考えてみると、絵と文字の異なる表現媒体の組み合わせによって物語るメディアの1つであり、装丁まで含めてトータ

+α

絵本の利用

『おおかみと七ひきのこやぎ』（グリム著　フェリクス・ホフマン絵　瀬田貞二訳　福音館書店 1967)

園生活と言葉
季節の掲示物

トイレの入り口の掲示物

（画像提供：東京聖ビンセンシオ・ア・パウロ会愛星保育園）

**『クシュラの奇跡──140
冊の絵本との日々』**
複雑で重い障害をもっ
て生まれたクシュラに、
日々たくさんの絵本を読
み続けた生後4か月から
3歳9か月までの知能や
言葉の発達などの成長が
まとめられている（ドロ
シー・バトラー　百々
佑利子訳、のら書店、
1984）。

心の脳
泰羅（2009）によれば、
読み聞かせをしてもらっ
ているときの子どもの脳
は、感情や情動（心の動
き）の働きに関係する大
脳辺縁系の部分が強く活
動する。泰羅はこの部分
を「心の脳」と呼び、読
み聞かせで「心の脳」に
働きかけることはこわ
い、悲しい、うれしい、
楽しいがしっかりわかる
子どもをつくると述べて
いる。

ルにデザインされた総合芸術といえます。絵は文字や言葉を十分に知ら
ない子どもの理解を助け、子どもが言葉を聞いて絵の意味を想像しなが
ら、大人と共に物語の世界を楽しむことを助けます。内田（1989）は「絵
本は母と子ども、保育者と子どもが感動を分かち合うためにあるといっ
てもよいであろう」と述べ、この絵本を分かち合う体験による楽しみを
通じて読み手と聞き手の心の絆が強まり、子どもの知性や生きる力が育
まれた事例として、クシュラの発達と絵本の関わりを紹介しています。

　また、絵本を読んでもらうことによって、言葉を聞く力や心の脳が発達
することが明らかになっています（泰羅、2009）。保育実践の視点からは、
「子どもたちは、絵本によって思考力とイメージ（想像）力と物語力を育
まれます。それも、保育者を通して」（正置、2015）と指摘されるように、
考えたり想像したり物語る力を伸ばす絵本は、子どもと絵本をつなぐ保
育者が、どのような絵本をどのように手渡していくのかが重要です。読
み手が思いを込めて読む絵本は、託された読み手の思いを人の手から手
へと渡し、受け取る人に未来への思いも託して伝える「未来へのバトン
の役割」を担っているという正置の言葉を、教育者・保育者は心にとめ
て絵本を選び、読んでほしいと思います。

3　家庭教育との連携

1 親子の育ち合い・学び合い

　家庭の教育活動の1つとして、絵本の読み聞かせがあげられます。読
み聞かせは、子どもの言葉を育む基礎となる「心の脳」に働きかけるだ
けではなく、読み手の脳にも大きな影響を与えます。泰羅（2009）によ
れば、子どもに絵本を読むときの大人の脳は、単にひらがなを音読する
ときよりも前頭連合野が活性化します。なかでも人とコミュニケーショ
ンをとったり、相手の気持ちや立場になって考えたりするときに使われ
る部分が活動することがわかっています。

　子どもの様子をよく観察しながら、子どもの気持ちや言動に注意を向
けて工夫して絵本を読むことは、読み手自身の脳を生き生きと保ち、子
どもに対する理解を深める「親を親たらしめる」（赤羽、2017）成長を
うながすと考えられます。教師や保育者も同様に、読み聞かせは、先生
らしくなるための脳を活性化すると考えられます。

2 読み聞かせで親子の絆づくり

　絵本の読み聞かせは、園と家庭で連携すると親子の話題づくりに役立
ち、子どもはみんなで読んでもらった絵本を、今度は家庭で自分だけの

ために読んでもらう嬉しさを味わうことができます。

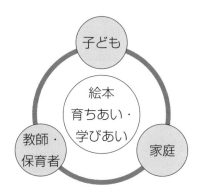

図6-2　絵本を介した育ちあい・学びあいのための連携
出所：愛星保育園 長山保育士の考案を一部変更

　東京都港区にある東京聖ビンセンシオ・ア・パウロ会愛星保育園（以下、愛星保育園）では、親子の読み聞かせを促進する取り組みとして、1992（平成4）年より月刊カトリック保育絵本シリーズ「こどものせかい」（至光社）を家庭ごとに毎月無料で配布しています。「こどものせかい」は、季節感や子どもたちの園生活などに配慮してつくられていますが、大きな特徴は「感じる絵本」を基本にしていることです。子どもたちはキャラクターものやストーリーのわかりやすい絵本を好む傾向がありますが、「こどものせかい」はあえて「わかりにくさ」も加えて、読み手が想像したり、作品を自由に感じたりする余地を残しています。

　昨今はこのような絵本が、保護者には「わかりにくい」「子どもが好まない」と評価されがちですが、「わかりにくさ」を親子の会話の材料として想像し合ったり、園で先生や仲間と感じたことを表現し合ったりする機会として生かすことも大切です。教師や保育者は、言葉を育み、親子が育ち合う園、子どもと園と家庭をつなぐ環境をつくる役割を担っています。

＋α

「こどものせかい」
「こどものせかい」は直販式の月間絵本シリーズ。「感じる絵本」は子どもも大人も共に、言葉や論理を超えて共感し合える「0歳から100歳までのすべての子どもたちへ」というテーマで編集されている。直販式の月間絵本には、ほかに福音館書店の「こどものとも」シリーズなどがある。

事例6-2　愛星保育園の園と家庭の連携

　保育士が子どもたちに読んだときの感想や印象を書いたカードを貼ったり、「こどものせかい」配布時に保育士からのメッセージを添えたりすることによって、保護者の絵本や読み聞かせへの関心を引き出しています。

感想を書いた葉っぱのカードを掲示

事例 6 - 3　学び合う親子

　3 歳の女の子 A ちゃんは、お母さんがいつも絵本を読んでくれることをとても楽しみにしています。この日は『たなばた』（君島久子 再話・初山　滋 画、福音館書店、1963）という絵本を、初めて読んでもらうことになっていました。A ちゃんは「読んでよう、読んでよう」と待っています。

　お母さんが絵本をもって A ちゃんの横に座ると、A ちゃんは「た」「な」「ば」「た」と表紙のタイトルの文字を指さしながら読んでみせます。文字 1 つ 1 つがお話を語る言葉であることを理解しはじめた A ちゃんは、お母さんが読んでくれる文字と絵を見比べながら言葉を聞いています。「テンニョって何？」と知らない言葉が出てくるとすぐにお母さんに聞きます。お母さんは「天女って何だろうね」と一緒に考えます。お母さんがしばらく考えて「女の子の神様かな？」というと、A ちゃんは首をかしげます。お母さんはもう一度絵をよくみて考えて、「わかった、天女って女の子のお姫様だ！」と A ちゃんに絵をみせながらいいました。

　大人は辞書的な知識として「天女」を理解していますが、子どもにわかるように説明することは難しいでしょう。子どもの問いは、単なる文字や知識としての「天女」ではなく、文脈に戻って考える機会を大人に与えてくれます。

第3節
現代社会の課題と言葉

学習のポイント
- ●現代の社会における諸問題と言葉の育ちとの関連を考えてみましょう。
- ●子どもの自発的な言葉を促す発達支援について学びましょう。

1　現代社会と子どもの生活

① 現代の子ども期

　ルソーが、子どもの自然の育ちを無視した教育が行われることを批判したのは250年以上前のことですが、ルソーの教育思想は現代教育や人間の発達観に大きな影響を及ぼしています。

　ルソーによれば、幼い子どもにとっての「自然」に即した教育とは、子どもの自発性を尊重し、五感を使って遊びながらものごとの真理を発見することによって、生きる力をつけていく身体を通した経験によるものです。この考えは現代の幼児教育に生かされていますが、一方で、学歴を重視する社会的風潮から早期教育が過熱し、「大人の時代の準備」ともいえる教育への関心が集まっていることも指摘されています。その結果として、日本の子どもたちは幼いうちから塾や教育産業が提供する出版物などの消費者と化し、大人と同様のプレッシャーや病気に苦しむ「教育の永遠の労働者」のようだという批判があります（Jones、2010）。

　また、アメリカでは、20世紀半ばごろからテレビや映画などの視覚メディアが普及したことにより、子どもが大人向けの情報を無分別に取り込むようになったために、大人と子どもの境界が崩れ、子ども期が消失したといわれています（Postman、1982）。21世紀を迎えて映像メディアが氾濫するなかで、ゲームやネット依存症、文字文化の後退や親子の会話の減少などが懸念されます。

② スマホ育児

　むずかる赤ちゃんにスマホの画面をみせて応じたり、スマホをみながらベビーカーを押したりする親たちに、日本小児科医会がメディア漬けを見直すよう注意を喚起しています。同医会は、「①2歳までは、テレビ、DVDの視聴を控えましょう。②授乳中、食事中のテレビ・DVDの視聴はやめましょう。③すべてのメディアへ接触する総時間を制限すること

学校外教育活動に関する調査

ベネッセ教育総合研究所による「学校外教育活動に関する調査」（2017）によれば、定期的に塾や教室に通う子どもは幼児が20.4%、小学生は49.1%となっている。幼児の5人に1人が塾や教室で学び、複数の習いごとをする子どもも増えている。

が重要です。1日2時間までを目安と考えます。④子ども部屋にはテレビ、DVDプレイヤー、パーソナルコンピューターを置かないようにしましょう。⑤保護者と子どもでメディアを上手に利用するルールをつくりましょう。」という5つの提言を行うと同時に、大人自身もメディアの利用に気をつけて、親子で向き合い、一緒に遊ぶ豊かな時間を過ごすことが、乳幼児の言葉の発達にとって大切であることを指摘しています。

　スマホ育児は、近年の急速なスマートフォンの普及とソーシャルネットワーキングサービス（SNS: Social Networking Service）の進展にともなって社会的な問題となっています。スマホ育児は、子どもの知育や養育者の時間づくりに便利な一方で、安易な使用は依存症を招いたり、健康な親子の育ちを阻害したりする可能性があることに注意が必要です。

2　生まれつきの読み書きの困難

１ ディスレクシアとは

　ディスレクシアは「読み書きのLD」（加藤、2016）といわれるように、読むこと、書くことに困難をもつ学習障害の1つであり、発達性ディスレクシア、発達性読み（書き）障害という用語が使われることもあります。ここでいう「発達性」とは、病気やけがなどを原因として一度獲得した能力を失うのではなく、生まれつきの問題が成長発達の過程で明らかになることを意味します。しかし、ディスレクシアはダウン症（→第12章1節3参照）などとは異なり、遺伝子レベルの障害ではないことがわかっています。

　ウルフによれば、文字を読むという行動には、**図6-3**に示した5つの過程の発達が関わり、生体内のさまざまな仕組みが連携して機能しています（Wolf、2008）。

　①の読む行動には、②の文字をみたり、読むために目を動かしたりする知覚や運動、読んだものを概念や言葉と結びつける認知的なプロセスがあり、それらは③の大脳を中心とする神経系の構造物が支えています。神経系の構造物は④のニューロンに情報を送り、ニューロンはそれらをすばやく統合する役割を担っています。ニューロンは⑤の遺伝子の指令を受けて形成されますが、遺伝子には文字を読むプロセスがプログラムされていないため、ニューロンは文字を読むために必要な神経系の構造物と連携する回路や経路のつくり方を学ばなくてはなりません。

　このことは、人がそれぞれの母国語に適した文字を読むための回路をつくったり、効率的な経路を使ったりすることを可能にする一方で、そ

スマホ育児
「スマートフォン（スマホ）やタブレット型端末を家庭の育児に際し使用すること」および「スマホを操作しながら育児・子守をしてしまう状態」のことをいう（知恵蔵mini　朝日新聞社（2017年1月26日））。

学習障害LD（Learning Disorder）
アメリカ精神医学会による「精神障害の診断と統計マニュアル第5版」（DSM-5）では学習障害を「限局性学習障害」（SLD: Specific Learning Disorder）と呼ぶ。

れらがうまく機能しないために、文字の読み書きを困難にする原因になると考えられています。「読むこと」の遅れは「書くこと」への困難や全般的な学習の遅れにつながり、早期からの適切な指導や支援が必要といえるでしょう。

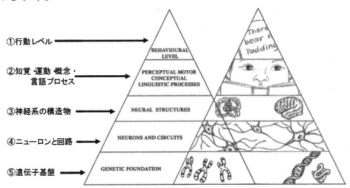

図6-3　文字を読む行動のピラミッド

出所：Wolf, M.（2008）*Proust and the squid:the story and science of the reading brain*, p.169, Figure7-1 : Pyramid of Reading Behaviours

② 文字を読む準備

　ディスレクシアは脳機能に何らかの異質性があることによって、早く正確に単語を認識したり、文字を書いたり、単語を音声に変換することの困難が症状として現れます。また、IDA（国際ディスレクシア協会（IDA: International Dyslexia Association）は、これらの症状の原因として「言語の音韻的な側面に関する弱さ」をあげています（加藤、2016）。話し言葉が視覚化された文字を読むためには、話し言葉の音をはっきりととらえ、単語を構成する音を分析したり、判断したりするための音韻意識が必要です。

　読み書きの能力にはこの音韻意識の発達が基礎にあり、さらに言語機能形成の基盤としての象徴機能の発達による絵や文字と事物の結びつきを理解する力、また文字を形として正確に認識したり記憶したりする力が必要です。これらの力を育むためには、しりとり遊びをはじめとした言葉遊び、想像力を豊かにする読み聞かせやお絵描きなど、さまざまな活動による学びの環境を整える教師の工夫が欠かせません。

3　話したい気持ちを引き出す援助

① 話し言葉の遅れへの対応

　インリアル・アプローチ（INREAL=Inter Reactive Learning and Communication）は、1974年にアメリカの大学で開発された言葉の遅

さまざまな言葉遊び

①言葉集め

例）カードに書いてある文字が先頭の言葉を集める。あ アイスクリーム、あめ、あり、あきかんなど。

アレンジとして食べ物、動物、園のなかにある物などの制限を加えると難しくなる。

②じゃんけんすごろく

グーで勝ったら「グリコ」、チョキで勝ったら「チョコレート」、パーで勝ったら「パイナップル」といいながらコマを進めてゴールを競う。

③おしゃべりしりとり

「何して遊ぶ？」⇒「ブランコかな」⇒「なわとびにしたい」⇒「今はどっちにする？」会話が続かなくなるか、「ん」がついたら負け。

④言葉遊びの絵本

『だじゃれ日本一周』（長谷川義史、理論社、2009）、『くだものだもの』『おかしなおかし』（石津ちひろ文、山村浩二絵、福音館書店、2006・2013）

『めくってごらん』（accototo ふくだとしお＋あきこ、イーストプレス、2010）など言葉を楽しめる絵本がたくさんある。

れがある子どものための療育方法をもとにして、1984年に改訂された子どもの主体的な学びを尊重する言葉の発達支援方法です。インリアル・アプローチでは、大人は重要なコミュニケーション環境であるとみなされ、大人側のコミュニケーションの感度を高めることによって、子どものコミュニケーション能力を引き出すための基本的な態度を示しています（竹田、2005）。この手法はコミュニケーションや学習の問題などにも広く適用されていますが、発達の遅れや障害の有無にかかわらず、話したい気持ちを引き出す援助として、幼い子どもとのやりとりに応用できるでしょう。

② インリアル・アプローチの実践

インリアル・アプローチの特徴は、表6-1に示したSOUL（大人がとるべき基本姿勢）と、言語心理学的技法によるフォーマットの利用があげられます。代表的なフォーマットとして、次のものがあります。

①ミラリング

子どもの行動をそのまま真似をすることにより、自分の行動が相手の反応を起こす関係性を理解することに役立ち、子どもの自己効力感を育てます。

②モニタリング

子どもの音声や言葉をそのまま真似ることにより、声を出す効果に気づかせます。たとえば、「ワンワンいた」という子どもの自発語に対して、「ワンワンいたね」と応答します。

③パラレル・トーク

子どもの行動や気持ちを言語化することにより、子どもが意味や使い方を理解することを促します。たとえば、子どもがはしゃいでいるときに「嬉しいね〜」、電車のおもちゃで遊んでいるときに「ガタン、ゴトン」と話しかけるなど、子どもの気持ちや主体的な行動を言葉で表現してあげます。

④セルフ・トーク

大人自身の行動や気持ちを言語化することです。たとえば、「先生も○○ちゃんと一緒に遊びたいな」など援助者側の行動や気持ちを伝えることにより、子どもに共感していることを伝えます。

⑤リフレクティング

子どもの言い誤りを正しく言い直して聞かせます。誤りを注意するのではなく、援助者が発音や意味などの正しい言葉を伝えて、子どもの気づきを促します。

表6-1　インリアル・アプローチによる関わりの基本

SOUL（大人がとるべき基本姿勢）
Silence 　静かに見守る Observation 　よく観察する Understanding 　深く理解する Listening 　心から耳を傾ける

⑥エキスパンション

　子どもの言葉を意味的、文法的に広げて返します。たとえば、子ども
が「晴れた！」と叫んだら、「晴れたね！お外で遊べて嬉しいね」な
どのように、子どもが発した言葉の状況や気持ちに援助者が付け加え
をします。

⑦モデリング

　子どもがいった言葉を使わずに新しいモデルを示します。たとえば、
子どもが「りんご！」といったら、援助者が「あかくておいしそうだ
ね」というようにつなげます。

　これらのフォーマットは、子どもがコミュニケーションの楽しさを感
じたり、意味に気づいたりすることを助け、言葉を使った表現活動や、
他者とのコミュニケーションを促進するための足場づくりとなります。

事例6−4	『はらぺこあおむし』の読み聞かせ場面の会話

> 子ども　「あー、イッコ！」（読み聞かせ前にいちごの絵を指さ
> しながらいう）
> 母親　　「△△くんの好きないちごだね。おいしそう。（読み始
> めても）いい？」
> お話を読み聞かせる
> 子ども　「これ、だれ？」（オレンジの絵を指さす）
> 母親　　「これ、オレンジ」
> 子ども　「オレンジ？」
> 母親　　「オレンジってみかんみたいな感じ」

　幼児の言葉の習得は、ブルーナーが指摘しているように、言葉を使う
ことによって何を成しとげ、どんな効果を得られるかという文脈に即し
て、その使い方が学ばれていきます。保育者は、子どもが言葉で表現し
てみたくなる経験を与える環境を意図的に用意することに加えて、保育
者自身が人的な環境の一部として、子どもの声に耳を傾け、やりとりを
交わしたり、子どもたちの活動をつないだりする役割があることを、本章
を通して理解できたでしょう。子どもたちは、何もかも守備よくいく経験
ばかりを必要としているわけではありません。時にはうまくいかないこ
とがあっても、寄り添い、一緒に考えてくれる保育者や友だち、そして
自分自身と対話しながら成長していきます。保育者もまた、日々の教育・
保育活動を通して子どもたちと共に学び合い、育ち合っていきましょう。

（赤羽　尚美）

演習課題

① 家庭の教育力・育児力が低下していることが問題となっていますが、どのような現象が子どもの言葉の育ちに影響を与えるか考えてみましょう。

② 幼児教育では、物語性のある児童文化財が教材として大きな比重を占めます。物語性のある教材には、絵本のほかにどのようなものがあるでしょうか。また、それぞれの特徴を考えてみましょう。

【引用・参考文献】

ヴィゴツキー, L. S.　柴田義松訳　『精神発達の理論』　明治図書出版　1970 年

ポルトマン, A.　高木正孝訳　『人間はどこまで動物か』　岩波書店　1961 年

ルソー, J. J.　今野一雄訳　『エミール（上巻）』　岩波書店　1962 年

Bruner, J. S. *Child's talk: Learning to use language*. Oxford University Press, 1983. 寺田晃・本郷一夫訳　『乳幼児の話しことば』　新曜社　1988 年

Fantz, R.L. "The Origin of form perception" *Scientific American*, 204(5). 1961.

Jones, Mark A. *Children as treasures : childhood and the middle class in early twentieth century Japan*. Cambridge, Mass: Harvard University Asia Center Distributed by Harvard University Press, 2010.

Postman, Neil. *The disappearance of childhood*. New York: Delacorte Press, 1982.

Wolf, Maryanne. *Proust and the squid: the story and science of the reading brain*. Thriplow: Icon Books, 2008.

赤井誠生　「興味」　中島義明・安藤清志・子安増生・坂野雄二・繁枡算男・立花政夫・箱田裕司編　『心理学辞典』　有斐閣　1999 年

赤羽尚美　『学びあう絵本と育ちあう共同行為としての読み聞かせ』　風間書房　2017 年

岩田純一　「ブルーナー」　浜田寿美男編　『発達の理論——明日への系譜』　ミネルヴァ書房　1996 年

岩田純一　「母国語の獲得」　中島義明・繁枡算男・箱田裕司編　『新・心理学の基礎知識』　有斐閣　2005 年

内田伸子　『幼児心理学への招待　子どもの世界づくり』　サイエンス社　1989 年

加藤醇子　『ディスレクシア入門』　日本評論社　2016 年

公益社団法人日本小児医会「スマホに子守りをさせないで」

　https://www.jpa-web.org/dcms_media/other/smh_leaflet.pdf.（2019 年 8 月 21 日アクセス）

泰羅雅登　『読み聞かせは心の脳に届く』　くもん出版　2009 年

田島信元　「ヴィゴツキー」　浜田寿美男編　『発達の理論——明日への系譜』　ミネルヴァ
　　書房　1996 年

竹田契一・里見恵子監　『実践インリアル・アプローチ事例集』　日本文化社　2005 年

藤永　保・春日　喬・斎賀久敬・内田伸子　『人間発達と初期環境——初期環境の貧困に基
　　づく発達遅滞児の長期追跡研究（改訂版）』　有斐閣　1987 年

ベネッセ教育総合研究所　「学校外教育活動に関する調査 2017」
　　https://berd.benesse.jp/up_images/research/2017_Gakko_gai_tyosa_web.pdf.　（2019 年
　　8 月 21 日アクセス）

正置友子・大阪保育研究所編　『保育のなかの絵本』　かもがわ出版　2015 年

三宅和夫・村井　潤・波多野誼余夫・高橋恵子編　『児童心理学ハンドブック』　金子書房
　　1983 年

文部科学省　「学校評価による PDCA サイクル」
　　http://www.mext.go.jp/component/a_menu/education/detail/__icsFiles/
　　afieldfile/2010/04/07/1230736_2.pdf.　（2019 年 8 月 15 日アクセス）

山口真美　「赤ちゃんは顔をよむ」　日本視能矯正学会　『日本視能訓練士 協会誌』39 巻
　　2010 年

吉田敦也　「生理的早産」　中島義明・安藤清志・子安増生・坂野雄二・繁枡算男・立花政夫・
　　箱田裕司編　『心理学辞典』　有斐閣　1999 年

第 7 章

幼児の算数的活動

　幼児の算数的活動は、生涯にわたる生きる力の一つとしての、算数・数学の力の土台を築くために行われます。

　それは、生活、遊びのなかで豊かな体験を積み重ねることで、身についていきます。小学校算数の先取りをするのではなく、小学校で学ぶ内容を理解するための基礎となる体験を与えることです。そして同時に、保育者の適切な援助のもとに行われなければなりません。

　そのために本章では、数量・図形の基本的知識を身につけ、さらに数量・図形に関する幼児の発達段階の理解を深めることを目指します。また、幼児の算数的活動の具体例も示していきます。

幼児の算数的活動とは

学習のポイント
●幼児の算数的活動は、生涯にわたる算数・数学の力の土台となるものです。
●生活、遊びのなかで、保育者の適切な援助の下に行われるべきものです。

現代を生きる私たちが生活するときには、常に数量に取り囲まれています。金銭の授受、時間、週、月、年、さらには天気の確率からお店の評価まで。また、荷造りをするときの品物の形、移動するときには、その空間における自分の位置といった、形や空間に関する理解も必要とします。

日常生活だけではなく多くの職業において、数量や形・空間など算数・数学で扱われるさまざまな知識・能力が要求されます。

1　生きる力の基礎としての算数的活動

幼児期に身につける言葉や健康、社会性などが、生涯にわたる生きる力の基礎となるように、算数・数学の力の基礎、土台も幼児期に培われます。幼児の算数的活動とは、この土台となるものです。

幼児の算数的活動とは、幼児期に数字を書く練習をしたり、足し算引き算を教えたりすることではありません。そうではなく、小学校で学ぶ足し算引き算などの内容を理解するために必要な体験が、幼児の算数的活動なのです。数量図形を扱う力は、小学校入学以降の算数・数学の時間だけで身につくわけではありません。それを身につけるためには、幼児期における遊びや生活のなかでの体験の積み重ねが必要です。そしてそのような体験は、小学校の算数のみならず、日常生活や他教科の学びでも必要となるものなのです。

文部科学省「幼児期の教育と小学校教育の円滑な接続の在り方について（報告）」では、小学校第1学年の児童の個人差の大きいことが学習指導上の問題点として指摘され、その差を縮めようとする目標が掲げられています。どの子にも、小学校算数の土台となる体験を与えることが求められています。

しかし、いたずらに小学校準備にのみ視野をせばめてはなりません。

源数学
幼児の算数的活動に、比較、分類、対応などの源数学（先数学）を含んで、研究することも行われているが（銀林、2007・船越、2010など）、本章では、「保育所保育指針」などで言及されている数量図形に的をしぼって論じた。

「子どもが現在を最も良く生き、望ましい未来をつくり出す力の基礎を培う」（「保育所保育指針」第1章総則1保育所保育に関する基本原則（2）保育の目標ア）ことが、保育の原則です。幼児がその生活のなかで、楽しみながら算数的力を伸ばしていくよう、考えられなければなりません。

2　「保育所保育指針」「幼稚園教育要領」「幼保連携型認定こども園教育・保育要領」における算数的活動

3つの文書の統一

今回の改訂（定）では将来的に、「保育所保育指針」「幼稚園教育要領」「幼保連携型認定こども園教育・保育要領」の3つの文書が統一されることを予想して、3歳以降の教育について記述を、内容・形式とも同一にするという方針が取られている。よって、数量図形に関する記述も同一である。

　従来の「保育所保育指針」「幼稚園教育要領」では、保育内容「環境」の解説において、数量図形の指導についてふれられてきました。しかし2018（平成30）年度よりスタートした、「保育所保育指針」「幼稚園教育要領」「幼保連携型認定こども園教育・保育要領」では、すべてに共通して新たに10項目の「幼児期の終わりまでに育ってほしい姿」が示され、そこにおいても算数的力の獲得が求められています。具体的には、以下の2項目があります。

カ　思考力の芽生え
　　身近な事象に積極的に関わる中で、物の性質や仕組みなどを感じ取ったり、気付いたりし、考えたり、予想したり、工夫したりするなど、多様な関わりを楽しむようになる。また、友達の様々な考えに触れる中で、自分と異なる考えがあることに気付き、自ら判断したり、考え直したりするなど、新しい考えを生み出す喜びを味わいながら、自分の考えをよりよいものにするようになる。
ク　数量や図形、標識や文字などへの関心・感覚
　　遊びや生活の中で、数量や図形、標識や文字などに親しむ体験を重ねたり、標識や文字の役割に気付いたりし、自らの必要感に基づきこれらを活用し、興味や関心、感覚をもつようになる。

　算数に関連する力でいえば、「ク」で述べられている数量や図形に親しむ体験が、「カ」にある、さまざまな思考力の芽生えにつながります。
　また従来通り、保育内容「環境」の解説においても、数量図形について次のように書かれています。

（ア）ねらい
　③　身近な事象を見たり、考えたり、扱ったりする中で、物の性質や数量、文字などに対する感覚を豊かにする。

（イ）内容
　⑨　日常生活の中で数量や図形などに関心をもつ。
（ウ）内容の取扱い
　⑤　数量や文字などに関しては、日常生活の中で幼児自身の必要感
　　に基づく体験を大切にし、数量や文字などに関する興味や関心、
　　感覚が養われるようにすること。

　これは「環境」に関する文言ですが、算数的内容は 5 領域のなかの「環境」のみでなく、「言葉」（いち、に、さん……や、大きい小さいなど、算数的内容を言語化する）、「表現」（制作において形や対称を扱うなど）、その他あらゆる分野で培われていきます。

　このように指針・要領においても数量・図形について、日常生活のなかで関心、感覚を養うとされています。しかし、日常生活のなかで算数的体験を与えるには、保育者がこの場面が重要であると気づかなければなりません。その気づきの下で、適切な声かけ、援助を与える必要があります。そのため次の節からは、数量・図形の基本的知識、及び数量・図形に関する幼児の発達段階の理解を深めることを目指しつつ、幼児の算数的活動の例を述べていきます。

事例 7 − 1　算数的内容のある歌

　算数的内容のある歌も、算数の言葉や考え方を身につけるのに役立ちます。歌詞の初めの部分を紹介します。
＜空間＞
○「バスごっこ」香山美子作詞　湯山昭作曲
　おおがたバスにのってます　きっぷをじゅんにわたしてね
　おとなりへ　ハイ　おとなりへ　ハイ…
＜数＞
○「ふたあつ」まど・みちお作詞　山口保治作曲
　ふたあつ　ふたあつ　なんでしょね
　おめめがいちに　ふたつでしょ
　おみみもほらね　ふたつでしょ…
＜図形＞
○「まる・さんかく・しかく」山田とも子作詞　小山田暁作曲
　まる・さんかく・しかく　まる・さんかく・しかく
　みっつのほしがあったとさ　うちゅうのはてのまだむこう…

第2節
数の学び

学習のポイント
●数の名前である数詞がいえるようになっても、数がわかったとはいえません。
●集合数、順序数としての意味を、具体的な事物と結びつけて理解できるようにしましょう。

1　数と数詞

　幼児はほかの言葉と一緒に、数を表す言葉も身につけていきます。いち、に、さん、……、one、two、three、……といった、数につけられた名前を数詞といいます。

　数詞を身につけるのは子どもにとって、物事を表す言葉を身につけるよりもっと大変です。「ワンワン」には実態がありますが、数には実体がありません。数は人間の頭のなかにあるのです。リンゴを3個並べて「これはみっつ」と教えても、数を知らない子どもにとってはリンゴしかみえません。リンゴが「みっつ」という名前なのだと、勘違いしてしまったりします。

　さらに気をつけなければならないのは、数詞がいえたとしても数がわかったとはいえないことです。

　幼児は小さいころからさまざまな数詞を聞いて育っています。言葉を話しはじめるころ数詞を話す幼児も出てきます。数詞を順序通り唱えることを数唱といいます。子どもが数唱を覚える場所は、お風呂のなかが多いようです。湯船につかりながら「ひとーつ、ふたーつ」と大人が唱えるのを聞いて、歌と同じように覚えていきます。

　しかしこれで10まで唱えられるようになっても、10までの数がわかっているとはいえません。「クッキーをみっつ取って」といっても、「みっつ」取れなかったりします。そのため数唱を軽んじる人がいます。しかし、数詞を覚えて順番通りいえるようになることは、次に述べる「数える」ために大切なことです。子どもが数唱に興味をもち、唱えはじめたら、声かけをして上手くできるようにしてあげましょう。

2　数える

　ここでいう「数える」とは、お風呂で「いち、に、さん、し……」と

日本の2つの数詞

日本には、ひとつ、ふたつ、みっつ……という数詞と、いち、に、さん……という数詞がある。ひとつ、ふたつ……は日本に古代からある数詞である。いち、に、さん……は、中国から漢字が伝わったときに、「一、二、三」の漢数字と一緒に入ってきたものである。どちらも日常的に使われるので、両方とも使えるようにしたい。

唱えることではなく、ものの数を把握することです。数えることができるためには、次のことが必要です（杉山、2008）。

①数詞を知っていて順序正しくいえる

　たとえば、「し」が抜けて「いち、に、さん、ご」と唱えていてはだめですし、「ご、しち、ろく、はち」と順番を間違えるようでもだめです。

②数えるものと数詞を一対一対応させることができる

　ミカンの数を知るためには、「いち、に、さん、し」という数詞に対して、ミカンを1つ1つ対応させなければなりません。

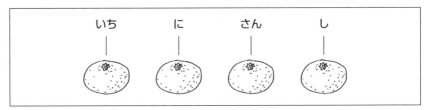

　あるものの集まりに対して、1つずつ異なるものを対応させることを、一対一対応といいます。数詞と数えるものを一対一対応させることは、子どもにとってただ唱えるよりずっと難しいことです。ミカンを指でおさえながら「ひとつ、ふたつ」と数えていても、1つのミカンをおさえている間に数詞が2個も進んでしまったり、「ひとつ」といっている間に、指がミカン2個分進んでしまったりします。何度も繰り返すなかで、できるようになっていきます。

③最後の数詞で数を表す

　子どもは、数詞が順序正しくいえ、ものと一対一対応できても、数え終えて「いくつだった？」と聞かれて答えられないことがあります。これは最後の数詞が物の数を表すことを知らないためです。子どもが「いち、に、さん、し」と数え終えたら、「4個あるね」と声をかけてあげましょう。

　このように「数える」ことは、子どもにとってとても難しいことです。4〜5歳ごろに数詞が10まで、あるいは100まで唱えられるようになっても、ものと関係なく数詞だけが唱えられていることが多いのです。したがって、幼児期においては、いたずらに多くのものを数えさせるより、次に述べる集合数の理解を確実にする方が大切です。

3　集合数の理解

　物の多さ（量）を表すものとして数が使われるとき、それを集合数といいます。数を理解していくとき一番大切なのは、集合数です。

一対一対応

数学的にいうと、集合Aから集合Bへの対応があり、Aの各要素aにBの要素bが1つだけ対応していて、さらにbに対応するAの要素が他にないこと。当たり前のことのようだが、現代数学の集合論において必須の概念である。

集合数に関しては、だいたい次のように理解が進むといわれています（中沢、1981・文部省、1973）。幼児はまず「2（ふたつ）」から理解しはじめます。ミカン1個では、それはあくまでミカンであって、数は感じないからです。同じものが2つあるとき、ミカンふたつ、ボールふたつというように、子どもは「ふたつ」を適用するようになっていきます。「ふたつ」がわかってくると、それと比べて「ひとつ」もわかってきます。

「ふたつ」がわかれば「みっつ」はすぐにわかりそうですが、「3」がわかることは「2」以上に困難です。「2」は並んだものをみて直観的に把握しやすいですが、「3」は○○○や○○○のように物がまとまった形に並んでいない場合、直観的に把握するのは子どもにとって難しいことです。不規則な形に置かれた場合は、「ひとつ、ふたつ、みっつ」と数えなければなりません。

やがて子どもの「3」の理解がしっかりしてくると、たとえば「おはじきをみっつ取りなさい」というと、数えずにまとめて3個取れるようになります。

3個のうち2個隠して、「いくつ隠した？」と聞いて「ふたつ」と答えられるようになったら、3の合成・分解ができたことです。合成・分解ができたということは、3は2より1多い、2は1より1多いという、集合数1の理解が進んだことでもあります。

ここまで子どもが「3」の理解をかためるには、数に関する環境によって異なりますが、だいたい4歳ごろまでかかるといわれています。4の壁を乗りこえるには、さらに半年近くかかります。

このように、量と結びつけられた数の範囲が増えていくためには、数に関する豊富な体験がなければなりません。

事例7-2　3歳クラスのおやつ

＜丸いお菓子2つ＞（4月）

机を囲んで座り、おやつ皿を配ります。クッキーを2枚ずつ、「○○ちゃん、ふたつね」と、保育者が子どもの名前と個数をいいながら配ります。お菓子は必ず同じ形からはじめましょう。子どもは集合を認識するのに丸い形がわかりやすいです。そのうち、四角、棒状のものなども扱います。

＜自分で取る＞（4〜5月）

子どもたちがおやつの手順がわかってきたら、子どもが自分で取るようにします。クッキーをかごに入れて保育者がもち、

コトバ

数の合成・分解

1つの数を、いくつかの数の合わさったものとみること。たとえば、3は2と1を合わせたものとみることができる。ほかにも、1と2、さらに1と1と1を合わせたものともみることができる。これがわかれば、3人グループでコップが2つしかないとき、1つ足りないとすぐ判断することができる。

これは、足し算引き算の一種ではなく、集合数の理解が深まったことである。小学校へあがって、繰り上がりのある足し算に進んだときは、10の合成・分解ができるかが重要となる。

107

数の拡張

第2節で「数」といって
きたのは、数学の言葉で
いえば「自然数」を指す。
自然数とは1から始まっ
て、2、3、4、……と
限りなく続く数のことで
ある。

小学校では、これに有限
小数や分数で表される有
理数が加わり、中学校で
は負の数や$\sqrt{2}$といった
無理数などが加わり、数
の範囲はどんどん拡張さ
れていく。けれどこれら
の数の理解の土台となる
のは、幼児期の数の学び
である。

一人ひとりに「ふたつ取りなさい」といって取らせ、「そう、ふた
つね」と確認の声をかけます。

　与えられたものをみて「ふたつ」とわかるよりも、自分で2個
取る方が難しいです。食前によく手を洗う習慣をつけて、直接手
で取ると失敗が少ないです。

　全員が確実にできるようになったら、同じ手順で「みっつ」に
増やしましょう。

＜4人のグループをつくる＞

　クラスの半数以上が満4歳を過ぎるころから、お弁当とおやつ
のときは、4人ずつのグループで座ることにします。4人集まっ
て座ると、子どもはお皿、コップなどいろいろの「4」を机の上
でみることができます。グループをつくってもすぐ当番を決めな
いで、はじめは保育者が4人分のお皿、おやつをまとめて配りま
す。数回繰り返して、「4人分」のおよその見当がつくようになっ
てから当番を決め、当番が「4」を扱うようにします。

（中沢、1981、一部表現を簡略化・変更）

4　集合数と順序数

　数には2通りの意味があります。1つは今まで扱ってきた集合数とし
ての意味で、「ミカンがみっつ、子ども4人……」というように、物の
多さ（量）を表します。もう1つは順序数としての意味で、ものごとの
順序を位置づけるために、数の順序を利用する使い方です。スポーツ競
技の順位を1番、2番といったり、抽選結果を1等、2等といったりす
るように使います。

　集合数と順序数は、日常生活のなかで入り組んで使われています。「8
月」の8は1年の最初から8番目の月を表す順序数ですが、「8か月」と
いう時の8は、1月分の長さが8つ集まったことを示す集合数になります。

　子どもが順序数としての数の使い方も覚えていくよう、徒競走の順位
など順序数に出会う機会もつくっていきましょう。

量の学び

学習のポイント
●物の性質のうち、長さ、広さなどのように、大小の比較ができるものを量といいます。
●比較するには直接比較、数値化等ありますが、幼児には直接比較をたくさんさせましょう。

1 量とは

　物には、大きさ、美しさ、新しさといった、いろいろな性質があります。そのうち、長さ、広さ、重さなどのように、大小の比較ができる性質を量といいます。数のわからない幼児でも、多い少ない、長い短い、広い狭いといった量の比較ができます。たとえばジュースが好きな子なら、それがより多く入っているコップの方に手を伸ばします。

2 比較の方法

　大小の比較ができるものが量だと述べましたが、比較の方法には以下の3つがあります。

①直接比較

　どちらが長いか短いか、どちらが重いか軽いか、直接比べます。

②間接比較

　動かせなかったりして直接比較できない場合、何かをあいだに置いて比較します。たとえば、長さなら棒などを使い、庭の木の高さは棒と同じ、玄関わきの木は棒より高い。よって玄関わきの木は庭の木より高い、と判断します。

③数値化

　単位を決めて、比べる量をそれぞれ数で表して比較します。単位には任意単位と標準単位があります。

　●任意単位

　　AとBを比べるとき、適当なものCを用いて、AはCの3個分、BはCの2個分だったとします。2より3の方が大きいからAの方が大きいことがわかります。このとき、Cを任意単位といいます。

　　歴史的には、体の一部を使って任意単位とすることがよく行われま

いろいろな量

量には、長さ、広さ（面積）、角、体積（容積）、重さ、時間、速さ、濃さといったさまざまなものが存在する。

した。足の長さを任意単位とすると、図7－1においてAの長さは足の長さの3個分、Bの長さは足の長さの2個分となり、Aの方が長いことがわかります。

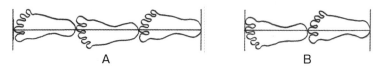

図7－1　足の長さを任意単位とした測定

●標準単位

　体の一部を使う単位は人によって大きさが違ってしまうので、違いを避けるために標準単位がつくられました。標準単位には、尺貫法、ヤード・ポンド法などがありますが、現在は科学的に決められたメートル法に、世界的に統一されようとしています。標準単位で数値化するには、それが目盛となっている定規や秤を用います。

　幼児期は数値化よりも、直接比較をたくさんさせておくことが重要です。直接比べることにより、量に対する感覚が養われていきます。

事例7－3　「絵が違っても同じ大きさ」5歳児

場面：同じコップをもってきた2人と、絵柄違いで同じ形・大きさのものをもってきた1人が、並んで座っています。昼食時に麦茶を注いでまわっているときのこと。

Aちゃん「わたしたち、同じコップなんだよね。Bちゃん」
Bちゃん「うん。あっ。先生、私の方が多いよ。麦茶」
先生　　「そうかな、どうして？」
Bちゃん「（麦茶が）キティちゃんのお耳まで入っているもん。
　　　　　Aちゃんのはお鼻までしかなーい」
先生　　「ほんとうだ。ごめんね。もう少し入れようね」
Cちゃん「ぼくのも同じ大きさ。キティちゃんじゃないけど、
　　　　　同じ（量）だよ。3人並べて同じ高さになるよ」
先生　　「すごいこと、発見したね」

（栗田、1999）

+α

尺貫法
日本古来の計量法。古代中国から朝鮮半島を経て7世紀ごろ日本に伝わった。基本単位として、長さには尺（1尺≒30cm）、質量には貫（1貫＝3.75kg）を用いる。

ヤード・ポンド法
ヨーロッパでかつて広く用いられたが、現在はアメリカ、イギリスなどごく一部の国で用いられている。基本単位として長さにはヤード（1ヤード≒90cm）、質量にはポンド（1ポンド≒0.45kg）を用いる。

メートル法
計量単位を世界的に統一することを目指して、フランス革命の際、定められた。その際、地球の子午線の長さと水の質量をもとに、長さの単位mと質量の単位gが決められた。

　麦茶を入れてもらいながらBちゃんは、「私の方が多いよ」といっています。先生が、「どうして」と多い理由を聞いたことで、「キティちゃんのお耳まで入っているもん」と答えています。幼児の言葉を受けて、先生が聞きなおしてあげるということは、本人の考えていることを引き出し、かつ、幼児を理解することにもなるので、きわめて大切な援助の方法です。Bちゃんは、続けて「Aちゃんのはお鼻までしかなーい」ともいっています。絵柄の位置関係からみて、自分の麦茶が多いことを認識しているのです。絵柄の部位を物差しがわりにしているといえるでしょう。

　Cちゃんは、別の視点から量をはかっています。「キティちゃんじゃないけど、同じ（量）だよ」といっています。つまり絵柄に関係なく、量が比べられることを説明しようとしています。さらに続けて、「3人並べて同じ高さになるよ」といっています。コップの形・大きさが同じだから、同じ高さ（深さ）の（麦茶の）量も同じという説明をしているのです。別の視点がもてるということは、別の思考力も働いているということでもあり、あわせて冷静さももっているということになり、望ましい限りです（栗田、1999）。

3　量の保存性の認識の発達（ピアジェの発達心理学）

　量の大小の判断は、感覚的なものからはじまるので、誤った判断が起きることがあります。心理学者のピアジェは、実験の結果、量の保存性の認識は、5、6歳まで確立していないことを見出しました。量の保存性とは、形を変えても、場所が変わっても、分割・結合しても量は変わらないということです。

　幼児は最初、量の保存性の認識がありません。たとえば、縦長の器に入っている牛乳を、平たい器に移します（図7－2）。こうすると牛乳は、形は変わりますが量は変わりません。けれども、この時期の子どもは、ある子は量が少なくなった、ある子は量が多くなったと思います。

図7－2　量の形の変化

ピアジェ
Jean Piaget
(1896-1980)
スイスの心理学者。20世紀における偉大な心理学者の一人。算数的内容に関しては、『量の発達心理学』『数の発達心理学』の著書がある。

　あるいは、小さなコップに牛乳をすべて移してコップ 4 つ分になった
とします（図 7 - 3）。牛乳は分割されましたが、全体の量は変わりま
せん。しかし、この時期の子どもは少なくなったと思う子どもも、多く
なったと思う子もいます。

図 7 - 3　量の分割

　この後、認識の不安定な時期を経て、子どもが十分な認識にいたる時
期は、早くて 4 歳、大半の子どもは 5、6 歳といわれています。いまは
体積について説明しましたが、長さ、重さについても同じことがいえま
す。

　ここで、気をつけなければならないことがあります。量の保存性の認
識が確立していない子には、量の数値化の指導をしても、何をしている
のか意味が伝わりません。たとえば、液体の体積は、単位量のカップに
注ぎ分けていくつ分になるかをみたり、メスシリンダーに移して目盛り
を読んだりして、数値化します。分割したり形を変えたりすると量が変
わると感じる子に、この説明をしても意味が通じないのです。

　幼児期にいたずらに数値化を急いではなりません。大きい自動車と小
さい自動車があるなどと話して、量の大小に興味をもつようにしたり、
いろいろな色水の多少を比べたり、集めた葉を大きい順に並べたりする
（図 7 - 4）ような、量感覚を養う遊びを行いましょう。

図 7 - 4　葉を大きい順に並べてみる

第4節
図形・空間の学び

学習のポイント
● 「図形」につながるように「まる」「さんかく」「しかく」といった言葉を使いましょう。
●積み木や折り紙などの遊びを通して、図形の基礎となる感覚を豊かにすることが大切です。

1　形と図形

　幼児のまわりにはいろいろな形があります。葉の形、チョウの形、飛行機の形、家の形など。子どもは生活のなかでこのようなさまざまな形にふれ、保育者などが注目を促すことで、多様な形に気づいていきます。

　小学校に入ると、直角三角形、長方形、円、直方体、球といった「図形」を勉強します。これは中学校以降に学ぶ幾何学につながるものです。

　幼児の算数的活動で行うことは、「図形」につながるように「形」をとらえる体験をさせることです。そのために、「まる」「さんかく」「しかく」といった言葉を使います。ボールは「まる」、箱は「しかく」です。

　「まる」「さんかく」「しかく」という言葉は、算数教育の観点からいえば、将来、円や三角形、四角形といった平面図形、さらには球、直方体などの立体図形につながるものを示す言葉で、それほど厳密な言葉ではありません。三角形を書くときは、直線で囲まれて閉じていなければなりません。けれども「さんかく」といっているときは、三角形らしければいいのです（**図7-5**）。

幾何学

図形や空間の性質を研究する、数学の一部門。測量の必要から古代エジプト、バビロニアなどで生まれ、その後ギリシャで体系化された。それからも発展を続け、近代以降微分幾何学、位相幾何学など多くの分野が生まれている。

「さんかく」　　　　　　　「三角形」

図7-5　図形につながる形

　幼児期は、「図形」につながる日常語を使って、将来の「図形」学習の基礎となる経験を与えているのです。

113

2　まる・しかく・さんかく

1 まる

　子どもの生活のなかで、実際にどんな図形から理解が発達していくのでしょうか。「私たちの観察では、まるの理解が一番早く、満三歳から四歳の間にかなりでき上がっているように思われる」と中沢（1981）は述べています。

　幼児は、円、球、さらに円柱、円すいをすべて「まる」といいます。これは、「中心からの距離の等しい点の集まり」といった抽象的な図形として、「まる」をとらえているわけではなく、「まるいもの」として感覚的にとらえているからです。小学校1年生では、球を「まりの形」、円柱を「つつの形」などと「まる」以外の言葉に置き換えますが、幼児の場合はすべて「まる」でかまいません。

2 しかく

　中沢によれば、子どもが「しかく」を確実に見分けるのは、「まる」よりずっと遅れて満5歳前後になります。

　「まる」と同じく、その使い方は感覚的です。幼児の身近にあるもののなかには、机、積み木、色紙、絵本、窓ガラスなど、直方体や立方体、正方形や長方形のものが多いですが、幼児は立体・平面の区別なく、これをすべて「しかく」という言葉で表します。

　いっぽう「四角形」の仲間である平行四辺形や台形を、幼児は「しかく」とはいいません。長方形や直方体でも、非常に細長いものなどは「しかく」といいません（文部省、1973）。しかしこれも「まる」と同様、そのままにしておけばいいのです。「しかく」とは角が四つあるものだから、平行四辺形、台形も「しかく」であるなどと、抽象的な図形の概念を教える必要はありません。

3 さんかく

　「さんかく」については、幼児の身近なものとしては比較的少ないため、意識することが困難のようで、子どもが「さんかく」を見分けるのは、ふつう「しかく」より後になります（文部省、1973・中沢、1981）。幼児は、正三角形または直角二等辺三角形に近いものを「さんかく」といいます。いっぽう、鈍角三角形や極端に細長い三角形は「さんかく」といいません。また図7-6において、Aのような位置に置かれていると「さんかく」といいますが、Bのような位置に置かれているといわない場合があります。これについても「まる」「しかく」同様に、角が3つのものは「さんかく」というなどと、教える必要はありません。

コトバ

鈍角三角形

90°より小さい角は鋭角、90°の角は直角、90°より大きい角が鈍角である。1つの角が鈍角である三角形を鈍角三角形とよぶ。

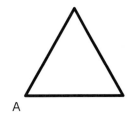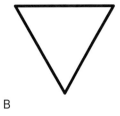

図7－6　異なる位置にある三角形

　最初に述べたように、図形につながる日常語を使って、将来の図形学習の基礎となる経験を与えるのが、幼児の算数的活動の目的です。抽象的な図形の概念を教える必要はありません。積み木や色板で遊んだり、空き箱や折り紙でいろいろな形をつくったりして、図形の基礎となる感覚をゆたかにすることが大切です。

事例7－4　「こうして四角にするの」5歳児

　場面:大きい積み木でつくった基地を片づけていたときのこと。
先生　　　「さあ、ぞうさん組、片づけですよ」
Aちゃん「もう?」
Bちゃん「えー」
先生　　　「明日、続きやろうね。誰が早く片づくかな」
Aちゃん「(直角三角柱を片づけはじめて)・・・?」
Bちゃん「Aちゃん、違う。こうして四角(柱)にするの」

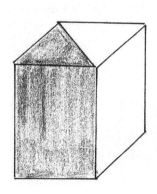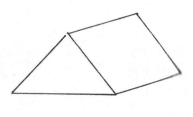

(栗田、1999)

　Aちゃんは、三角柱を(側面を下にして)床に置きましたが、次の積み木を置こうとすると、納まりが悪いことに気づき、さて、どうしようかなというしぐさをしています。それをみてBちゃんは、「こうして

四角（柱）にするの」と教えています。Bちゃんがしようとしていることは、三角柱を2本合わせるという方法です。誰かが教えたというよりも、何度もこの積み木で遊んでいるうちに発見したのかもしれません。あるいはほかの幼児がやっているのをみて、納得したのかもしれません。

　いずれにしても、体験を通して学び取っていくこれらの知恵は、機会あるごとに使われ、磨きがかかり、けっして忘れることはないのです（栗田、1999）。

3　対称・平行

　図形ではありませんが、対称や平行も図形教育で扱われます。これらについても、幼児期の遊びのなかで、その基礎が培われます。折り紙を折って切り、また開くと線対称な形が現れます（図7-7）。このことにより対称の感覚を養うことができます。また、図7-8のような編み込みの製作は、平行、垂直の感覚を養います。

線対称と点対称

対称には線対称と点対称がある。

線対称な形とは、それを2つの部分に分ける直線ℓについて、ℓを折り目として重ねると、2つの部分がまったく重なり合うものである。

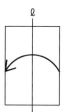

点対称な形とは、それを2つの部分に分ける直線ℓ上の、1点Oを中心として、一方の部分を180度回転すれば、もう片方の部分にまったく重なり合うものである。

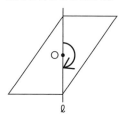

図7-7　線対称な形

図7-8　編み込み

4　空間

　学校における図形教育のねらいの 1 つには、空間にあるものの位置関係を把握する力の育成があります。位置関係とは、ものとものとの、上下、前後、左右といった関係です。

　幼児は、ジャングルジムを上に登る、後ろから車が来る、曲がり角を右に曲がる、といった体験のなかで、まず自分を中心として上下（うえした）、前後（まえうしろ）、右左（みぎひだり）を理解していきます。上下、前後は理解しやすく、自分以外の立場に立って考えることも、早くからできるようになります。たとえば 3 歳になると、「うしろをむいてごらん」と友だちに注意することができます。

　子どもにとって一番難しいのは左右です。大人でも左右はなかなか難しく、人に向かい合って右左を説明するとき、「はて、この人にとっての右はどちらだろう？」と一瞬考えてしまったりします。幼児期に自分を中心とした左右が、完全に理解できていなくても、あせって教える必要はないでしょう（中沢、1981）。

（桜井　恵子）

演習課題

①　107 ページの「コトバ　数の合成・分解」では、3 人グループでコップが 2 つしかない場面を、例として用いました。4 の合成・分解が必要となる、日常生活の場面を考えてみましょう。

②　112 ページの図 7-4 では、集めた葉を大きい順に並べる遊びを紹介しました。これ以外に、長さ、広さ、体積などの直接比較を行う、遊びを考えましょう。

【引用・参考文献】

銀林　浩編著　『どうしたら賢い子に育てられるか　知的発達を促す幼児教育』　日本評論社　2007 年

久米央也・牧田　航　「領域「環境」における数量・図形の関心、感覚を育てる保育の研究——保育者の環境構成と教材開発について」『滋賀短期大学研究紀要』第 44 号　2019 年

栗田敦子　『幼児の生活と数・量・形——幼児理解のありようを学ぶ』　東洋館出版社

1999 年

栗原九十郎　『新版 幼児の算数——あたらしい教育要領と保育指針』　あゆみ出版　1990 年

厚生労働省　「保育所保育指針」　2018 年

汐見稔幸・無藤　隆監修　ミネルヴァ書房編集部編　『平成 30 年施行　保育所保育指針　幼稚園教育要領　幼保連携型認定こども園教育・保育要領　解説とポイント』　ミネルヴァ書房　2018 年

杉山吉茂　『初等科数学科教育学序説——杉山吉茂教授講義筆記』　東洋館出版社　2008 年

内閣府・文部科学省・厚生労働省　「幼保連携型認定こども園教育・保育要領」　2018 年

中沢和子　『幼児の数と量の教育』　国土社　1981 年

船越俊介ほか　「幼稚園における『数量・形』と小学校での『算数』の学びをつなげる幼小連携カリキュラムの開発に関する予備的研究」『甲南女子大学研究紀要』第 46 号　人間科学編』　2010 年

松尾七重　「就学前算数教育プログラムの提案——広さ比べ・図形のはめ込みの活動について」『学芸大数学教育研究』第 29 号　東京学芸大学数学教育研究室　2017 年

文部省　『幼稚園教育指導書　領域編　自然』フレーベル館　1973 年

文部科学省　「幼児期の教育と小学校教育の円滑な接続の在り方について（報告）」　2010 年　http://www.mext.go.jp/component/b_menu/shingi/toushin/__icsFiles/afieldfile/2011/11/22/1298955_1_1.pdf（2019 年 11 月 28 日アクセス）

文部科学省　「幼稚園教育要領」　2018 年

幼児期における
科学教育

　皆さん、科学と聞くと何を思い出しますか。実験でしょうか、化学式やさまざまな公式でしょうか。難しくて幼児に科学なんて無理と思う人もいるかもしれません。しかし、幼児期にも遊びを通じた経験によって、子どものなかに科学の芽が育っているのです。科学教育は、科学者になる人のためだけでなく、私たちが自分のまわりの世界を理解し、生きていくために必要なのです。

　本章では、幼児期の科学教育のあり方について歴史的変遷を振り返りながら理解を深め、現在日本や海外で行われている幼児期における科学教育の内容について学びます。さらに、子どもの発達を理解し、科学の芽を育てるための具体的な方法や、幼児期に培った科学の芽がその後の学習にどのようにつながっていくのかを学びます。

幼児にとって科学とは

1　幼児期の科学

　科学と聞くと、宇宙ステーションや車の自動運転など最先端技術を思い浮かべたり、中学校や高校の理科の授業で習った公式や実験を思い浮かべたりして、幼児には科学なんて難しいのではと思う人もいるかもしれません。そのような考えは、幼児教育に関わる人々や、科学教育に関わる人々の間からもしばしば聞かれる意見です。マーガレット・マッキンタイヤー編著『幼児期と科学』によれば、科学とは「自分自身、他の生き物、環境といったものを、感覚と私的探究を通じて、知り、理解するに至る過程」であり、科学の結果、明らかとなった事実のみを覚えることが科学を学ぶことではありません。

　幼児にとって化学式や力学の公式を理解することは難しいことです。しかし一方で、実際の子どもの様子からは、身のまわりのさまざまな自然事象に関心を示し、感動し、探究する姿をみることができます。まさに、子どもは自分の身のまわりに興味や関心を抱き、探索することにより科学的な素養を培っているのです。子どものこのような姿を大切にすることが、幼児期の科学教育にとって大切なことです。

　子どもの科学的素養を培うためのキーワードとして、レイチェル・カーソンの「センス・オブ・ワンダー」という言葉がよく使われます。この言葉は幼児教育でも理科教育でも大切であるとされており、幼児期の科学教育を考えるうえで欠かすことのできない言葉です。レイチェル・カーソンは著書のなかで「センス・オブ・ワンダー」とは「神秘さや不思議さに目を見はる感性」であると述べています。子どもは皆、自分のまわりの出来事に対して不思議だなと思い、そこに価値を見出す感性をもっているのです。

コトバ

センス・オブ・ワンダー
アメリカの海洋生物学者でベストセラー作家であったレイチェル・カーソンが提唱した言葉。遺作である『センス・オブ・ワンダー』の題名にもなっている。

2　日本の幼児期の科学教育

① 戦前

　1899（明治32）年に制定された「幼稚園保育及設備規程」では、保育内容として「遊戯」「唱歌」「談話」「手技」の４項目が定められており、「談話」のなかで天然物や人工物に対して「観察注意の力」を養うこととされていました。それ以上の細かな規定はなかったものの、当時行われていた実際の保育活動では、自然と親しむこと、特に動植物に対する興味関心を引き出すことが大切にされており、身のまわりにある自然を観察することや、植物の栽培や動物を飼育すること、さまざまな自然物を材料として遊ぶなど、自然を活用した活動がなされていました。

　1926（大正15）年には「幼稚園令」が発令されます。その保育内容には、先の４項目に「観察」が加わりました。1926年７月に発行された『幼稚園保育題材集』のなかでは、観察の題材として人間の身体、家族、衣服、食べ物、光や火、空気や水、植物、動物、鉱物、四季、天文・気象、祭、交通、図形、行事など、子どもたちの身のまわりの社会を構成するあらゆるものが観察対象とされていました。

　このように、戦前は観察に重点が置かれた科学教育が主に展開されていました。ここで示された観察には、自然を対象とした観察だけでなく、社会観察も含まれます。具体的な観察の指導法については、さまざまな見解が出されました。たとえば、東京女子高等師範学校附属幼稚園の主事を務めた堀七蔵は、幼児の興味や関心に従いさまざまな遊びのなかで観察を行うこと、観察の観点を明示、比較するなどの意図のある観察を提案しました。一方で、生活指導に重きを置いていた城戸幡太郎は当時自然観察が中心であったなか、社会観察を重視していました。

② 第二次世界大戦中

　1941（昭和16）年からの戦時体制下では、国力を増強するために国民の科学力の向上が謳われていました。幼児教育においても軍国主義化が進む一方で、幼児期の科学教育に関しては科学力の向上をねらって科学的知識を詰め込むのではなく、科学する心を大切にし、物をみる態度を養うという保育が戦時体制下も大切にされていました。

③ 戦後

　1947（昭和22）年の「保育要領——幼児教育の手引き」では、保育内容の１つとして「自然観察」がつくられ、自然科学に関する保育内容は主に「自然観察」で扱われることとなりました。それまでの幼稚園令「観察」では、社会観察も含まれており、いわば社会科学を含む広義の意味

人　物

堀七蔵
（1886-1978）
明治から昭和にかけて理科教育、幼児教育の分野で活躍した教育者である。理科教育では「疑問から出発する理科」を提唱した。

城戸幡太郎
（1893-1985）
戦前から戦後にかけて幼児教育の分野で活躍した教育学者である。倉橋惣三の児童中心主義を批判し、保育を社会との関係でとらえる社会中心主義の考えを提唱した。

自然科学と社会科学
科学には、自然科学、社会科学、人文科学を含む広義の意味を示す場合と、自然科学の狭義の意味を示す場合がある。自然科学とは、自然現象を対象と科学である。一方で、社会科学とは、社会現象を対象とする科学であり、人文科学とは人間の文化を対象とした学問である。

で科学がとらえられていたといえるでしょう。

　一方で、この社会科学を含む広義の科学のとらえ方は、世間一般だけでなく保育者の間でも一般的な考えではなかったとの指摘もあり、その矛盾が「観察」という保育項目で行うべき保育内容や指導方法をわかりにくくさせていた要因といえるかもしれません。

　1956（昭和31）年に施行された「幼稚園教育要領」では、自然科学は主に領域「自然」で取り扱われることとなりました。一方で、社会科学に関する内容、特に社会観察に関しては領域「社会」で扱われることとなります。このような自然科学と社会科学を分けてとらえることは1989（平成元）年の改訂の際に現在の5領域になるまで続きます。

　では、この時期の科学教育はどのようにとらえられていたのでしょうか。「幼稚園教育要領」が制定された1956年に発行された教師養成研究会幼児教育部会編著『幼児の自然観察』では、幼稚園で行われる科学教育は自然観察が主体であると述べられています。ここでいう自然とは、動植物や季節の変化だけでなく、道具や機械などの人工物も含み、自然の法則への興味関心を育てることが目指されています。

　その後1960年代に入ると、1957年のソビエト連邦による人類初の人工衛星「スプートニク号」の打ち上げ成功を発端とした、世界的な科学技術への関心の高まりがありました。それを背景に、日本でも幼児期の科学教育にスポットがあたり、海外の実践事例が比較検討されるなど議論が交わされるようになります。この時期には、日本の保育で従来主流な考え方であった、遊びのなかで展開される科学教育だけではなく、科学的な体験をするための専用の環境を整備することや、実験のプログラムを保育活動に導入していた欧米の事例を参照するようになりました。それまでとは異なる体系的な指導や、小学校理科へのつながりがみえやすい活動への関心が一部にあったと考えられます。しかし、そのような体系的な指導への関心は一時的なものであり、70年代に入ると再び自然観察を主体とした考えに戻っていきました。

　その後、1989年に領域「環境」が新たにつくられました。領域「環境」では自然や社会の事象などが対象とされており、自然科学だけでなく社会科学も含まれる点で、これまでの領域「自然」とは大きな違いがあるといえるでしょう。保育内容の自然科学に関連する部分としては、自然の不思議さや季節の変化に気づくことや、動植物に親しむこと、遊具などの仕組みに関心をもち、そして探究心を養うことがあります。さらに、その後の1998（平成10）年の改訂では、遊びのなかで周囲の環境と関わり合い、物事の法則性に気づくという、自分なりに考える過程を大切

スプートニク・ショック
1957年の人工衛星「スプートニク号」の打ち上げ成功は、世界に大きな衝撃をもたらした。特に、東西冷戦下の世界情勢のなかで、東側のソビエト連邦が先んじて打ち上げに成功したことは、アメリカをはじめとする西側諸国には大きなショックであった。この驚きと衝撃をスプートニク・ショックという。

にすることが追加されました。

3　世界の幼児期の科学教育

① アメリカ

次世代科学スタンダート（Next Generation Science Standard：以下、NGSS）は、2013年に発表されたアメリカの科学教育の指針であり、幼稚園から日本の高校3年生に当たる第12学年までの生徒が、科学に関してどのような内容を学習するべきか記したものです。アメリカは州ごとに教育が異なりますが、NGSSは26の州が参加して作成されており、アメリカの多くの州が導入を検討しています。幼児期に関しては、たとえば、押したときと引いたときのものの動きの違いを理解することや、動植物が生きるために何が必要かについて理解することなど、学ぶ内容が具体的に示されています。

② スウェーデン

スウェーデンは2011年に「Skola2011」という大規模な教育改革を実施しました。その一環として就学前学校ナショナル・カリキュラムが改訂されます。特に科学教育分野に関しては、「数学」「自然科学」「科学技術」の領域が加えられました。また、保育方法は保育者主導ではなく、子どもが中心となって遊ぶなかで保育者と子どもが対話しながら学びを深めていくという特徴をもっています。

③ ノルウェー

ノルウェーの保育には、子ども中心の保育が展開されているだけでなく、歴史的に戸外遊びを重視する特徴があります。また、ナショナル・カリキュラムとして1996年に「保育施設のためのガイドライン」が発行され、保育内容として5つの領域が示されました。科学教育に関しては、「自然、環境、テクノロジー」という名称でまとめられています。

さらに、2006年版のガイドラインでは、1992年の国連環境開発会議「地球サミット」で提言された「持続可能な開発」という言葉が盛り込まれ、以降2017年版ガイドラインまで継続して「持続可能な開発」の考えが盛り込まれています。

④ イギリス

イギリスでは2008年に0〜4歳の乳幼児を対象とした保育のガイドライン EYFS（Early Years Foundation Stage）が発行され、2012年に改訂されました。このガイドラインでは7領域の学習プログラムが示されており、なかでも科学教育に関係のある部分は「周囲の事物の理解」

コトバ

持続可能な開発

1987年「環境と開発に関する世界委員会」の報告書『Our Common Future』で提唱された概念である。「将来の世代の欲求を満たしつつ，現在の世代の欲求も満足させるような開発」のことをいう。1992年の国連環境開発会議では、持続可能な開発の包括的な世界規模の行動計画「アジェンダ21」が採択された。

になります。「周囲の事物の理解」では、動植物の観察や身のまわりで使用されている技術を知ることなど自然科学に関する内容が含まれる一方で、自分の身のまわりに起きたことや家族について人に話す、自分と他者との相違点や共通点を知るなど自然科学には当たらない内容も含まれています。

5　ニュージーランド

ニュージーランドには「テ・ファリキ」というナショナル・カリキュラムがあり、1996 年に運用が開始され、2017 年に改訂されました。科学教育に関しては、5 つの要素のうち「所属」「探究」のなかで学習領域として設定されています。「所属」では自らが所属する環境を理解することが求められていますが、理解する対象として社会科学と自然科学が規定されています。「探究」では、遊びや問題解決を通してつじつまの合う理論をつくり、世界を理解しようとすることが求められており、探究対象として自然科学、技術、健康や身体的教育、数学と統計が規定されています。

6　フィンランド

フィンランドでは 2004 年に保育のナショナル・カリキュラムが策定され、2015 年には 6 歳児の就学前教育の義務化と新しい就学前教育のカリキュラム（2016 年施行）がつくられました。この新しいカリキュラムでは、「環境との対話と探索」の分野において、自然現象や動植物を観察すること、さまざまな素材を使って構造をつくることなど科学や技術教育との関連についてふれられています。

7　韓国

韓国では、ヌリ課程と呼ばれる満 3 〜 5 歳を対象としたカリキュラムが 2013 年から導入されています。ヌリ課程では学習領域として 5 つの領域が規定されており、そのなかの「自然探究」が科学教育と主に関連する箇所になります。この領域では探究するプロセスを楽しみ、探究する態度を育成すること、物質や自然現象を理解すること、簡単な機械を使用することなどが目標とされています。

8　中国

中国では 2012 年に教育内容と方法を具体的に示した「3 〜 6 歳児の学習と発達の手引き」が出されました。そのなかでは教育内容を 5 つの領域に分けており、「科学」領域に科学教育の内容が含まれています。「科学」領域では科学的探索として、自然に親しみ、探索を好むことや探索を行うことによって身のまわりの事物や現象を認識すること、などが目標として定められています。

テ・ファリキ
ニュージーランドの保育カリキュラムである。2004 年に OECD（経済協力開発機構）が発表した「5 つのカリキュラムの概要」では、世界の代表的な保育カリキュラムとして紹介されている。多文化共生社会を目指したもので、言語、文化、アイデンティティが大切にされている。

第2節
科学の芽を育てる方法

学習のポイント
●子どもがまわりの世界を理解するときの発達的な課題を理解しましょう。
●遊びを通してどのように科学の芽を育てるか、その方法を知りましょう。

1　素朴概念と科学的概念

　子どもは日常経験を通じて子どもなりに自分のまわりの世界を理解し、世界をとらえるための何らかの枠組みをもっています。この枠組みのことを素朴理論といいます。幼児は素朴物理学、素朴生物学、素朴心理学の3つの領域で、それぞれ独立した理論をもち発達させていると考えられています。このような私たちが学校教育などで系統立てて学習する前に既にもっている知識は、素朴概念や誤概念、前概念などと呼ばれています。もし科学的に誤った素朴概念をもっている場合、学習を経て正しい科学的概念に変換させようとしても、素朴概念は強固でありなかなか変化しない場合があるとされています。この難しさは幼児だけの問題ではなく、大人であっても誤った素朴概念を保持し続けることがあると報告されています（Clement、1982）。

　このような概念を変化させることの難しさについて、Vosniadou & Brewer（1992）の研究を例に考えてみましょう。Vosniadou & Brewerは、小学生に対し地球の絵を描かせる実験をしました。多くの子どもは、「地球はどんな形ですか」という質問に対して「地球は丸い」という正しい科学的知識を回答したにもかかわらず、地球や月、星、空を描かせると図8-1に示すような誤ったモデルを描いていました。

　このような話をすると、幼児期から科学的概念を身につけさせたほうがいいと感じる人もいるでしょう。

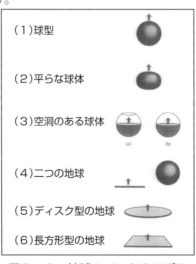

（1）球型
（2）平らな球体
（3）空洞のある球体
（4）二つの地球
（5）ディスク型の地球
（6）長方形型の地球

図8-1　地球のメンタルモデル
出所：Vosniadou & Brewer（1992）

+α

素朴概念と誤概念
素朴概念も誤概念も、「系統的な学習前に既にもっている知識」を指して使われる言葉である。しかし、素朴概念という言葉は学習者自らが日常経験などから概念を構成している点に重きを置いている。一方、誤概念という言葉は科学的概念の正しさと対比させて誤りであるという立場に立った言葉である。

しかし、日常生活の経験から、子どもたち自ら素朴概念を構成することは、子どもの発達にとって大変重要なことです。もし、正しい科学的概念を教え込むような保育を行っていたとすれば、子どもは自ら試行錯誤する必要を感じなくなるかもしれません。または、教えられたことはすべて正しいと思い、批判的思考が育たなくなるかもしれません。世の中で正しいと考えられていた理論が変化することはしばしば起こるものです。たとえば、30年程前までは、恐竜の身体に羽毛が生えているという考えは一般的ではありませんでした。しかし、今では羽毛恐竜という言葉は市民権を得て、子どもたちもよく知るところとなっています。科学教育が目指す子どもが身につけるべき科学的な態度とは、正しい科学的知識を身につけようとする態度ではなく、自ら観察、探究、実験し、批判的に検討し、自分なりの考えを構築できる態度を養うことなのです。

コトバ

批判的思考

批判的思考とは、相手を非難するのではなく、自分の思考を意識的に吟味する内省的思考である。また、多面的、客観的にとらえることができる証拠に基づく論理的で偏りのない思考である。

2　遊びを通した科学の芽の育ち

科学の芽を育てることを目的に、何か特別な教育プログラムを行う必要は必ずしもありません。日常的な保育活動のなかに、たくさん科学の芽の育ちをみることができます。以下に、いくつか活動例を提示します。

1 水遊び

水を使った遊びでは、水に物を流すことによって、水の流れ（水には物を流す力がある）ということに気づくことができます。また、もし砂場でお山から水を流したとき、どのように流れるでしょうか？障害物や窪みがあると、水の流れはどのように変化するでしょうか。子どもは水が流れる様子を観察し、流す物や流れる環境を工夫することによって、水の流れに関する科学の芽を育てます。

2 飼育・栽培

保育現場でよく行われている飼育・栽培は科学の芽を育む宝庫です。生き物を飼う、植物を育てるためには何が必要なのか、栄養や環境を子どもたちが考えることが大切です。また、動物の動きや植物の形、成長する過程もよく観察させましょう。観るだけでなく、話し合いをする、絵に表現するなどの活動を取り入れることによって、新たな気づきが生まれることもあります。

3 風を感じる

外遊びをする際、凧や帆で動く車など、風を使う玩具を用意してみましょう。玩具でなくとも、色とりどりのビニールテープや布を渡すだけで、子どもは風を感じて遊びます。風の向きが変われば、ものが流れる

向きも変化します。風の強さが変わるとどうでしょうか。実際に子ども
が感じ取ることを大切にしましょう。

3　科学絵本

　科学絵本では、身の回りの自然や生活、社会が題材として取り上げら
れています。絵本としてのページをめくることによって話が展開してい
く物語性をもちながら、科学の基本的な法則や概念、科学の方法などを
理解しやすく伝え、子どもが身のまわりの事象に対し何らかの気づきを
引き出すことができるよう工夫された絵本です。

1 月刊誌として親しまれる科学絵本

　科学絵本は単独で出版されている本もありますが、月刊誌として発行
されている『かがくのとも』(福音館書店)や『しぜん　キンダーブック』
(フレーベル館)が世代を超えて親しまれています。

　『かがくのとも』は 1969(昭和 44)年に発行された 5 〜 6 歳を対象と
した月刊誌の科学絵本です。より低年齢(3 〜 5 歳)向けの『ちいさな
かがくのとも』や高年齢(小学 3 年生〜)向けの『たくさんのふしぎ』
など、年齢段階に合わせた科学絵本が発行されています。人気のあった
ものは『かがくのとも傑作集』として単行本化されるなど長く親しまれ
ています。単に事実の羅列としてみせるのではなく、ストーリー性を大
切にし、生き物や植物だけでなく、乗り物や仕事、遊びなど子どもの身
近にあるものに焦点をあて、絵本を読んだ子どもたちが身近な世界への
関心を深め、発見や驚きをもつことが大切にされています。

　『キンダーブック』は 1927(昭和 2)年に観察絵本として発行されま
した。観察絵本とは、子どもが身のまわりの世界を理解することを目的
とした絵本です。現在は、特に自然科学に関する内容が『しぜん　キン
ダーブック』として発行され親しまれています。毎号生き物や植物、食
べ物や科学など身のまわりの科学的事象のなかから 1 つのテーマが選ば
れ、深く掘り下げて紹介されています。最近発行されたものの特徴とし
ては、写真などを使い、生き物が成長する過程を丁寧にみせる、比較し
た結果や量を分かりやすく伝えることができるよう工夫されています。

2 科学絵本の紹介

　多くの科学絵本を書いた絵本作家に、加古里子（かこさとし）がいます。工学博士で
もあった加古は、約 100 冊近い科学絵本を製作しています。特に「福音
館の科学」シリーズである「かわ」「海」「地球」「宇宙」「人間」の 5 冊
は代表とされる著作です。

コトバ

かがくのとも
子どもたちの発見の喜び
や驚きを応援する科学絵
本として、年齢児に応じた
3種類が発行されている。

しぜん　キンダーブック
観察絵本として発行され
た月刊誌である。現在は、
総合絵本、科学絵本、お
話絵本の3種類が発行さ
れている。

加古里子

（1926-2018）

工学博士でもある絵本作家。代表作は「だるまちゃん」シリーズや『からすのパンやさん』などである。著作は600点余りになる。

日本の作家だけでなく、海外の科学絵本も多く出版されています。たとえば、マリア・テルリコフスカ作、ボフダン・ブテンコ絵の『しずくのぼうけん』（福音館書店）は水のしずくが旅に出るというストーリー展開のなかで、水の三態について知ることができます。ストーリー性にあふれる作品ですが、そのなかで科学的な現象や法則を語るという点で特徴的な作品です。

③ デジタル絵本の可能性

近年の電子書籍の普及には目を見張るものがありますが、子ども向けの絵本にもデジタル化を模索する動きが広がっています。デジタル絵本といっても単に書籍をデジタル化した読み物としてのものから、自ら表現できる作話の機能や登場人物などを操作できる機能がついたものまで、さまざまなタイプが存在します。デジタル絵本が紙媒体と異なる点は、読むだけではなく自ら物語に参加する、他者と共有できることであるとされています。物語への参加や他者との共有方法はさまざまです。

たとえば、MITSUGO Project が開発したデジタル絵本では声に反応してストーリーが変化し、親子や子どもたち同士で言葉を掛けあいながら、ストーリーの変化を共に楽しむことができます。デジタル絵本の活用は、保育者が子どもたちと共に遊びをつくり上げるための、新しい環境を保育の場にもたらすと期待されます。

科学絵本をデジタル化したものも出てきています。たとえば、谷川俊太郎作、広瀬弦絵の『まり』（クレヨンハウス）という絵本をデジタル化したものでは、「よむ」モードと「あそぶ」モードが設定されており、「あそぶ」モードでは原作に出てくる黄色いまり（ゴム）だけでなく、岩、水、風船という異なる素材のまりを動かして物語を進めることができます。それぞれの素材は、素材の違いによって動きが異なるよう物理計算のうえで設計がなされています。デジタル化することによって、子どもが自ら素材の違いを比較し、試しながら、あたかも自分がまりになって冒険しているかのように、その世界に入っていくことができるのです。

第3節
小学校への学習に向けて

学習のポイント
- 幼児期から小学校にかけてどのような科学教育が行われているか理解しましょう。
- 領域「環境」と小学校「生活科」「理科」のつながりを理解しましょう。

　幼児期の科学教育は、主に領域「環境」に示されているように、身近な環境に好奇心や探究心をもって関わることによってなされています。では、幼児期に培われた科学の芽はどのように小学校の学習につながっていくのでしょうか。

　日本の教育における系統的な科学の学習は、小学校3年生から実施されている教科「理科」からはじまります。一方で、小学校1、2年生では教科「生活科」のなかで主に自然を対象とした体験活動を通して科学教育が行われていると考えられます。それでは、幼稚園教育要領の領域「環境」と小学校学習指導要領の「生活科」、「理科」の内容・目標を比較し、それぞれのつながりについて理解しましょう。

> **幼稚園教育要領　領域「環境」の内容より抜粋**
> ・自然に触れて生活し、その大きさ、美しさ、不思議さなどに気付く。
> ・生活の中で、様々な物に触れ、その性質や仕組みに興味や関心をもつ。
> ・季節により自然や人間の生活に変化のあることに気付く。
> ・自然などの身近な事象に関心をもち、取り入れて遊ぶ。
> ・身近な動植物に親しみをもって接し、生命の尊さに気付き、いたわったり、大切にしたりする。
> ・身近な物や遊具に興味をもって関わり、自分なりに比べたり、関連付けたりしながら考えたり、試したりして工夫して遊ぶ。

> **小学校学習指導要領　「生活科」の内容より抜粋**
> ・身近な自然を観察したり、季節や地域の行事に関わったりするなどの活動を通して、それらの違いや特徴を見付けることができ、自然の様子や四季の変化、季節によって生活の様子が変わることに気付くとともに、それらを取り入れ自分の生活を楽しくしようとする。

生活科

1967（昭和42）年に当時の文部省教育課程審議会答申において「説明中心の学習から経験を豊富に自ら働きかける学習に」低学年社会や低学年理科を改善する必要性が述べられ、その後の議論を経て平成元年の学習指導要領改訂より生活科が導入された。生活科は単に理科と社会を合わせた科目ではなく、具体的な活動を通して総合的に学び、身近な社会、自然、人々に関わり関心をもち、自立への基礎を養うことが目指されている。

・身近な自然を利用したり、身近にある物を使ったりするなどして遊ぶ活動を通して、遊びや遊びに使う物を工夫してつくることができ、その面白さや自然の不思議さに気付くとともに、みんなと楽しみながら遊びを創り出そうとする。
・動物を飼ったり植物を育てたりする活動を通して、それらの育つ場所、変化や成長の様子に関心をもって働きかけることができ、それらは生命をもっていることや成長していることに気付くとともに、生き物への親しみをもち、大切にしようとする。

小学校学習指導要領　「理科」の目標より抜粋
　自然に親しみ、理科の見方・考え方を働かせ、見通しをもって観察、実験を行うことなどを通して、自然の事物・現象についての問題を科学的に解決するために必要な資質・能力を次のとおり育成することを目指す。
（1）自然の事物・現象についての理解を図り、観察、実験などに関する基本的な技能を身に付けるようにする。
（2）観察、実験などを行い、問題解決の力を養う。
（3）自然を愛する心情や主体的に問題解決しようとする態度を養う。

　領域「環境」では、身近な動植物や物にふれて変化や不思議さを感じ、自分なりに比べることなどを通して遊ぶと示されています。「生活科」では観察などの自然体験が大切にされています。「環境」「生活科」では身近な自然や物を使い工夫して遊ぶこと、自然の不思議さに気づくことなどの共通点がみられます。一方で、「理科」では自然に親しむだけでなく、観察や実験を行い科学的な問題解決能力を養うとされています。
　幼児期には遊びを通した総合的な学びが展開され、科学教育も遊びのなかで行われています。その後の小学校低学年の「生活科」では、他教科との合科的で関連的な指導が行われ、中学年の自覚的な学びに向かうことが目指されています。このように、幼児期や小学校低学年期に遊びや他教科との関連させた指導のなかで培われた、自然への興味関心や自分なりに工夫して調べる、つくる活動の経験が、「理科」では系統的に整理された学習のなかで、問題解決能力の育成に発展していくのです。

（末松　加奈）

演習課題

① 科学の芽の育ちにつながる活動を考えてみましょう。
② 幼稚園教育要領の領域「環境」に関する記述と、小学校学習指導要領解説の生活編と理科編を読み、その違いや共通点について自分なりに整理しましょう。

【引用・参考文献】

レイチェル・カーソン　上遠恵子訳　『センス・オブ・ワンダー』　新潮社　1996 年

Clement, J.　"Students' preconceptions in introductory mechanics" *American Journal of Physics vol.50*, 1982.

Finnish National Board of Education　*National core curriculum for pre-primary education 2014*, 2016.

NGSS Lead States　*Next generation science standards: For states, by states*（*Vol.1*）　The National Academies Press, 2013.

Ministry of Education（New Zealand Government）　*Te Whāriki: He whāriki mātauranga mō ngā mokopuna o Aotearoa Early childhood curriculum*　https://education.govt.nz/assets/Documents/Early-Childhood/ELS-Te-WharikW-Early-Childhood-Curriculum-ENG-Web.pdf（2019 年 8 月 7 日アクセス）

Vosniadou, S. & Brewer, W. F.　"Mental models of the earth: A study of conceptual change in childhood" *Cognitive Psychology vol.24*　pp.535-585, 1992.

浅野俊和　「戦時下保育運動における保育項目『観察』研究──『保育問題研究会』を中心に」『中部学院大学・中部学院短期大学研究紀要』第 9 号　2008 年

埋橋玲子　「イギリスの就学前ナショナル・カリキュラムについて──EYFS（2012）にみる到達目標と評価」『同志社女子大学総合文化研究所紀要』第 30 巻　2013 年

大野　歩　「スウェーデンの就学前教育における科学的リテラシー能力の育成に関する研究──2011 年教育改革後における保育実践の検討から」『大分大学教育学部研究紀要』第 38 巻 2 号　2017 年

教師養成研究会幼児教育部会編著　『幼児の自然観察』　学芸図書株式会社　1956 年

小泉英明・秋田喜代美・山田敏之編著　『幼児期に育つ「科学する心」──すこやかで豊かな脳と心を育てる 7 つの視点』　小学館　2007 年

全　京和　「日本と韓国における幼児教育のカリキュラムに関する比較考察──『幼保連携型認定こども園教育保育要領』と『3 〜 5 歳年齢別ヌリ課程』を手がかりに」『地域連携教育研究』第 2 号　2018 年

中華人民共和国教育部　『3-6 岁儿童学习与发展指南』

　　http://www.moe.gov.cn/srcsite/A06/s3327/201210/t20121009_143254.html（2019 年　8 月 7 日アクセス）

露木和男　『「やさしさ」の教育　センス・オブ・ワンダーを子どもたちに』　東洋館出版社 2019 年

中沢和子　『新版　幼児の科学教育』　国土社　1986 年

堀　七蔵　「幼稚園に於ける『観察』（1）」『幼児の教育』第 29 巻 2 号　1929 年

マーガレット・マッキンタイヤー編著　石垣恵美子・井頭　均・松永三婦緒・久山まさ子 共訳　『幼児期と科学』　創元社　1988 年

松田こずえ　「ノルウェーの保育における自然環境と持続可能な開発――1996 年から 2017 年までのナショナルカリキュラムの変遷に着目して」『お茶の水女子大学子ども学研究紀 要』第 7 号　2019 年

村津啓太　「アメリカ次世代科学スタンダードにおける幼稚園の教育内容」『日本科学教育 学会研究会研究報告』第 29 巻 1 号　2014 年

森川正雄編　『幼稚園保育題材集並幼稚園令及附属法令』1926 年

　　http://dl.ndl.go.jp/info:ndljp/pid/920686（2019 年 8 月 7 日アクセス）

森本信也・磯部頼子編著　『幼児の体験活動に見る「科学の芽」――理数教育へのつながり を考える』　学校図書　2011 年

文部省　「保育要領――幼児教育の手引き」1947 年

　　http://www.nier.go.jp/guideline/s22k/index.htm（2019 年 8 月 7 日アクセス）

文部省　「幼稚園教育要領」1956 年

　　http://www.nier.go.jp/guideline/s31k/index.htm（2019 年 8 月 7 日アクセス）

文部省　「幼稚園教育要領」1989 年

　　http://www.nier.go.jp/guideline/h01k/index.htm（2019 年 8 月 7 日アクセス）

文部省　「幼稚園教育要領」1998 年

　　http://www.nier.go.jp/guideline/h10k/index.htm（2019 年 8 月 7 日アクセス）

文部科学省　「幼稚園教育要領」2017 年

文部科学省　「小学校学習指導要領」2017 年

文部科学省　「小学校学習指導要領（平成 29 年告示）解説生活編」2017 年

文部科学省　「小学校学習指導要領（平成 29 年告示）解説理科編」2017 年

第**9**章

総合学習

　ここでは、総合学習に関する基本的な事柄を理解し、実践に移すことができる構成にしています。皆さんはテキストを読破することで、実践へのイメージを描き、教育現場で実際にできるようなものを自分自身で考えることができます。自分独自の総合学習を実践して、授業を受けた子どもたちが満足できるものであれば、両者にとり素晴らしい出会いであったことがわかります。学習の楽しさを知った子どもたちに、もっと深く真理を追究する心が芽生えるきっかけになれば授業者も報われます。

　前半では総合学習の理論を、後半では実践についてまとめています。一読して、指導案を書いてみましょう。なお、幼児教育では総合学習という教科はないことを事前にお断りしておきます。敢えて総合学習にチャレンジしてほしいという気持ちから本書に載せています。

第1節
総合学習の理論

学習のポイント

●総合学習が導入された経緯を理解しましょう。

●幼児教育には総合学習はありませんが、チャレンジしてみましょう。

1　総合学習の導入経緯と意義

1 総合学習の始まり

　文部科学省の学習指導要領には、「総合的な学習の時間」と規定されていますが、それ以前から「総合学習」という言葉は教育界で使用され、たくさんの教育実践も発表されてきました。したがって、この章では長年使用されてきた「総合学習」という言葉を使い、学習を進めていきたいと思います。

　そもそも総合学習は、戦前から全国の学校で行われていました。子どもたちと教員が、夜、河原に集まり、夜空を眺めながら星の観察や星座を確認する学習も、まさに総合学習に該当します。戦中戦後の学校では、学校農園をつくり野菜を育てることで観察記録をとることができるうえに、観察後は食料にもなり飢えをしのぐという一石二鳥の方法でもありました。日常生活の何気ないことを題材にし、作文を書くことで自分の生活を振り返り、明日への糧とする綴り方教育など、あらゆる方法を用いて教育現場で取り入れられていた複合的な学習形態の1つが総合学習でした。戦後の教育においても、いろいろな形式を取りながら教員個々や学校の取り組みとして続けられた、長い歴史がある教育の一形態です。

2 学力重視への方向転換

　昭和30年代に学力テストが実施されるようになりました。日本の子どもたちの学力アップを目指す目的で登場しましたが、テストの点数だけで優劣をはかる学力テストに対する反対運動が盛んになり、廃止されるに至ったことも踏まえておきましょう。

　昭和50年代から暗記を中心とした学習に重点が置かれるようになりました。偏差値教育が重視され、子どもの優劣がペーパーテストの結果のみで判断されるようになりました。偏差値教育からドロップアウトした子どもたちの行き場がなくなり、校内暴力が全国的な広がりをみせるようになったのもこのころです。これまでの一斉授業による暗記中心の

コトバ

綴り方教育

子どもの目に映った庶民の生活の様子を書いたものである。

学力テスト

1956（昭和31）年から1966（昭和41）年まで文部省によって実施された。各地で反対運動がおき11年間で終了した。

校内暴力

学校で行われる暴力行為のことで、児童・生徒間の暴力事件だけではなく対教師暴力まで広範囲である。1980年代、全国の中学校で吹き荒れたのが最初である。

学習では、子どもたちを満足させることができなくなってきたのです。

③ 新しい総合学習

　そこで当時の文部省は、これまでの暗記中心の偏差値教育から脱却するために、いろんな形態の学習方法を提示し、子どもが中心になり学べる学習法を完成させようとしました。経験学習に代表されるように、子どもが授業の中心になり子どもが主体性をもって学習することで、学びに対する意欲を引き出す教育方法が多くなってきました。そのなかに、総合学習に関する教育もあげられていました。

　戦後の日本の教育はアメリカをモデルにしたものが多く、総合学習においてもまた然りです。それは、これまでの一斉授業による暗記中心の詰め込み主義の教育から、教科書を使用しない学習形態でありながら、子どもの学力を伸ばしていくものでした。

　学校現場では、総合学習が導入される前の段階では、戦々恐々としていたのが実態でした。筆者の勤務校では事前の研修だけではなく、総合学習を先取りした授業を組み込むことで、どのような成果がでるか研究を進めていました。たとえばテレビ電話を使用した囲碁教室を主催し、関西棋院のプロに指導を受ける授業、地域の老人会とタイアップしたパッチワークの実践、ALTとの英会話など、多様な講座を設定し研究を進めていきました。

④ 総合学習の難しさ

　実際に総合学習の授業が開始されると、各学校が努力し多様な学習スタイルが実践され、教員が刺激を受けることも多々ありました。しかし、年を重ねるごとに初期の熱意は失われるようになり、学校行事を読み替えたりするなど、総合学習本来の狙いから逸脱したものも多くみられるようになり、総合学習に対する魅力が半減するようになりました。

　同時期にOECDの学力調査が行われ、国語や数学の思考力が他国に比べ低くなったため、国内では総合学習がやり玉にあがることとなり、論争にまでに発展しました。その後、総合学習の時間配分が少なくなり、数学（算数）・英語などの主要科目の時間数が増え、今日に至っています。この世代の子どもたちのことを総称し「ゆとり世代」と呼ばれることもあります。

2　幼児教育の要領や指針の改訂（定）と意義

① 幼児教育の法による改革

　これまでよくいわれてきたことですが、幼稚園の管轄は文部科学省で

コトバ

一斉授業
明治期になり学校制度がはじまったときから、伝統的に日本の教育は黒板が前にあり、教員が子ども全員に対する説明を中心とした授業であった。

コトバ

OECDの学力調査
2006年に実施された学習到達度調査で前回を下回る問題が多かったことからゆとり教育との関連性が疑われた。

135

保育所の管轄は厚生労働省です。両者とも幼児教育ですが、所管官庁が違うため、独自の教育を推し進め連携することがほとんどありませんでした。いわゆる縦割り行政がまかり通る最たる部門で、より良い幼児教育を形成していくためには改革しなければならない一番のポイントでした。改革のために先人たちは知恵を出し合い、徐々にお互いがリンクできるような形に変更していきました。

　0歳児から入所できる保育所園児数は年齢が上がるにつれて多くなり、現在では幼稚園児と同じくらいの人数を受け入れているため、人数を無視した幼児教育を語れなくなってきました。保育所も保育中心から教育を重視した実践を多く生み出すことで質の充実をはかることができ、車の両輪のような関係になってきました。

　2018（平成30）年に改訂（定）された「幼稚園教育要領」「保育所保育指針」「幼保連携型認定こども園教育・保育要領」を一読すると、似通った文言にもなっており、3法令が一体化しているように感じます。

② 幼児教育の質の均一化

　小中学校の教育においても常に求められているものは教育の質の均一化であり、日本のどの地域に住んでいても、等しく同じレベルの教育が受けられるように、政府が教育制度や教員養成などを整備しています。幼児教育においても、無藤（2018）が「日本でも、どの施設に通おうとも質の高い幼児教育を受けられる体制をつくることになりました。その中核は『環境を通して行う保育』の考えとなります」と、述べていることからもわかるように、国が幼児教育の制度や教員養成に取り組んでおり、一元化も当然の成り行きです。

　また、無藤が「3歳以上の保育を『幼児教育』として共通化」と発言しているように、要領や指針の文言なども統一され、どの施設に通おうと同じレベルの教育を受けられるように共通化をはかったということです。3歳児以上の保育が統一的になることで、小学校に入学してから以降を見据えたものとなっています。

③ 資質・能力の育成

　さらに無藤は「5つの領域として子どもに経験してほしいことの機会を増やして『資質・能力』を育成します」と断言しています。幼児教育でも「資質・能力」を重視した教育を行いますが、その延長にある初等・中等教育においても「資質・能力」を伸ばしていくことは、教育において重要な役割です。

　その、育みたい「資質・能力」ですが、幼稚園教育要領では、「幼稚園においては、生きる力の基礎を育むため、この章の第1に示す幼稚園

教育の基本を踏まえ、次に掲げる資質・能力を一体的に育むよう努める
ものとする」、保育所保育指針では、「保育所においては、生涯にわたる
生きる力の基礎を培うため、1の（2）に示す保育の目標を踏まえ、次
に掲げる資質・能力を一体的に育むよう努めるものとする」、幼保連携
型認定こども園教育・保育要領では、「幼保連携型認定こども園におい
ては、生きる力の基礎を育むため、この章の1に示す幼保連携型認定こ
ども園の教育及び保育の基本を踏まえ、次に掲げる資質・能力を一体的
に育むよう努めるものとする」と謳いあげています。

　また、幼稚園教育要領や保育所保育指針では、資質・能力の3つの柱
について次のように記載しています。

❶知識・技能の基礎—豊かな体験を通じて、感じたり、気付いたり、分
　かったり、できるようになったりする。

❷思考力・判断力・表現力等の基礎—気付いたことや、できるようになっ
　たことなどを使い、考えたり、試したり、工夫したり、表現したりする。

❸学びに向かう力、人間性等—心情、意欲、態度が育つ中で、よりよい
　生活を営もうとする。

　つまり、幼稚園や保育所で幼児が生活をするなかでいろいろなことに
出会い、その行為や事象から感じたりわかったりできるようになります。
それを基に新しいことにチャレンジし成長します。そのときに仲間意識
や集中力などを学ぶことで、次のステップにいくことができることを❶
〜❸を通して解説しています。この3つの柱を踏まえ、5歳児の修了時
までに育ってほしいことを明確にすることで、小学校教育につなげてい
けるよう示したのです。

　まさに総合学習が求めているものであり、教育の基本中の基本といえ
ます。

3　幼児の総合学習私案

　幼稚園や保育所との関連性がある文部科学省発行の『小学校学習指導
要領（平成29年告示）解説　総合的な学習の時間編』が2020（令和2）
年に全面実施されます。その目次をみてみましょう。

第1章：総説であり改訂の経緯や要点が記述されています。
第2章：総合的な学習の時間と目標であり、総合学習としての目標設
　　　　定の部分であり、重要です。
第3章：各学校において定める目標及び内容であり、学校として定め

る目標であり、整合性がとれていなければなりません。

第4章：指導計画の作成と内容の取扱いであり、計画作成上での配慮
　　　　などを考える章です。

第5章：総合的な学習の時間の指導計画の作成で、この部分が総合学
　　　　習の成否を決定する部分であり、人間の心臓に当たります。
　　　　計画がしっかりしていないと学習そのものが上滑りなものに
　　　　なり、子どもたちに浸透していかないので留意する必要があ
　　　　ります。

第6章：総合的な学習の時間の年間指導計画及び単元計画の作成であ
　　　　り、子どもの経験や教科行事などを注視しながら指導計画を
　　　　作成します。

第7章：総合的な学習の時間の学習指導であり、子どもの主体性を重
　　　　視しながら学習をしていきますが、教員としての適切な指導
　　　　法にもふれています。

第8章：総合的な学習の時間の評価であり、目標に準拠した評価を心
　　　　掛けます。

第9章：総合的な学習の時間を充実させるための体制づくりであり、
　　　　総合学習をするにあたっての校内体制の整備や授業の弾力的
　　　　な運用に言及しています。

　ここでは、私案（自分でつくった指導案）を書くことを提案します。幼児教育では総合学習という項目はないため、創造的なものとして提案します。そのようななかでも特に各園や保育所などでつくる総合学習を想定してみます。

① 幼児教育の私案の作成

　前述の第3章の部分であり、各幼稚園や保育所で総合学習の目標や内容を設定する場合は、各幼稚園や保育所の教育目標に則った形のものを作成しなければならないことは、いうまでもありません。そのとき常に考えていることは、「総合学習の授業で最高潮に達する点」を考えることが重要な要素ではないかということです。

　教育目標を踏まえた総合学習の提案により、この総合学習の成否は決まるといっても過言ではありません。当然のことながら総合学習を通して園児らを育成することで、資質や能力が高められなければなりません。目標が決まれば、内容は枝葉の部分であり、教職員の話し合いの場でいろいろな意見を出して、取捨選択しながら決めていきます。総合学習の係として中心になる教員が案をつくり提案していくことになりますが、

何人もが知恵を出し合い考えたものは良い作品となっていくと考えられます。

　幼稚園や保育所がもっている諸課題を総合学習からアプローチし、解決していく方法もあります。うまくいくとそれぞれの園や保育所の強みとなり運営上も大きな成果となります。また、地域の特色を学習に組み込んでいく方法も考えられます。地域と連携することで地域おこしの起爆剤となることも考えられるため、しっかりと私案を提案することがポイントであり、地域住民を巻き込むことで功を奏することがみえます。当然ですが、幼児が意味・関心をもつことが一番大事なことであり、そのことを加味しながら総合学習のプログラムをつくっていきます。

② 指導計画

　次に指導計画です。前述第5章が心臓部分に当たると書いていますが、第4章と包括した内容でまとめていきます。総合学習の指導案を完成させると全体がみえてきます。単元名を決定し、その単元の目標を決めるとほぼ半分完成です。このとき幼稚園や保育所の目標と整合性が取れているか十分に吟味してください。特に中心部分の指導計画が大事です。導入・展開・まとめと授業を行っていくのですが、特にこの授業で一番伝えたいことを展開のなかでどう記述するかで、授業者の力量が問われます。留意点も細かく記入しておくと、幼児対象の授業に役立ちます。

　授業後、一度フィードバックした後で、評価をすることが良いですが、子ども一人ひとりをよく観察し記憶に留め、それらのことを中心に文章で記します。評価を読んだだけで思い出せるような、子どもの記憶に残る授業になれば、総合学習の教育としては一定の評価を得たことになります。

総合学習で使われた絵

総合学習の実践

学習のポイント
●実践例をみて、総合学習について学びましょう。
●自らも総合学習を取り入れた授業を展開してみましょう。

1　地域の特色を生かした学習

　自分たちの住んでいる所に特色ある史跡、名跡、名勝、歴史上の著名人や建造物などがあればベストですが、すべての幼稚園や保育所の周辺にあるとは限らないので、アンテナを高くして、住んでいる地域の情報を得ておくことが大事です。初歩的なことですが、これができた時点で、学習の輪郭がだいぶみえてきますので頑張りましょう。総合学習の根幹にあるアイデアや考えが一番大事なことであり、ほかの部分を継ぎ木していくことで総合学習は完成していくと思われます。

　次に事例をあげて検討してみます。

コトバ

花窟神社
三重県熊野市有馬町の神社で「はなのいわやじんじゃ」と読む。日本書紀に有馬村が記述されていることから、最古の神社といわれる。ご神体は巨岩で45 mある。

事例9－1　花窟神社子ども語り部

　三重県熊野市有馬町には花窟神社があり、ここは世界遺産熊野古道の一部になっています。この神社を舞台にした子ども語り部の事例で、中学校の支援学級の生徒が語り部になり実践した記録です。

　最初は、語り部についての話を聞き、やり方を理解します。次に神社に関する原稿を読みながら、できるだけ覚えるようにします。しかし、室内でやっているため臨場感がなく、早々に現場に出て何度も神社の境内を歩き、語り部の練習をしました。このやり方のほうが理解力も、効果も上がりました。そして本番を迎えました。初めは少し緊張気味でしたが、慣れてくると語りもスムーズになり、好評を博するようになりました。関西や東海地区からの参拝客が多く、一時のふれあいをもつことができました。

ご神体の前で案内

参拝者を案内

出所：教育みえ No.65（三重県教育文化研究所発行）より

　これは中学生が実践した総合学習の例ですが、筆者は何度かこのような子ども語り部の実践例を見聞きしています。そこでは小学1年生も参加し、立派に語り部役を実践しています。ツアー客には低学年ほど受けが良く人気があります。よって幼稚園や保育園でも年長組が挑戦すると、素晴らしい語り部が誕生するでしょう。

コトバ

略案
気軽に授業研究ができるように考えられたのが略案である。

指導案（略案）
○○年○月○日○限目　　教員名　○○　　○○

1　単元名　花窟神社語り部
2　本時の目標
　　◎世界遺産熊野古道花窟神社の案内を通して神社のことを知ってもらう
　　◎楽しく元気に案内できる
3　指導過程

	活　動	指　導
導入	・参拝客をみつける	・断られることが多いため、子どもの心が折れてしまわないようにフォローする
展開	・自己紹介 ・神社の説明 ・神社に関するクイズ問題を出し答えてもらう（詳しく知ってもらうため）	・教員も自己紹介をし、参加する形式をとる ・一連の流れを見守る ・流れから外れていく子どもを元に引き戻す
まとめ	・感想をいってもらう（自分たちも感想をいう）	・メモを取り、次回に生かす

2　ものづくり学習

　幼児が日々生活しているなかに転がっている事象はたくさんあり、それをうまく拾い上げることで、準備の負担も少なく学習効果が上がるので教員にとってはありがたい学習の 1 つであります。

　絵を描く、日記を書く、花のスケッチ、園庭での遊び、山谷での花や昆虫採集など、枚挙にいとまがありません。これに学習を合体することで立派な総合学習となります。ここでは、プラスチック板に絵を描きキーホルダーをつくる、バルーンアートをつくるの 2 事例を紹介します。

事例 9－2　プラスチック板に絵を描きキーホルダーをつくる

　自分でプラスチック板、多色の油性ペンなどを用意します。教員は、ハサミ、マスキングテープ、キャラクターの絵、キーホルダー、パンチ、トースターなどを用意します。

　板に自分で好きな絵や言葉を書くことでオリジナル作品ができます。もちろんお馴染みのキャラクターでも良いです。大きく濃淡のある作品を板に描いていくことが望まれます。この部分が完成するとほぼできあがったにも等しいです。小さい絵や文字は完成したときにみえなくなってしまうこともあるので気をつけます。描きあげたら、縁をできるだけ楕円形にすることを心掛けます。パンチで穴をあけることも重要なポイントです。トースターに入れて 1 分ほどするとプラスチック板は縮みますが、もう一度戻って平らになります。そうなったら取り出し、辞書などに挟んで伸ばすとできあがりです。最後にあけた穴にリングなどをつけて仕上げをします。

　3 年間プラ板講座を担当していますが、幼児・小学生・中学生が参加しています。また、幼稚園や保育所でプラ板講座を実施すると、園児は器用につくることができるので良い教材です。

プラ板に絵を描く

コトバ

プラ板（遊び）
プラスチック板に絵を描きトースターで加工する。1980 年代ごろ小学生の間で流行った。

指導案（略案）

〇〇年〇月〇日〇限目　　教員名　〇〇　〇〇

1　単元名　プラスチック板に絵を描きキーホルダーをつくる
2　本時の目標
　　◎プラ板をトースターに入れ、なかの様子を注視する
　　◎プラ板を完成させる
3　指導過程

	活　動	指　導
導入	・つくり方の説明	・補助的な立ち位置
展開	・作業1：プラ板に絵を描く ・作業2：ハサミで四隅を楕円形に切る ・作業3：パンチで穴をあける ・作業4：トースターに入れる ・作業5：辞書などでおさえる ・作業6：リングを取りつけ完成	・全体の作業を見守り、時には指示を出し修正する ・トースターの出し入れで作品が決まるので注意深く行う
まとめ	・自分の作品や友だちの作品を鑑賞する	・メモを取り、次回に生かす

事例9－3　バルーンアートをつくる

　バルーンアートは、風船と空気入れがあれば誰でも簡単にできます。工夫次第でいろんな作品をつくることもできます。創造性のある人ほど良い作品に巡り会えるでしょう。大人でも慣れるまでは少し気おくれすることもありますが、幼児の場合、風船が破裂したときの「パーン」という音を克服できれば、積極的に参加できるでしょう。

　つくり方も至って簡単で、風船が膨らんだら少し先の部分を余らせておくことがポイントです。その後は自分の好きな形につくっていけば良いです。特に男の子に人気なのが「剣」です。

コトバ

バルーンアート
風船を用いて装飾品をつくる。複数つなげてつくると難易度の高いものが完成する。

143

つくり方も簡単で、風船の手前のほうを３つに折り、剣のつばの部分をつくって通せばできあがりです。簡単でつくりやすく、完成した剣で人にを突いても安全性が確保されているので、けがの心配がありません。すぐにチャンバラごっこがはじまります。

バルーンアート製作中

指導案（略案）

○○年○月○日○限目　　教員名　○○　○○

1　単元名　バルーンアートをつくる

2　本時の目標

　　◎バルーンアートを完成させる

　　◎遊んで楽しさを実感する

3　指導過程

	活　動	指　導
導入	・つくり方の説明	・補助的な立ち位置
展開	・作業１：風船を膨らませる ・作業２：自分の好きな形につくる	・風船を膨らませられない、完成できない子どものアシスト
まとめ	・自分や友だちの作品を鑑賞する ・実際に使ってみる	・メモを取り、次回に生かす ・その場で使い、バルーンアートの楽しさをわからせる

国際理解学習

お互いが他国のことを理解し合い協力し、平和でより良い世界をつくっていくこと。

3　国際理解学習

　日本にも外国人がたくさん住んでいますが、あまり接点がありません。お互いのことを良く知るためにも、交流の場が必要です。

事例9−4　英語で遊ぼう

　活動の場を設け、一緒に動物、花、カレンダー、数字、国旗などのカードをつくります。名所旧跡は写真を用意します。伝統料理をつくるために食材を用意したり、外国人をもてなすために日本フェアを開催します。ネイティブスピーカーが身近にいればなお素晴らしいです。

　動物名・花名・月名・国名・数などを英語で発音し、カードを取るゲームを行い、英語に親しみながらリスニングの学習を強化します。カレンダーゲームでは、各自12か月分の用紙をもち、そのなかに月の絵を描き深めます。また国名ゲームでは大きな地図を用意し、白地図のなかに国名を書き込むことで、世界の国々の場所も知ることができます。

　また、各々の国での名物料理をつくって食べることで諸外国を身近なものとしてとらえることができます。

　幼児でも楽しみながら外国のことが学べます。ネイティブスピーカーが参加していると、身近に外国が感じられ、より興味関心をもち学習を進めることができます。

ABC カードとりに熱中

指導案（略案）

○○年○月○日○限目　　教員名　　○○　　○○

1　単元名　英語で遊ぼう
2　本時の目標
　　◎英語を使えるようにする
　　◎外国の物や人に親しむ
3　指導過程

	活　動	指　導
導入	・ルール説明	・補助的な立ち位置
展開	・カードを並べて取る ・順位を競う	・競争的な要素もあるが、楽しいものになるよう努力する。教員の腕の見せ所

まとめ	・取得したカードの感想を いう	・メモを取り、次回に生かす ・補足説明を用意するが、あ まり長くならないこと

（久保　玄理）

演習課題

① 挑戦したいと思う総合学習についてその学習と内容を具体的に書き
出してみましょう。

② これまでの事例でみてきた指導案を参考にしながら、オリジナルの
指導案をつくってみましょう。

指導案（略案）

〇〇年〇月〇日〇限目　　教員名　〇〇　〇〇

1　単元名

2　本時の目標

　　◎

　　◎

3　指導過程

	活　動	指　導
導入		
展開		
まとめ		

【引用・参考文献】

無藤　隆　『3法令 すぐわかる すぐできるおたすけガイド』　ひかりのくに　2018 年

田島美穂編著　『平成 29 年告示 幼稚園教育要領 保育所保育指針 幼保連携型認定こども園
　　教育・保育要領』　チャイルド本社　2017 年

広岡義之編　『新しい保育・幼児教育方法』　ミネルヴァ書房　2013 年

三重県教育文化研究所編　「地域の文化伝承学習——古道ガールズによる地域おこしの壮大
　　なる実験」『教育みえ』No.54　三重県境域文化研究所　2011 年

三重県教育文化研究所編　「地域伝承学習——地域とともに歩む荒坂っ子」『教育みえ』
　　No.57　三重県教育文化研究所　2012 年

三重県教育文化研究所編　「地域文化学「荒中の挑戦」——日々の活動を通して地域と関わ
　　ることで過疎からの脱却を目指す」『教育みえ』No.59　三重県教育文化研究所　2013
　　年

三重県教育文化研究所編　「地域文化学「過疎からの脱却を目指す実践を通して見えてくる
　　もの」『教育みえ』No.63　三重県教育文化研究所　2015 年

三重県教育文化研究所編　「地域文化学「特別支援学級生が行うボランティア活動と、独り
　　立ちするための自立活動を通して見えてくるもの」『教育みえ』No.65　三重県教育文化
　　研究所　2016 年

三重県教育委員会編　『三重県中学生用社会科副読本 三重の文化』　三重県教育委員会
　　2010 年

帝国書院編　「中学校社会科のしおり 2012 年度 1 学期号」　帝国書院　2012 年
　　https://www.teikokushoin.co.jp/journals/bookmarker/index_201204.html（2012 年 4 月
　　1 日アクセス）

三重県教育委員会編　『三重県　心のノート』　三重県教育委員会　2013 年

小田原短期大学編　「地域おこしにかかわる幼児の特性について」『小田原短期大学紀要
　　集』47　2017 年

小田原短期大学編　「地域おこしにかかわる幼児の特性について No.2」『小田原短期大学紀
　　要集』48　2018 年

第10章

保育とICT

ICT は近年目覚ましく発展してきました。スマートフォンや携帯電話は、私たちの日常生活になくてはならないものとして浸透しています。

学校教育においても、新しい授業のあり方として一人ひとりがパソコンやタブレットをもった授業づくりが広がっています。そのなかで幼稚園や保育園では、ICT をどのように活用したらよいでしょうか。

ICT の特性を理解し、保育現場で有効に利用できるようになりましょう。そして、これからの ICT のよりよい活用を考える力をつけてください。

第1節
メディアとしての ICT

学習のポイント

● 教育メディアとは何かを知り、保育のメディアの特性を考えましょう。

● 小学校と幼稚園・保育園のコンピュータの普及の違いを理解しましょう。

1 保育のメディアとは

メディアとは「媒介・手段」という意味ですが、大変多義的に使われています。教育における「知の伝達の手段・媒体」は古くは、言葉や文字からはじまり、最初の視覚教材といわれるコメニウスの「世界図絵」を経て、学習者がより興味をもち、理解しやすいようにとさまざまな教材や教具、学習環境が工夫・開発されてきました。広い意味でとらえると、これらすべてが教育メディアになります。

では、そのなかで保育メディアとして、保育者と子どもの間にあり、それぞれの思いや願いを伝えるメディアはどのようなものがあるでしょうか。次表にまとめました（表10-1）。

表10-1 保育メディア

⑦平面的・視的なもの		絵本・プリント類・掛図（黒板）など
④立体的なもの・具体物		遊具（おもちゃ・ゲーム）・教具・楽器など
⑦演じるもの		紙芝居・ペープサート・パネルシアター・エプロンシアターなど
①機器を用いたもの（一方向）	音声	ラジオ・録音機・CD など
	静止画	OHP・写真・スライドなど
	動画	映画・テレビ・ビデオ・DVD など
⑦機器を用いたもの（双方向）		ICT 機器（コンピュータ・携帯電話・タブレット・スマートフォンなど）・デジタル絵本・さまざまなソフトウェア

出所：筆者作成

人　物

コメニウス　Johannes Amos Comenius（1592-1670）

父母や乳母のために幼児教育の指導書として「大教授学」や世界で初めての挿絵入り教科書「世界図絵」を著した。

学校における ICT 環境整備計画

第1次コンピュータ整備計画(1990～1994年)では、各小学校においてコンピュータを3台設置した。その後、第2次・第3次コンピュータ整備計画が行われ、各小学校には42台（＋教室用8台）設置された（2005年）。また、教育振興基本計画により、電子黒板・実物投影機の整備・高速インターネット接続及び無線 LAN 整備が行われ、校務用コンピュータは教

視聴覚機器は、でき上がっているものを一方的に流すだけのものでしたが、ICT機器は情報伝達が送り手からだけでなく、受け手からも送り手に情報発信ができる双方向（インタラクティブ）性をもっています。子どもからの思いや気持ちを表すことのできる応答性のある機器です。

実にさまざまなメディアがあります。保育者は目の前の子どもたちに、そのときに最も適切なメディアを用いて保育に当たっています。これらの保育メディアは、保育者の語りかけや扱い方で素晴らしい効果を発揮します。そのためにはそれぞれの特性を理解し、選択する力が必要です。そして、子どもたちが楽しく興味をもって関われるように、経験を積み重ねて技術として身につけてください。

2　ICTの普及

文部省（現文部科学省）は、1985（昭和60）年に学校教育の情報化の必要性からICTの環境整備をはじめました。まず、職員の事務・管理などの使用のためのコンピュータと、子どもたちの学習用としてのコンピュータの整備が進められます。

コンピュータの導入に際し、小学校では情報教育のカリキュラムが作成され、総合的な学習の時間や、各教科の学習と結びつけてコンピュータの使い方や情報モラル、活用できる力を身につけています。ネット環境の整備が進むにつれ、インターネットの活用が広まり、子どもたちの興味や目的に合った資料が検索できるようになりました。コンピュータのさまざまな機能（本章第3節4参照）を生かし、一人ひとりの能力や特性に対応した学習もできることから、子どもたちの学習意欲が高まり、主体的に学習を行うことの手助けとなっています。また、自分の考えをわかりやすくまと

表10-2　保育士が使用できるICT機器

項目	デスクトップ型PC		ノート型PC	
	件数	%	件数	%
0台	304	28.1	96	8.9
1台	286	26.4	211	19.5
2台	150	13.9	203	18.7
3台	54	5.0	174	16.1
4台	28	2.6	102	9.4
5台	15	1.4	66	6.1
6台	10	0.9	51	4.7
7台	3	0.3	29	2.7
8台	2	0.2	22	2.0
9台	1	0.1	15	1.4
10台	1	0.1	14	1.3
11台	2	0.2	5	0.5
12台			4	0.4
13台			2	0.2
14台			1	0.1
15台以上			9	0.1
未回答	227	21.0	79	7.3
合計	1083	100.0	1083	100.0

出所：社会福祉法人　日本保育協会　「平成26年度　保育士における業務の負担軽減に関する調査研究報告書」

員1人1台が整備されている。現在第3期教育振興基本計画が推進されている（2018～2022年度）。しかし、地方への権限移譲が進行し地域格差が広がっている。

情報教育のカリキュラム
「コンピュータの基本操作」の部分における目安では、一般的に次のものがある。

・低学年…お絵描きソフトを使い、起動・実行・終了の操作に慣れること

・中学年…キーボードによる文字入力に慣れ、簡単なファイルの作成・保存・読み出し・印刷ができることや、インターネットを使い必要な情報を収集できること

・高学年…写真や絵と文字を組み合わせてプレゼンテーションのスライドを作成し、調べたことや考えたことを発表できること

+α

プログラミング

コンピュータに意図した動作を行わせるために、まとまった処理手順を作成し、与えることをいう。無料ソフトの「Scratch」や「Make Code」「Viscuit」があるので、体験してみるとよい。

コトバ

EdTech（エドテック）

Education（教育）と Technology（テクノロジー）を合わせた造語。一人ひとりの学習状況を把握し、個に応じた内容で支援が受けられる。また、場所や時間なども対応できるなど、ICT の可能性を生かした教育方法。

+α

幼児教育における ICT 補助金

文部科学省の「園務改善のための ICT 化支援」（2017 年）、厚生労働省の「保育所等における業務効率化推進事業」（2016 年）、経済産業省による中小企業生産性革命推進事業として「IT 導入補助金」がある。

め、発表する力を育むことにもつながっています。ICT は、2020 年改訂の小学校学習指導要領で目指す「主体的・対話的で深い学び」に不可欠なものになっています。

　この改訂では、小学校のプログラミング教育が実施されます。情報化社会において「情報活用能力」をつけることや、「論理的思考力（プログラミング的思考力）」「創造性」「問題解決能力」を高めることにより子どもたちの可能性を広げることを目的としています。これからの社会（Society5.0）に求められる人材育成に必要な能力となっています。さらに、文部科学省は「教育用 AI の発達とビッグデータの活用により EdTech を使い、教育の質を高め、きめ細やかな支援が受けられるようにする」ことを目指し、学校のあり方や学び方が大きく変わっていくことを示唆しています。「2025 年までに、児童生徒 1 人に 1 台の学習用パソコン（端末）の整備を目指す」との方策も公表されました（毎日新聞 2019.6.26）。

　このように、小学校以降の学校では、校務はもとより子どもたちの学習と教師の指導用に ICT 整備がなされています。幼児教育の現場ではどうでしょうか。表 10－2 のように平成 26 年度の時点では、保育園のコンピュータの設置は進んでいません。保育現場の多忙化が叫ばれ、職員不足が問題となるなか、多忙化解消のために国・地方自治体からの ICT 整備にかかる補助金が交付されるようになりました。

　文部科学省の「ICT 環境整備計画」は、教育の質を高める目的であったのに対し、幼児教育では業務作業の効率化が主となっています。幼児教育にはそれ以外の活用は求められていないのでしょうか。第 2 節からは、ICT の「園務の活用」「保育活動支援の活用」「遊具としての活用」に分けて考えていきます。

第2節
園務のための ICT の活用

学習のポイント
- ● ICT の利用で、園務がどのように効率化できるかを知りましょう。
- ● ICT による個人情報の漏洩などを防げるようにセキュリティの大切さを理解しましょう。

1　園務（事務処理・管理面）の効率化

　保育者の業務は子どもたちと関わり、成長を支援することですが、そのためには、長期短期の指導計画、個別の記録と指導計画や日誌の作成が重要になります。また園と保護者とつなぐおたより・お知らせなどの発信も大切な業務です。しかしこの「書き物」の負担は大きく、もち帰りになるなど多忙化の一因となっています。

　ICT を利用することで清書・書き直しの手間や様式の共通化、情報の一元管理により、重複する文書作成作業がなくなるので負担が大いに軽減されます。また、現在いくつかの業務支援システムが開発され、子どもたちの出席記録や集金など細々とした業務を一括してできるようになりました。さらに近隣の保育施設と小学校、役所でデータベースがつくられ、連携がよりスムーズに進められるようになってきました。

　さらに、見守りカメラの設置やネットワークカメラなどが導入され、子どもたちの安全管理に役立っています。ネットワークカメラと連絡メールが連動したものや、見守りロボットなどの開発も行われていますので、今後、ICT による業務のサポートがさらに進むことでしょう。業務の効率化により、保育者が心身ともにゆとりをもって子どもたちと関われるようになることが大きなメリットです。

　ICT により情報が容易に共有されますが、データやメールだけに頼って保育者同士、保護者と保育者が直接言葉で伝えあう機会が減ってしまうことのないように、気をつけたいものです。対面によるコミュニケーションは、お互いの思いや気持ちをより正しく伝えることのできる1番のツールであることを忘れないようにしてください。

業務支援システム

現在、次のような支援ができる。

- ・保育計画の作成
- ・保育日誌・おたより
- ・園児台帳・児童票
- ・指導要録・登降園管理
- ・成長記録・保健管理
- ・メール送受信
- ・保育料・購入品等管理・計算
- ・写真管理・販売
- ・バス運行状況・管理
- ・午睡チェック（うつ伏せ寝お知らせアラーム）

コトバ

データベース

複数の主体で共有、利用でき、用途に応じて加工や再利用がしやすいように、一定の形式で作成、管理されたデータの集合のこと。

2　ICT 使用における注意事項

コンピュータは、高い利便性をもっています。しかし、このことは、多くの危険性をはらんでいることは否めません。

1 個人情報の保護

「教員が、子どもたちの個人情報（名前・住所・発達の記録など）を入力した USB メモリを紛失した」という新聞記事を何度か目にしたことがあると思います。

残った仕事を自宅へもち帰らざるを得ないときもありますが、個人情報は、園外にもち出さないことが原則です。ほかにも情報の漏洩についての不安は払拭されていない部分がありますが、コンピュータのシステム内の安全性は日々強化されてきています。各園においてコンピュータセキュリティの重要さを理解し、デバイスやアクセス権の制限、個人のICT 機器のユーザー ID やパスワードの設定、セキュリティソフトによるウイルス対策も含め、各園でコンピュータ使用のきまりを作成し、遵守することが大切です。

2 肖像権について

デジタルカメラや ICT のカメラ機能の普及により、保育中の子どもたちの姿を撮ることが容易になりました。子どもたちの写真で注意したいのは、「誰がみるのか」「何のためにみるのか」です。園内の掲示をみるのは、保護者の方ですが、おたよりなどは保護者だけでなく、地域連携の一環として回覧や掲示をされ、多くの方の目に留まります。またホームページに至っては世界中に広まります。

保護者の方のなかには所在を伏せているケースがあり、写真が出ることを危惧されていることもあります。保護者にお子さんの写真掲載の範囲を含めた許可を取ると共に、子どもたちの安全面を考え、不用意に本人が特定できる写真の添付は控えるべきです。あわせて保護者に対しても、SNS などに自分のお子さんやお友だちの顔写真を安易に載せないよう伝えていくことも必要となるでしょう。

情報発信では、職員同士でダブルチェックやクロスチェックを行い、ミスを防ぐことが大切です。ICT は、園と地域や家庭を結ぶことのできる有効なアイテムです。よりよい情報を発信して、園への信頼や理解を深めるよう利用してください。

コトバ

コンピュータセキュリティ
コンピュータの機密性や安全性を保持すること。

デバイスの制限
使用できる USB メモリやコンピュータ・端末機が決められていて、ほかのものはつながらない機能をいう。

アクセス権の制限
アクセスできる職種・職員を決め、ほかの人は閲覧したり、書き込んだりできない機能をいう。

肖像権
人格権の 1 つで、自分の顔や姿をみだりに他人に撮影・描写・公表などされない権利のこと。

SNS（Social Networking Service）
選択した人物たちとメッセージ交換や情報共有ができるオンラインサービス。「フェイスブック」や、「ツイッター」「インスタグラム」などのネットワークがある。

第3節
保育活動支援のための ICT の活用

学習のポイント
● ICT の特性を生かした教材づくりや保育のなかで教具としての活用を考えてみましょう。
● パワーポイントを使ってデジタル紙芝居をつくってみましょう。

1　ICT の役割

　今回の幼稚園教育要領の改訂では、「情報機器の活用」が明記されました。

> 　「幼児期は直接的な体験が重要であることを踏まえ、視聴覚教材やコンピュータなど情報機器を活用する際には、幼稚園生活では得難い体験を補完するなど、幼児の体験との関連を考慮すること」
>
> 平成 29 年度改訂幼稚園教育要領　第 1 章第 4 節 3 指導計画の作成上の留意事項の（6）「情報機器の活用」より

　これは、情報機器の発達や普及に即し、幼児教育における教育的効果をはかったものです。幼稚園教育要領の解説で、情報機器は「直接の体験だけでは得られない新たな気づきを得たり、体験で得られたものを整理したり、共有したりすることができる」「映像を視聴することでイメージをもちながら見通しをもって取り組めるなどの特性がある」と利点をあげています。しかし、小学校以降の教育のように ICT を積極的に活用していくという位置づけではなく直接的な体験の補完となっています。

　海外の幼児教育施設のなかには、子どもたちが自由にコンピュータを操作している場面をみかけます。国によって育てたい子ども像や育成のビジョンが異なりますので、学校教育に近いイメージで幼児教育がとらえられ、早期教育を重視するところもあります。これから必要とされる能力として、思考力や表現力を育むためにプログラミングやプレゼンテーションを取り入れた幼児教育もみられます。

　日本では、幼稚園教育要領の示すように幼稚園教育の基本は「遊びのなかの直接的で具体的な体験を通した総合的な指導」です。子どもたちの体験を補完し、豊かな活動へ広げる ICT の活用を考えてみましょう。

2　ICT の活用

1 カメラの機能を使う

　デジタルカメラが普及し使いやすくなりました。スマートフォンや携帯電話のカメラ機能は身近にあり最も使いやすいカメラです。園庭の遊びや散歩の際に携帯し、子どもたちのみつけた昆虫や草花などを撮影しましょう。ズーム機能や、テレビに接続して拡大（または、直接被写体を動画撮影しながらテレビに接続すると、書画カメラ［実物投影機］的機能となる）することで、細部まで観察することができます。子どもたちの「もっとみたい」「知りたい」気持ちに応えることができ、新しい興味を生み、活動を広げることができるのではないでしょうか。

2 インターネットの機能を使う

　デジタルカメラで撮った画像がそのまま植物図鑑や昆虫図鑑につながるアプリケーションがあり、名前や飼い方などが瞬時にみつかります。また、いくつかの水族館や動物園では、生き物の画像配信や質問コーナーなどが開設されています。一緒に調べながら、驚きや感動を子どもたちと共有するのも楽しいことでしょう。

3 テレビ電話・スカイプの機能を使う

　離れたところにいる人と顔をみながら話せる機能は、外国の子どもたちとつながったり（簡単なあいさつや、絵や写真を使った作品などで工夫して）、園の外にいる人とのコミュニケーションを広げたりすることができます。少人数の園や周囲と離れている地域の園などでは、効果的な活用が考えられます。

4 子どもの作品を取り入れる

　子どもたちの作品を保存して、劇や影絵などの背景として映したり、布にプリントして T シャツや旗をつくったりすることができます。

　音楽ソフトやシンセサイザーを使い、子どもたちのつくった歌や音楽を曲に編集することができます。子どもたちにとって、自分たちの作品がみんなの前で使われたり、形に残ったりすると嬉しいことでしょう。

5 教材づくりに

　ウェブサイト（以後ウェブ）では、かわいいイラストが満載です。子どもたちが興味をもっている絵や、子どもたちの写真を加工すれば、カードゲーム、福笑い・すごろくなどのボードゲーム、誕生日カードなどが簡単に手づくりできますので、アイデアを生かして利用してください。

　ICT のできることは日々進化しています。どんなことができるのかアンテナを張っていましょう。保育者の知識とアイデア、創造力を働か

ウェブサイト
ウェブサイトとは、コンピュータ上に一冊の本のように、ひとまとまりに公開されている文書などの公開・閲覧システムをいう。

せて、ICT を保育のメディアとして活用させてください。

3　デジタル紙芝居の制作

□ デジタル紙芝居とは

デジタルによる紙芝居ですので、デジタルと紙芝居のそれぞれの良さをあわせもっています。

デジタルの良さは、何といっても画面拡大ができるので大人数に対応できることです。さらに、ウェブからも、簡単に画像・音声・映像を取り入れられるので、豊富な色彩で、動きや音声のある画面が作成でき、子どもの発達や興味に合わせて臨機応変に変更ができます。保存・もち運び・複製も容易です。

パワーポイントは教材づくりとして幅広く応用できるので、ここではパワーポイントを使った「こいたのぼうけん」という作品づくりを紹介します。

② 制作手順

①展開のイメージ

はじめにどんな内容にするか概要を考え、表 10−3 のようにまとめます。

表 10−3　制作の展開のイメージ

【題名】　こいたのぼうけん		【対象】年長クラス
話の内容	【活用の場】 制作活動 「こいのぼりづくり」を行う際の導入場面	【制作意図】 　こいのぼりは、子どもの健やかな成長を願うために飾られることを子どもたちにわかるように伝えたい。本来は中国の『登竜門』からきているが、現実には鯉は滝を上らないので、ここは「頑張り屋で元気な生き物」とした。みんな（男女）が元気に育つように見守ってくれる自分のこいのぼり「こいたの友だち」をつくりたくなるようにつなげたい。
	【概要（あらすじ）】 　ケンちゃんのこいのぼりのこいたが、風に飛ばされる。海に来て、海鳥と会う。海鳥に「魚は海のなかにいるもの」といわれ海中に飛び込み、魚に会うが鯉は川の魚といわれ、川まで泳ぐ。そこで鯉の仲間に会い、『鯉がこいのぼりになった』話を聞き、ケンちゃんを探しに幼稚園に行く。みんなの教室に現れ、「こいのぼりの友だちをつくってほしい」とお願いをしてケンちゃんの家に戻る。	

紙芝居のよさ

・セリフを通してドラマやできごとを伝えられる。

・みんなが同じように感じ合える。

・観客の反応にすぐ対応でき、易しく言い換えたり答えを誘い出したりできる。

・心を通い合わせ感動を共にすることができる。

・演じ手も聞き手になり、ストーリーの創造の担い手として参加することができる。

・対話性の高いメディアである。

（子どもの文化研究所、2015）

さまざまなソフト

アニメーション制作ソフトやプログラミングを行って制作すると、動きや画像などより演出効果を高めることができる。また、デジタル絵本作成のソフトなどもある。

	【楽しさのポイント】	
	実際につくるこいのぼりを主人公にしたことや、自分たちの幼稚園に遊びに来ることで、子どもたちの身近な仲間として興味がもてるようにした。 　また、海鳥の鳴き声や飛び込む音を入れたり、画面を動かしこいたの動きを出したりして変化をつけた。最後に実物のこいたを登場させた。	
構成・環境	【準備するもの】 ノートパソコン・プロジェクター・スクリーン・こいのぼりのこいた・ポインター（リモコン）	【環境構成の図】 保育者 スクリーン プロジェクター パソコン 子ども 保育者
留意点	・「こいのぼりって知っている？」〜子どもたちの知っていることなどの話から、紙芝居につなげる。 ・自分たちの園やクラスにこいたが現れたように、こいたの登場を演出する。	

②パワーポイントの操作

　office のパワーポイントを使うことで、手軽に作成できます。基本の操作を参考にしてください（表10－4）。

表 10 － 4　制作の手順

	制作内容	方法・留意点
画像を作成	自作（手書きのイラスト・折り紙など制作物・写真）のものを使う	スキャナーで写す方法もあるが、スマホなどで自作のものを写真に撮り、コンピュータに保存してから、［画像］として取り入れたほうがきれいに作成できる。子どもたちの作品を取り入れるのもよい（図10－1）。
	ペイント機能を使う	コンピュータのアクセサリーソフトであるペイント機能により作成する（図10－2）。
	ウェブより挿入する	ウェブを使用するときは、「無料」で「著作権」の許可されたものであることに留意する。取り入れた画像は［トリミング］や［背景の消去］などの機能を使い、適切に加工することができる。色彩が鮮やかで、かわいいイラストや背景になる写真など種類が豊富である（図10－3、図10－4）。

画像の変化	画像の切り替え	シートが変わるときに［画像切り替え］を選択すると、場面の変化が効果的に表現できる。
	アニメーション	アニメーション機能は「開始」させるだけでなく、「消去」や「軌道」をうまく活用したり、「タイミング」で動く速度を変えたりすると、いろいろな表情や動きを表すことができる。
音声・動画	自作の音・動画の挿入	効果音や実際の音を入れると臨場感が高まる。自分でつくった音声を保存、挿入したり、その場で録音し直接取り入れたりすることもできる。動画も自作のものを取り入れることができる。
	ウェブより挿入	ウェブ上から入れることもできるので、画像と同じようにサイト先に注意して選択する。
分岐	ハイパーリンクシートを選択する	いくつかのお話のストーリーをつくり、途中で話の内容を選択して変えることができる。また、クイズの回答に○×をつけるときによい。［ハイパーリンク］を用いて作成する。
ノート作成	お話やせりふを書く	［表示］をノートにし、主な話やせりふを打ち込んでおく。目の前の子どもたちと対話をしながら演じ、一緒につくり上げていくもとになる。

コトバ

ハイパーリンク
文書内に埋め込まれた、ほかの文書など外部の別の情報資源に対する参照情報をいう。コンピュータシステムによって参照先を容易に呼び出したり照会したりできるようになっている。一般的にリンクという。

画像作成の例

図10－1　こいた
つくり方／ビニール袋にマジックで色をつけた作品の実物をスマホカメラで撮り、パソコンにメール送信→画像を挿入する→［図形の形式］で［背景の削除］を行う。

図10－2　海の上に来たこいた
つくり方／背景の写真を画像から挿入・かもめは［ペイント］で作成→かもめと鯉は［アニメーション］の［軌跡効果］を使い、［波線］や［カーブ］の動きをつける→［タイミング］にあわせ、鳴き声をウェブの効果音より挿入する。

図10－3　海のなかのこいた
海のなかのほかの魚と同じように泳がせて
みる。

図10－4　幼稚園に来たこいた
自分たちの園の写真を使うと、より親近感
がもてる。

③作品と応用

　パワーポイントは画像の取り入れや処理が簡単ですので、紙芝居だけでなく手づくりの教材をつくるときに便利です。みなさんはどのような作品をつくりますか。保育科の学生たちは、6～8シートで、アイデア満載の作品をつくっています。

㋐自作の童話…〈新しい友だちと仲よくしてほしい〉〈野菜のおいしさをわかってほしい〉などの願いを込めてお話仕立てにする

㋑既存童話のデジタル化…伝えたい部分を明確にアレンジする

㋒行事の前のお話…〈遠足に行く前に絵や写真・クイズを入れて、場所やもち物などを説明する〉〈実際の道路の写真を入れて、交通指導や遊具などの安全指導をわかりやすく説明する〉

㋓歌や詩にイメージ画像を入れる…「はらぺこあおむし」「山の音楽家」

㋔季節のお話など…「七夕」「サンタクロース」「豆まき」

㋕音当てクイズ・影絵クイズ

　いろいろなものあてクイズは、パワーポイントの機能を効果的に利用できます。

・動物・鳥・虫・楽器の音を録音して、「何の音」の問題をつくる

・ものの一部を拡大にして問題にし、徐々に元の大きさにする

・隠しているところが徐々になくなって答えがみえる（図10－5、図10－6）

・画像を黒にして影絵にする

図10－5　いろいろなものあてクイズの作品例①
つくり方／シマウマの上に色のついた図形を乗せる。アニメーションの終了効果のスピナーやズームを使い図形が徐々に消えていくようにする（タイミングから継続時間を選んで調整できる）

影絵のつくり方
［図の形式］から［色］を選び色の変化を黒にすると影絵になる。答えでは元の色に戻す。

コトバ

アシスティブ・テクノロジー（福祉情報技術）
障害による障壁（バリア）を、機器を工夫することによって支援しようとする考え方。たとえば、視力障害に対しては音声リーダーの読み上げ・文字の拡大・点字と相互変換など、聴力障害に対し

図 10 － 6　いろいろなものあてクイズの作品例②
つくり方／草の絵をアニメーションの終了効果を使い 1 つずつ消
していく。草の絵の下からがちょうが現れる

　子どもたちの反応をみながら、場面や動きを調整できるので、応答が
楽しめます。作品をどのように演じるかは、保育者の腕の見せ所です。
　手づくり教材は、目の前の子どもたちの興味や関心があるものを取り
上げることができ、何より保育者の思いや願いを直接伝えることができ
ます。ぜひ、パワーポイントを、皆さんの個性や魅力があふれる教材づ
くりに生かしてください。また、保護者会、研修会などでもパワーポイ
ントは効果的に利用できるので、使い方に慣れておくと役立ちます。

4　ICT の活用を広げる

　ICT 機器のさまざまな機能は、特別な支援を必要とする子どもたち
にとってアシスティブ・テクノロジーとなり、多様なニーズに応じた機
器が開発され、支援に生かされています。
　また、ICT は発達障害やその傾向のある子どもたちが小学校生活を
送るうえでの困難を克服したり、指導の効果を高めたりする有用な機器
となります。小学校では、学級の仲間との学習を大事にしながら、支援
を必要とする子どもたちの個性に合わせた ICT の活用を取り入れてい
ます。
　また、デジタル教科書は、本人のペースに合わせて繰り返すドリル学
習、苦手な部分（計算・読字・書字）を補佐する機能があります。支援
を必要とする子にとっても、そうでない子にとっても学習の効果を上げ
ることが期待できる教材です。
　今後さらに、機能の向上やソフトの開発が進み ICT による支援の幅・
効果が高まるでしょう。さまざまな情報ソースなどから知識や情報を得
ることができますので、必要に応じ参考にしてください。

ては視覚的な映像・コ
ミュニケーションツール
の使用など、肢体不自
由な状態に対しては義
手・義足をはじめとする
ロボット技術・インター
ネットなどによる世界の
拡大などがある。
外国籍の子どもたちへの
支援については、第 11
章 P189 を参照。

コトバ

デジタル教科書
紙の教科書の内容を記録
した電磁記録である教
材。電子黒板を利用した
指導用教科書と児童用タ
ブレット端末を使った学
習用教科書がある。拡大
縮小・リフロー・共有・
反転・音声読み上げ・総
ルビ・検索・保存がで
き、ほかのデジタル教材
（動画・ドリル・参考資
料）との一体的使用がで
きる。

情報ソース
国立特別支援教育情報セ
ンターにさまざまな支援
機器や教材教具の情報
が載せられている。全
国 LD の親の会が出し
た「発達障害児のための
サポートツール・デー
タベース（教材・教具
DB）」など支援機器に
関する情報が Web 上で
蓄積されつつある（「教
育の情報化の手引き」）。

第4節
遊具としてのICT（コンピュータ）の活用

学習のポイント
● ICT を遊具とした事例を知り、これからの活用を考えましょう。
● ICT を子どもたちが使う際に、保育者として気をつけることを考えましょう。

+α

子どもたちの遊具としてのコンピュータ

教育におけるコンピュータの利用は CAI（Computer Assisted Instruction の略）というが、子どもがコンピュータで遊ぶ利用を「遊ぶこと＝playing」を重視して中村（1988）は CAP（Computer Assisted Playing の略）と呼んでいる。

コトバ

デジタルネイティブ

生まれたときからインターネットやパソコンなどが普及していた環境で育った世代。普及の状況により「第1世代…1976（昭和51）年前後の生まれ」・「第2世代…1986（昭和61）年前後の生まれ」・「ネオデジタルネイティブ…1996（平成8）年以降生まれ」に分かれ、思考や交友関係、行動様式に特徴がみられるとされる。

1 ICT を遊具にすることへの懸念

園の活動において、コンピュータは子どもたちの遊具になるでしょうか。遊具となるには、⑦「子どもがコンピュータを自由に自発的に使えること」⑦「コンピュータを使って楽しく遊べること」⑨「その遊びのなかで総合的な学びができること」が求められます。

しかし、コンピュータに対し次のような懸念の声が聞かれます。

・コンピュータ＝ファミコン＝のめりこむという先入観
・コンピュータ＝機械＝非人間的＝機械に使われる人間という先入観
・コンピュータ＝教え込み＝一斉授業という先入観
・コンピュータを使用すると友だちと遊ばなくなるという先入観
・コンピュータは子どもの自発性や創造性を阻害するという先入観
・ニューメディアは自然界と対立する好ましくない人工物だという先入観

（石垣・玉置、1997）

デジタルネイティブ世代の皆さんは、「コンピュータの使い方によってはそんなことはない」と思われるでしょうが、これらの懸念も含め、⑦⑦⑨を満たすような CAP の活用方法を考えていきましょう。

2 遊具としての事例

1 描画ソフトを使って

子どもたちが遊具として使っている園で、よく利用されているものにお絵描きソフトがあります。一般的なお絵描きソフトの機能とその利点をまとめます（表10－5）。

表10-5　お絵描きソフトの機能と利点

お絵描きソフトの機能	子どもにもたらす利点
正確な直線・円・四角などが描ける	・幼児が描こうと思っていたことが技術面で補われるので、意欲をもち続けることができる
多くの色がある	・みた色、描きたい色のイメージを表すことができる
筆・ペン・ブラシ・エアブラシや塗りつぶしなど筆記用具が選べる	・変化を楽しむことができる ・想像を広げることができる ・はみ出さずに、きれいに色が塗れる
スタンプ機能がある	
やり直しができる	・失敗したら放り出してしまう子、不安でなかなか描き始められない子にとって、達成感や自信がもてる
コピーができ、自分の作品を保存できる	・共同作業において、自分の作品を残せる ・いつでも続きができる

　子どもたちは、図形やスタンプを組み合わせながら、「動物の運動会だ」「お菓子の国をつくろう」など発想を広げたり、お話をつくったりと遊びを広げています。

　子どもが画用紙に描いた絵をお絵描きソフトでぬり絵にすると、色の組み合わせを考え1番気に入ったもので彩色することができます。

　お絵描きソフトを使うには、マウスの使い方や操作の順番を知ることが必要です。きまりを正しく守ることの必要性を知り、意欲的に学んでいます。

　また、パソコンのまわりで子どもたちが順番を守っている姿、知っている子が教えている姿、友だちの操作や作品づくりをみながらコミュニケーションが広がっている姿がみられています。コンピュータを仲立ちに子ども同士の関わり合いが増え、社会性が育まれているというメリットが生まれていることが報告されています。

　しかし、お絵描きソフトが今までの鉛筆やクレヨン、絵の具、画用紙や模造紙に代わるものではありません。既存の用具は子どもたちの触感やにおいなど感覚を刺激し、表現活動を支える重要な用具です。お絵描きソフトは筆記用具の1つとして考えていくことが大切です。

コトバ

アニミズム（汎心性）

幼児期特有の心理で、自己と客観の区別がついていない状態のため、自分のまわりにあるものが自分と同じように意識や意思をもつととらえる。

＋α

スキャフォールディング（足場）効果

子どもたちには難しいと考えられる（ここでは、特に運動技術を要する一輪車・跳び箱・竹馬など）遊びにおいて、コンピュータはスキャフォールディング（足場）効果をあげている。子どもが何に興味をもち、今何ができているかをしっかり見取っている保育者が、発達の最近接領域を見定めて作成するため、そのソフトがスキャフォールディング（足場）効果を高め、達成へと導いていると考えられる（村上、2002）。

② ファンタジーの登場人物

　ファンタジーの登場人物をつくり、子どものもつアニミズムを働かせて一緒に遊んだり、交流したりする保育実践はいろいろありますが、子どもたちとファンタジーの登場人物との出会いにコンピュータを使った実践研究（倉戸、2002）を紹介します。

> 　CD のついた風船が園庭に舞い降りてきます。子どもたちが見つけ、パソコンに入れると……。自分たちで見つけて、自分たちで画面を選択し、自分たちで新しい遊びを始めていくことで、子どもたちは自主性を伸ばし自己決定を行って新しい遊びに発展させています。

　CD に記録されたソフトは保育者たちの自作のソフトです。子どもたちの現在の姿から、いま必要なものを選び、子どもの活動を広げる内容のソフトを作成しています。そのため、子どもたちは学習意欲を高め、あきらめずに何度も挑戦したり、遊びの広がりをみせたりしています。この園では、コンピュータを特別な保育ツールととらえるのではなく、従来の保育ツール（遊具）を使った保育活動につなげていました。

　子どもの生活に基づいたソフトは理想ですが、現場の保育者が作成するには、やはり時間と技術の壁があります。多くの園で実践可能になるように、簡単に作成できるツールの開発や研修制度の充実を期待します。

③ 手紙

　郵便屋さんごっこの遊びがありますが、メールや掲示板を使って行います。ほかのクラスの子や、職員室の先生・園長先生に送る楽しみが生まれます。

④ ゲームソフト

　友だちと協力しながら問題をクリアしていくものや、文字や数量への関心を引き出すものは遊具となりますが、いま市販されているものの多くは、家庭において個人で遊ぶものや知育ソフトとして小学校の先取りをした早期教育的なものが多いようです。

3　ICT を遊具にしたときの課題

① 子どもと ICT 機器

　子どもたちの生活に ICT 機器は普通に存在しています（表 10 − 6）。子どもたちにとって ICT 機器は「特別なもの」ではなくなっています。

表10－6　子どものインターネットの利用内容

（単位：％）

	n（人）	コミュニケーション（メール、メッセンジャー、ソーシャルメディアなど）（計）	ニュース（計）	情報検索（計）	地図・ナビゲーション（計）	音楽視聴（計）	動画視聴（計）	電子書籍（計）	ゲーム（計）	ショッピング・オークション（計）	知育（言葉、数遊び等）（計）	その他（計）	わからない（計）
【　総　数　】	608	7.6	1.3	13.7	2.3	15.8	85.4	1.6	65.8	1.0	30.4	3.5	0.8
［子供の年齢］													
0歳	3	-	-	-	-	33.3	66.7	-	-	-	66.7	-	-
1歳	11	-	-	-	-	27.3	100.0	-	18.2	-	36.4	-	-
2歳	46	4.3	-	-	-	6.5	89.1	2.2	23.9	-	30.4	2.2	-
3歳	58	1.7	-	-	-	8.6	91.4	-	43.1	1.7	48.3	-	-
4歳	52	1.9	-	1.9	-	15.4	86.5	-	61.5	-	40.4	1.9	-
5歳	60	3.3	1.7	1.7	-	6.7	91.7	-	61.7	-	38.3	5.0	-
6歳	76	2.6	1.3	6.6	3.9	11.8	86.8	2.6	71.1	1.3	30.3	-	1.3
7歳	81	11.1	1.2	14.8	3.7	19.8	85.2	2.5	77.8	-	29.6	3.7	1.2
8歳	90	13.3	1.1	21.1	4.4	15.6	75.6	2.2	76.7	1.1	21.1	6.7	1.1
9歳	131	13.0	3.1	34.4	3.1	25.2	83.2	2.3	81.7	2.3	20.6	5.3	1.5

出所：内閣府「低年齢層の子供のインターネット利用環境実態調査」平成29年5月

ICT機器の利用が進むなか、子どもの視力低下や脳や心理面に影響の出るネット依存が問題になっています。成長期にある幼児には、ICT機器（テレビも含む）の使用は1日2時間以内が限度であり、乳児はできるだけ視聴を避けるべきといわれています。

また、幼児期の子どもの発達段階を考えると、仮想と現実の区別がつく年齢まで不適切なバーチャル世界に出合わせるべきではないという意見があります。ゲームソフトのなかには、子どもたちに現実とバーチャルな世界との区別がつかず、「暴力的になる」と危惧されているものや達成型で依存性の高いものもあります。

尾澤（2006）は、「暴力的なテレビゲームをすると暴力的になる」という考えに対し、暴力的な傾向をもつ子が暴力的なゲームを好み、結果として暴力的になるということも考えられると指摘しています。この場合ゲームは、原因と結果の媒体になっているかもしれず、ゲームやインターネットなどの情報環境が、子どものもっている特性を増幅する傾向があるなら、望ましくない方に増幅されないように、できれば望ましい方向に増幅できるように間に入って支援していくことの必要性を述べています。ICTと子どもの間に保育者が入り、導いていくことが重要になります。

子どもたちがこれから生きていく社会はさらに情報化が進み、ICTは生活に密接に結びつくでしょう。ICT入門期にいる幼児がICTとよりよい付き合い方ができるように、大人は導く責任があります。適切な

コトバ

ネット依存

（ゲーム依存・ゲーム障害・スマホ依存症などいろいろな呼び名がある）インターネットに過度に没入してしまう症例から90年代にアメリカで研究がはじまる。韓国でネットゲームが大人気になり、これに多くの若者がはまり問題になった。日本でも中高生を中心にネット依存傾向が広まっている。世界保健機関（WHO）では2018年に「ゲーム障害」として定義されている。また、ネット依存は脳の前頭葉の働きを悪くし、理性的な思考や判断、忍耐力を低下させるといわれている。

OECD

（第1章 P. 7参照）
教育分野では教育の改革とその実践のための研究を行っている。日本の就学前教育に対する教育支出は「OECD加盟国のなかで最も低い国の一つである。GDPのわずか0.2%が就学前教育に支出され、この割合は、OECD加盟国平均の3分の1である」と報告されている。また、質の高い幼児教育を研究するため2018年に初めて幼児教育・保育施設の保育者に関する国際調査を実施。2019年I部公表では、「社会から『評価されている』と感じている」割合は、日本が8か国中最も低かった。日本の『ストレスを感じている原因』は、設備や保育者の数など『リソース』の不足と回答した割合が最も多かった。以下、『事務的な業務が多すぎる』『子どもの育ちや学び、生活の充実に責任を負っている』の順となった。2020年秋にII部公表予定。

ソフトを選ぶこと、利用時間や場所を決めること、インターネットの約束を伝えることなど、園においても保護者と共に具体的に考え取り組む時代にきているようです。

② 遊具としてのコンピュータの今後

　ICT機器を「子どもたちの環境」として位置づけている園はまだ少ない状況です。また、一時に比べて遊具としての活用の研究や実践報告が減ってきているように感じます。新しいものへの興味・期待から、子どもたちに及ぼす影響、育ちを支える質的要素を確かめていこうとする方向が強くなっているようです。しかし、子どもたちが自由に遊ぶには、ICT機器が高額であることも遊具としての普及が進まない要因となっています。

　Society 5.0の時代を生きる子どもたちだからICTを使った遊びは自然なものとしてとらえるか、反対にこの時期にはICT以外の遊びを思いっきり味合わせた方がよいのか、それぞれ意見が分かれるところです。

　遊具として活用されていくには、今後さらに実証データが多く報告され、遊具としての有用性が検討されていくことが必要になります。世界的に幼児教育の重要性が認識され、より質の高い保育をめざし保育内容の見直しや環境整備が進められていますが、日本は、OECDの統計によっても教育予算の少なさが指摘されています。今後の幼児教育・保育に対する予算拡充やICT機器の研修をはじめとする保育者の研修制度の充実が望まれます。

（稲葉　久美子）

演習課題

① 保育活動の支援にICTをどのように利用したいですか。具体的な場面を考えましょう。
② 質の高い保育にICTはどのように関わっていくことができるか考えましょう。

【引用・参考文献】

ICTキッズ　https://ict-kids.com/compare/（2019年11月20日アクセス）

石垣恵美子・玉置哲淳編著　『幼児教育方法論入門　第 2 版』　建帛社　2001 年

一般社団法人 サービスデザイン推進協議会　「IT 導入の補助金 2019」

　　https://www.it-hojo.jp/（2019 年 11 月 20 日アクセス）

宇治橋祐之　NHK 放送文化研究所編集　「変容する教育メディアの実態」『放送メディア研究』No.12　丸善出版　2015 年

大浦賢治編著　『実践につながる　新しい保育の心理学』　ミネルヴァ書房　2019 年

小川敬子・諏訪厚子・小川哲也　「保育環境としてのコンピュータ」『日本保育学会大会研究論文集』(51)　1998 年

織田芳人　「幼児教育におけるメディア活用に関する国内の研究概観」『長崎女子短期大学紀要』第 43 号　2019 年

株式会社インセプト　「IT 用語辞典 e-word」

　　http://e-words.jp/p/s-about.html（2019 年 11 月 20 日アクセス）

株式会社毎日新聞社　「指導力向上へデータ活用」毎日新聞 2019 年 6 月 26 日朝刊

假屋和代　「幼児教育とコンピュータ──保育活動から考える」『日本保育学会大会研究論文集』(51)　1998 年

北野幸子・角尾和子・荒木紫乃編著　『遊び・生活・学びを培う教育保育の方法と技術　実践力の向上をめざして』　北大路書房　2009 年

倉戸直実・岸本義博編著　『コンピュータを活用した保育の実際』　北大路書房　2004 年

倉戸直実ほか　「コンピュータを取り入れた幼児カリキュラムの開発と実践」『大阪芸術大学短期大学部紀要』26　2002 年

厚生労働省　「平成 29 年度予算概算要求保育対策関係予算の概要（参考資料）」

　　https://www.mhlw.go.jp/file/06-Seisakujouhou-11900000-Koyoukintoujidoukateikyoku/0000135537_1.pdf（2019 年 11 月 20 日アクセス）

小平さち子　NHK 放送文化研究所編集　「幼児教育におけるメディアの可能性を考える」『放送研究と調査』JULY 2016　NHK 出版　2016 年

子どもの文化研究所　『紙芝居　演じ方のコツと基礎理論のテキスト』　一声社　2015 年

小柳和喜雄　「教育メディアと環境」

　　http://mail2.nara-edu.ac.jp/˜oyanagi/practice2001/inst-media.pdf（2019 年 11 月 20 日アクセス）

社会福祉法人日本保育協会　「平成 26 年度保育士における業務の負担軽減に関する調査研究報告書」

　　https://www.nippo.or.jp/Portals/0/images/research/kenkyu/h26keigen.pdf（2019 年 11 月 20 日アクセス）

社団法人日本小児科医会「子どもとメディア」対策委員会　「『子どもとメディア』の問題に対する提言」2004 年 2 月 6 日

　　https://www.jpa-web.org/dcms_media/other/ktmedia_teigenzenbun.pdf（2019 年 11 月

20 日アクセス）

東書 E ネット　「教育文化ニュース」　2019 年 10 月 25 日

　　https://ten.tokyo-shoseki.co.jp/kbnews/17728/（2019 年 11 月 19 日アクセス）

内閣府「低年齢層の子供のインターネット利用環境実態調査」　平成 29 年 5 月

　　https://www8.cao.go.jp/youth/youth-harm/chousa/net-jittai_child.html（2019 年 11 月
　　20 日アクセス）

中村総平　「遊具としてのコンピュータ利用──CAP（Computer Assisted Playing）の実践」
　　『日本保育学会大会研究論文集』41　1988 年

日本教育工学会　『教育メディアの開発と活用』　ミネルヴァ書房　2015 年

坂東宏和・大即洋子・大島浩太・小野　和　「幼稚園および保育者養成校での利用を想定し
　　た幼児用電子掲示板システムの提案」『情報処理学会研究報告』2010-CE-106　2010 年

樋口　進監修　『心と体を蝕む「ネット依存」から子どもたちをどう守るのか』　ミネルヴァ
　　書房　2017 年

広岡義之編著　『新しい保育・幼児教育方法』　ミネルヴァ書房　2013 年

村上　優編著　『保育の創造を支援するコンピュータ』　保育出版社　2006 年

森田　健他　「乳幼児のメディア使用に関するアメリカでの最近の声明とわが国における今
　　後の課題」『教育メディア研究』Vol.21　No.2　2015 年

文部科学省　Society 5.0 に向けた人材育成に係る大臣懇談会　新たな時代を豊かに生きる
　　力の育成に関する省内タスクフォース　「Society 5.0 に向けた人材育成　～社会が変わ
　　る、学びが変わる～」　平成 30 年 6 月 5 日

　　https://www.mext.go.jp/component/a_menu/other/detail/__icsFiles/afieldfile/2018/
　　06/06/1405844_002.pdf（2019 年 11 月 19 日アクセス）

文部科学省　「教育支援体制整備事業費交付金実施要領」

　　https://www.pref.ehime.jp/h20300/ikusei/hoiku/documents/5t.pdf（2019 年 11 月 20 日
　　アクセス）

文部科学省　「教育の情報化に関する手引き」　平成 22 年

文部科学省　「経済協力開発機構（OECD）」

　　https://www.mext.go.jp/a_menu/kokusai/oecd/04090301.htm（2019 年 11 月 20 日アクセ
　　ス）

文部科学省生涯学習政策局情報教育課　平成 29 年　「学校における ICT 環境整備に関連す
　　る資料」

文部科学省　「小学校学習指導要領（平成 29 年告示）解説」

文部科学省　「図表でみる教育（Education at a Glance）OECD インディケータ」　2019 年
　　版

　　https://www.mext.go.jp/b_menu/toukei/002/index01.htm（2019 年 11 月 20 日アクセス）

文部科学省　「幼児教育に関する調査研究拠点の整備に向けて（報告書）」平成 28 年

http://www.mext.go.jp/b_menu/shingi/chousa/shotou/114/houkoku/__icsFiles/ afieldfile/2016/03/25/1368733_1.pdf（2019 年 11 月 20 日アクセス）

文部科学省　『幼稚園教育要領解説　平成 30 年 3 月』　フレーベル館　2018 年

矢澤庸徳　「長野県南部の幼稚園で用いられるコンピュータ及び視聴覚教材の活用状況」『飯 田女子短期大学紀要』第 26 集　2009 年

幼稚園・保育園 ICT システムコドモン　https://www.codmon.com（2019 年 11 月 20 日ア クセス）

第11章

外国にルーツをもつ
子どもたち

　みなさんは日々の暮らしのなかで、外国人が増えたと感じることはありませんか。法務省入国管理局は、2019（令和元）年末の在留外国人数は約293万人で、統計を取りはじめた1959（昭和34）年以降、最も多かったと発表しました。今後さらに増えていくと見込まれています。保護者の来日にともなって一緒に来日するケースや、日本生まれの外国籍の子どもたちのように「外国にルーツをもつ子どもたち」が幼稚園や保育現場に多く在籍するようになりました。保育者は言語や文化の違う子どもたちとどのように接していけばよいでしょうか。

　この章では、まず外国にルーツをもつ子どもたちの現状や課題について学びます。そして、その支援方法について、日本語と母語（子どものルーツにつながる言葉）の両側面から考えてみましょう。

外国にルーツをもつ子どもの現状

1　日本にすむ「外国人」

① あなたのまわりの「外国人」

　みなさんは街で「外国人」をみかけたことがありますか。みかけたことが「ある」と答えた人に聞きます。なぜ、その人が外国人だと思ったのでしょうか。人は普段、パスポートを首からぶらさげて歩いているわけではありません。肌の色や髪の色、話している言葉が違ったとしても、その人は日本国籍をもっているかもしれません。テレビをみると外国出身の親をもつスポーツ選手や芸能人がたくさん映っています。しかし、そのなかには日本国籍をもっている人が多くいます。

　逆に「ない」と答えた人は、本当でしょうか。見た目に違いがわからなくても、実は外国籍をもつ人もいることでしょう。

　日本には273万人以上（在留外国人統計、2018年末）、日本の人口の約2％の外国籍者が住んでいて、年々増え続けています（図11－1）。0〜5歳児に限れば約10万人です。50人いれば1人は外国籍という割合ですから、保育者として何年か働けばかなり高い確率で外国籍の子どもと出会うでしょう。また、国籍が日本であっても誰もが日本語を流ちょうに話すわけではありません。そのような子どもたちを含めて外国にルー

コトバ

外国にルーツをもつ子ども

国籍の有無だけで、子どもの性質を判断はできない。そこで外国籍の子どもだけでなく、日本国籍ではあるけれど親が外国出身であったり、海外の生活が長くて日本の言葉や習慣を知らなかったりという子どもを含めて「外国にルーツをもつ子ども」と呼ぶ。

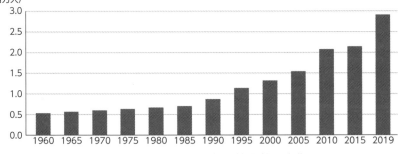

図11－1　日本国内の外国籍者数の変化

出所：在留外国人統計、登録外国人統計、統計局国勢調査より作成

ツをもつ子どもと呼ぶことがあります。

② 外国にルーツをもち日本に住む人々の事情

　なぜこれだけの人が日本に来ているのでしょうか。日本の近代史をたどりながらみてみましょう。第二次世界大戦より前の時代、日本の植民地であった台湾や朝鮮半島からさまざまな事情で日本に来たり、戦争のために連れて来られたりした人々がいました。その人々やその子孫が在日コリアン、在日台湾人として今も日本に暮らしています。1970年代にはベトナムなどの戦争により多くの難民が日本に来ました。

　1980年代以降は円高とバブル景気で日本の賃金が上がったため、アジア諸国からの移住労働者が増えました。1990（平成2）年には日系人への定住ビザが付与されるようになり、日系人の多いペルーやブラジルから多くの人が来て工場で働くようになりました。

　このように日本に来るにはさまざまな事情があり、必ずしも望んで来たわけではない人も多くいます。まして、子どもたちは自分の意思で言葉のわからない国で生まれ育っているわけではありません。そのような子どもたちに「いつ帰るの」「なぜ日本にいるのか」と聞くことは、時に深く傷つけることにもなります。

　日本国籍をもたない人が日本に入るときのルールを決めた法律が「出入国管理及び難民認定法」です。外国人はこの法律に基づき日本国内に滞在するには在留資格が必要であるということになっています。在留資格には「留学」「外交」「技能実習」などがあるのですが、最も多いのは「永住者」です。永住者は文字通り日本に住む期間に制限のない在留資格です。外国人というと日本には一時的に来ているだけでいつか帰国すると思っていた人もいるかもしれませんが、実際には日本に住み続ける人が多いのです。

　生まれたときや幼いころから日本にいる子どもであればなおさらです。ですから、彼らが日本で大人になることを考えて保育をしていかなければいけません。

2　子どもの課題

① 育ちと進路

　親が外国出身であっても、生まれたときや幼いころから日本に住んでいれば日本人と同じように育つのでしょうか。実はそうではありません。
　まずは言葉の壁があります。家庭で使う言葉である母語と保育所や学校で使う言葉が違うことから勉強の面でつまずいてしまう子どもが多く

日系人の歴史

19世紀末から日本は人口の増加と若者の失業への対策のため南北アメリカへの移民送り出し政策を行っていた。
彼らの多くは最初は農園での労働を行い、やがて都市に移住する人も増えて日系人のコミュニティーを築いた。
ブラジルの日系人社会は130万人ともいわれている。(IAPE ポルトガル語教室、2001)

母語

幼少期の家族などとの関わりのなかで自然に習得した言語。必ずしも母親が使う言語とは限らない。日本人の多くは母語と学校で使う言葉が方言による多少の差はあってもほとんど同じである。しかし、世界的にみればそれが一致しないことは珍しくない。
たとえばアメリカ合衆国では2015年時点で家でスペイン語を話すヒスパニック系の人口が4,000～5,000万人程度はいるといわれている。(Instituto Cervantes、2015)

います。小学校に入っても漢字や長い文章がなかなか書けなかったり、算数の掛け算が覚えにくかったりします。算数の文章問題などは、日本語の文章を読んでそのなかから必要な情報を読み取らなければいけません。こういう問題はよほど能力の高い子どもか、親が教育熱心で子どもと長い時間一緒にいて勉強を教えられるような子どもでないと難しいです。

　幼いころからの知識の積み重ねがうまくできなかった子どもが、後から遅れを取り戻すのは簡単ではありません。小学校ではまだ勉強が不得意でもあまり目立ちませんが、中学校に入って試験によって成績がつけられるようになると、自分たちが勉強を理解できていないことがはっきり突きつけられます。並々ならぬ努力の末に勉強についていく子もいますが、一方で自信を失い勉強を諦める子や学校に居場所をみつけられず登校をしなくなる子も出てきます。高校進学率をみると日本全体では約99％ですが、外国籍の子どもは中国人で7～8割、ブラジル人では3割程度といわれています（荒牧他、2017）。

　また、保護者が家庭のなかでフォローしていくことも難しいです。外国人の保護者は人材が不足している日本人がやりたがらない仕事に就くことが多いです。そのなかには長時間労働や勤務時間が不安定な仕事、夜間働く仕事もあります。そのため子どもと一緒に過ごす時間が十分にとれない保護者が多いのです。そのうえ保護者は教科書の日本語を読めないのですから、子どもが勉強でつまずいても助けてあげられないことがあります。

　高校に進学できなかった子どもは中学卒業後にどうするのでしょうか。日本では高校を卒業しないでできる仕事は非常に限られていますし、十分な賃金をもらえて安定した仕事につくことは難しいです。

　本来彼らは生まれつき能力が低いわけではないのです。もしも理解できる言葉で教育を受ければ、能力を伸ばせていたかもしれません。卒園した後のことだから保育士には関係ないなどということはありません。むしろ、幼児期の関わりが進学や就職、健康など子どもの将来の生活の質に大きく関わることが指摘されています（ヘックマン、2015）。

② アイデンティティ

　日本語を早く覚えられるように、外国にルーツをもつ家庭では家のなかでも日本語を話してもらったほうがいいのでしょうか。それもまた違うのです。第2節で詳しく説明しますが、家庭で使う母語の能力と学校で使う日本語の能力は密接に結びついています。母語でしっかりコミュニケーションがとれないと日本語の能力も伸びづらいのです。

幼児期の支援の必要性
教育経済学者ヘックマンは幼児期に支援を受けた子どもとそれ以外の子どものその後の人生を長期間にわたって研究した。その結果、幼児期に支援的な介入を受けた子どもは将来の大学進学率やもち家率、平均給料などが飛躍的に上がり、高校での留年率や犯罪を起こす確率などは大きく下がったということがわかった。
また、その成果をもたらしたのはIQなどの目にみえる成績の向上ではなく、意欲や計画性、感情のコントロールなどの成績に現れない「非認知能力」の成長であることを指摘している。

　また、親子のコミュニケーションのためにも母語を使うことは大事です。子どもは保育所や幼稚園、学校では日本語で会話をしています。友だちとのコミュニケーション、町にある看板やチラシ、ゲームや漫画もほぼすべて日本語です。その環境で何年も過ごすうちに子どもはしだいに母語を忘れてしまうのです（母語喪失）。あるフィリピン人の母親は娘と高校進学について話し合いをするために通訳が必要でした。通訳なしで会話できない家族で、親子の関係を築くのは容易ではありません。

　このように自分が元々もっていた文化や言語を失い、社会の多数派の言葉を身につけ、多数派と同じような習慣や価値観をもつようにさせることを同化といいます。「日本で暮らすなら日本人と同じになったほうが楽だから、日本人のようにするほうが子どものためだ。」そう思って日本の価値観を教え込もうとする保育者もいます。しかし同化しようとすればするほど子どもは日本人ではない自分自身のことを嫌いになってしまいます。日本語を上手に話せない親のことを恥ずかしいと感じ、友だちに会わせたくないと考える子どももいます。自己肯定感を失い、家族との関係も崩れてしまったとき、子どもは心の支えをどこに求めればいいのでしょうか。

　ですから保育者には子どもの言葉や文化を認め、子どもの自己肯定感を伸ばし、家族との関係を育んでいくような関わりが求められます。子どもが日本人ではない自分を受け入れられるようになることが、子どものアイデンティティ形成の鍵となりうるのです。

3　子どもの人権と文化

　さて、ここまで読んできて、「自分は日本の保育所に勤めるんだ。外国人の子どもを外国文化のなかで育てたいなら、そんなことは外国政府が外国人学校をつくってやればいいだろう。日本の保育所でなぜそんなことを考慮する必要があるのか」と思う人がいるかもしれません。

　その答えは「子どもには誰でも自分の言葉や文化を尊重した教育を受ける権利があるから」です。保育所保育指針にも「子どもの国籍や文化の違いを認め、互いに尊重する心を育てるようにすること」とあります。そして、日本が批准している「子どもの権利条約」にもそのことが書いてあります。子どもの権利条約第30条では少数民族の子どもが自分の文化、宗教、言葉を実践する権利について定められています。つまり日本の教育機関である、幼稚園や保育所でもこれらの権利を守る責任があるのです。

コトバ

同化

同化（Assimilation）という言葉は、アメリカに来た移民がアメリカの主流である白人文化を受け入れていく過程に関して使われた語である（N.アバークロンビーほか、2005）。

移民のような社会のなかの少数派がその社会で生きていくためには、多数派の言葉や習慣を身につけそれに従わないと不便がある。このように、有形・無形の形で少数者が多数者の文化を身につけていく過程が同化である。

外国にルーツをもつ子どもは青年期に「日本人でない自分」に気づき、アイデンティティの葛藤を経験する。そのときに自分の文化や家族とのつながりが残っていると自分の支えの1つとなる。

　文化・宗教・言語、そういったものは、子どもが自分一人で学んだり実践したりできるものではありません。ですから、彼らがそれを学べる環境をつくることが必要になります。それは決して日本の文化を否定して外国の文化を学ばせなさいということではありません。日本の文化も外国の文化もどちらも尊重するということが求められているのです。

　また、子どもの権利条約第29条には、子どもの言葉や文化の尊重、種族や宗教間の友好の精神を育てることが書かれています。つまり、単に外国にルーツをもつ子どもだけに支援をするだけではなく、すべての子どもに対して互いの文化や民族、宗教を尊重できるような教育をすることが必要なのです。

子どもの権利条約
第29条　1.c.　児童の父母、児童の文化的同一性、言語及び価値観、児童の居住国及び出身国の国民的価値観並びに自己の文明と異なる文明に対する尊重を育成すること。
第29条　1.d.　すべての人民の間の、種族的、国民的及び宗教的集団の間の並びに原住民である者の間の理解、平和、寛容、両性の平等及び友好の精神に従い、自由な社会における責任ある生活のために児童に準備させること。
第30条　種族的、宗教的若しくは言語的少数民族又は原住民である者が存在する国において、当該少数民族に属し又は原住民である児童は、その集団の他の構成員とともに自己の文化を享有し、自己の宗教を信仰しかつ実践し又は自己の言語を使用する権利を否定されない。

　しかし、国際連合の子どもの権利委員会は、2019年の日本に対する総括所見のなかでこのように述べています。「民族的マイノリティ（アイヌ民族を含む）、被差別部落出身者の子ども、日本人以外の出自の子ども（コリアンなど）、移住労働者の子ども、—中略—に対して現実に行なわれている差別を減少させかつ防止するための措置を強化すること」（翻訳：子どもの権利条約NGOレポート連絡会議）。日本では現実的に教育のなかで差別があるとして国際的に問題視されているのが現状なのです。

4　保護者へのインタビューから

　現在、日本にはどれくらいの国籍の人がいると思いますか。法務省入

国管理局が発表した「平成30年末現在における在留外国人数」によると、在留カード及び特別永住者証明書上に表記された国籍・地域は195あると報告されています。私たちは、「日本」か「外国」か、2択で考えがちですが、この195か国の地域には、それぞれ別の言語や文化があるのです。日本で生まれ育った人が当たり前に思うことが、別の地域で生まれ育った人にとっては、それがその人の常識でないことがたくさんあります。法律で決められているわけではなく、何かに明文化されているわけでもないですが、「暗黙のルール」として根づいているのです。皆さんが外国にルーツをもつ子どもの保護者と接するときは、あえて小さなことでも確認していくことが大切です。皆さんが「余計なお世話かな」と思うようなことも、保護者や子どもの安心につながるのです。

　次の事例1〜4を読み、どのようなことが問題で、どのような支援方法が必要か考えてみましょう。

事例11−1	入園式の保護者の服装

> 　ブラジル人の保護者Aさんは1年前に来日し、日本の生活にも慣れ、子どもを幼稚園に入園させることにしました。子どもの幼稚園の入園を心待ちにし、ポルトガル語に翻訳された「入園のしおり」をみながら入園の準備をしていました。入園式当日、子どもと新しい生活に期待を膨らませ園へ向かったところ、Aさんは大変驚きました。多くの保護者がセレモニースーツを着ていたのです。Aさんはいつもの普段着のジーパンとトレーナーを着ていました。ブラジルには入学式や始業式、終業式といった式典があまりないため、Aさんは保護者の服装を気にすることはありませんでした。「入園のしおり」にも、保護者はスーツを着て来てくださいとは書かれていません。楽しいはずの入園式が悲しい思い出になってしまったのです。

　入園式や卒園式のような式典では、「これを着なければならない」というルールはありません。しかし、一般的には、スーツやワンピースにジャケットを組み合わせるなど、フォーマルな装いで参列します。この経験がない外国にルーツをもつ保護者にとっては、全く知らないことです。入園式の案内を送る際に、式典の写真を同封するなど、簡単にみてわかるような配慮をするとよいでしょう。

コトバ

在留カード

日本で3か月以上暮らす外国人に発行されるカードのこと。在留カードには顔写真、氏名、国籍・地域、生年月日、性別、在留資格、在留期限、就労の可否などの情報が記載されている。

事例 11 - 2　温度の感覚の差

　　中国人の保護者Bさんは大学生のときに来日し、日本で就職、結婚、出産しました。10 年以上日本に住み、日本語教師の仕事をしています。日本の習慣やルールについて大体のことは理解していると思っていましたが、子どもの参観日で驚きと不安を感じる出来事があったようです。その園で、裸足保育を実施していることは知っていましたが、まさか1年中裸足だとは想像できませんでした。子どもたちは裸足で、冬でもあまり厚い服を着ません。そして、冷たくしたお茶を飲んでいたのです。中国では冷たいものを食べたり飲んだりする習慣はなく、小さい子どもは特に足を冷やしてはいけないので、夏でも靴下や靴を履かせて過ごします。そのため、健康によくないのではと本当に心配になりました。

　　大人は厚い服を着ていたり、靴下を履いていたりするので不思議に思い、先生に尋ねたところ、「すみません」と謝られ、先生は悪くないのになぜ謝罪されるのか理解できませんでした。

　日本のように四季がある国もあれば、1年中暑い国や乾燥している国もあります。同じ国内であっても地域によって寒暖の差があったり、降雨量が違ったりします。気温や湿度の高低による気候の影響は人々の暮らし方を左右します。育児方法も然（しか）りです。その国、その地域、個人によって、常識だと思うことは異なります。園の方針で裸足保育や薄着を重視していることもあるでしょう。その理由をきちんと説明することが大切です。

事例 11 - 3　保育用語がわからない

　　ネパール人の保護者Cさんには小学生と幼稚園児の2人の子どもがいます。小学生の子どもの担任から「お子さんは授業中、手遊びが多く、勉強に集中していない」と注意され、手遊びはよくないものだと認識していました。しかし、園児の担任から「お子さんは元気がよくて、手遊びも楽しんでやっています」といわれ、混乱しました。

　　また、園児の担任から「明日、おたよりばさみをもって来てください」といわれ、鋏（はさみ）をもって行ったところ、園で子どもが恥ずかしい思いをしたそうです。日本語の問題では

なく、園特有の言葉が多いので、辞書で調べてもそれが何なのかわからず困っています。

外国にルーツをもつ保護者が言葉で戸惑うとき、「日本語そのものがわからない」場合と「保育特有の単語がわからない」場合があります。地域の方言や、園独自で使う用語であれば、辞書で調べても答えがみつからないことがあります。そのような場合は、さまざまな絵カードや写真を用意しておくとよいでしょう。保護者に理解してほしい事柄は、言葉だけではなく、図示やジェスチャーを取り入れると効果的です。

事例11－4　外見と国籍の関係

　ペルー人の保護者Dさんは日本人男性と結婚し、出産しました。父親が日本人であるため、子どもの国籍は日本で、名前も一般的な日本人名ですが、顔つきはペルー人の母親に似ています。父親は仕事の関係で家にいることが少なく、育児は専ら母親が担っています。そのため、幼稚園では日本語を話しますが、家での母との会話はスペイン語を使用しています。書類上は国籍や名前により「日本人」ですが、容姿や使用言語から、そのギャップに驚かれることが多いそうです。まわりの子どもたちからは、「外国人なのに何で日本の名前なの？」と聞かれ、返答に困っているそうです。

現在のようなグローバル化が進んだ社会では、名前や国籍のような「肩書き」だけでは、その人となりを判断することはできません。しかし、まだ一般的には、日本は単一民族国家であるという考え方が浸透しており、国内での「多文化化」「多言語化」が積極的にすすめられているとはいえません。子どもたちは悪気なく、質問してくることがあります。正しい知識で子どもたちと接することが大切です。

保育者として、外国にルーツをもつ子どもの保護者とどのように接すればよいでしょうか。保護者の母語である外国語が話せるかどうかは問題ではありません。日本人の保護者であれ、外国人の保護者であれ、子どもを大切に思い、楽しい園生活を送ってほしいという願いは同じです。まずは、その保護者の思いを受け入れる姿勢が大切でしょう。そして、子どもたちに対しては、子どものルーツに左右されることなく、目の前にいる子どもが明るい未来像を描ける環境づくりをしていくことが求められているのではないでしょうか。

子どもの国籍
両親の国籍に関係なく、生まれた国の国籍を取得できるとする考え方を「生地主義」という。アメリカ、カナダ、ブラジルが該当する。それに対し、生まれた国に関係なく、父母から受け継いだ血縁関係により国籍を取得するという考え方を「血統主義」という。日本や韓国、中国が採用している。

第2節
外国にルーツをもつ子どもへの教育方法

学習のポイント

●2つの言語で育つ子どもが、どのように言葉を身につけていくかを学びましょう。

●日本語と同じように母語を維持していく大切さについて学びましょう。

1　第二言語習得理論

① ダブルリミテッド

　第1節でみてきたように、外国にルーツをもつ子どもたちは日本語がうまく身につかないために学校への適応がうまくいかないことがあります。また、親から教わった母語も覚えていないと、家庭でのコミュニケーションがうまくいかず、自己肯定感も下がってしまうということを学びました。外国にルーツをもつ子どもたちは、母語の能力を保ちながら日本語で勉強したり、周囲とコミュニケーションをとったりする能力を伸ばしていくのが望ましいようです。

　しかし、この2つの言葉の能力をうまく伸ばしていけない場合があります。2つの言葉のどちらも年齢相応の能力をもっていない状態をダブルリミテッドと呼びます。こうなってしまうと子どもはどちらの言葉でも学ぶことが難しく、自分の考えを十分に伝えることもできません。

② 第二言語習得理論

　では、どうすれば彼らは2つの言葉の能力を伸ばして成長していけるのでしょうか。このように人が2つの言葉を身につける際に、どのような順序で覚えていくのか、どのように教育すればよりよく学べるのかといったことを研究した理論を「第二言語習得理論」といいます。

　2つの言語が一人の人間の脳のなかでどのように処理されているかについては後述しますが、まず知っておいてほしいことは表面上会話が成立していても、意外と外国にルーツをもつ子どもには伝わっていないことがあるということです。

　それまで外国語の家庭環境で過ごしていた子どもは幼稚園や保育園で生活しだすと瞬く間に日本語を覚えていきます。「やだ」などの拒否の言葉、「これ」などの指示語、「外」などの身近な場所を表す言葉、こういったものの習得は非常に速いです。数週間もすれば、簡単な要求や拒

コトバ

ダブルリミテッド

2つの言葉が混ざった環境で育つ際に、どちらの言葉でも年齢相応の会話や読み書きの能力が身についていない状態を、双方（double）の言語能力が限定的（limited）という意味でダブルリミテッドと呼ぶ。

子どもの言語能力は伸びていくものなので、一時的にダブルリミテッドの状態になっても成長と共に解消されることもある。

否などをできるようになり、半年も経てば周囲の子どもとも会話ができるようになるでしょう。それをみて保育者は「あぁ、この子はもう日本語で会話ができている」と感じるのです。

　しかし、これはまだ彼や彼女が頭のなかで思っていることの数分の一程度しか言葉ではいい表せていない段階です。「やだ」という言葉にしても、本当は「何かわからないので怖い」「疲れたから今はやりたくない」「難しいと感じるので自信がない」「ママが禁止しているので、しないことにしている」「楽しそうに思えない」など、いろいろな背景があるところを、そこまで説明するだけの語彙がないため「やだ」といっているのかもしれません。それを保育者が表面的な「やだ」という言葉のみをとらえて、子どものわがままだと思って対処してしまうと子どもには、わかってもらえなかったという不信感が溜まっていきます。

③ 言語能力のレベル

　このことをもう少し詳しくみてみましょう。日常会話ができる言葉の能力を「会話の流暢度（CF：Conversational Fluency）」と呼びます。これは日本に来て2年程度で身につくといわれており、幼稚園や保育所で過ごしている内に子どもはできるようになります。しかし、物事を整理して理由や原因、順序などを整えて伝えるためには、単なる表面的な会話だけではなく、その言語で物事を考える力が必要になります。これを「学習言語能力（ALP：Academic Language Proficiency）」と呼びます。学習言語能力を伸ばすには5〜7年かかるといわれ、つまり幼稚園や保育園を卒園するまでに身につけるのは難しいです。

　また、文字をみてそれを正確に読んだり、話した事を文字として書いたりする能力を「弁別的言語能力（DLS：Discrete Language Skills）」と呼びます。これは、練習をしないと身につきません（カミンズ、2006年）。

　幼稚園や保育所で子どもが会話をできるのは、この「会話の流暢度」を身につけたにすぎません。しかし実は「学習言語能力」はまだ身についていないため、遊びの細かいルール、今後の予定などの未来の話、物事をする理由などの論理的な話までは同年齢の子どもほど理解できていません。表面上は会話が成立しているだけに、この部分の理解の食い違いで友だちとけんかになったり、保育者から叱られたりしまうことも多いです。

　このような日本語理解が不十分な状態を解消するために、2つの教育が必要になってきます。1つは彼らが日本語を理解できるように日本語を伝えることです。外国語を話す子どもへの日本語教育は、単なる国語

教育とは違います。国語は日本語が使える子どもを対象としたものです。それとは違った視点で第二言語としての日本語（JSL：Japanese as Second Language）の教育が必要になります。

　もう1つは母語の能力を保持するための教育です。日本語の能力を伸ばすためには、母語の能力がしっかりできているほうが有利です。この日本語教育と母語教育について、次からの項でみていきましょう。

2　日本語教育

① やさしい日本語

　やさしい日本語の「やさしい」は「優しい」と「易しい」の意味が込められています。1995（平成7）年1月に阪神・淡路大震災が起きた際、外国人住民は難しい日本語で示された避難情報がわからず、大混乱に陥りました。このことがきっかけで、災害時のためだけでなく、日本で暮らす外国人や観光などで日本を訪れる訪日外国人への情報提供方法の1つとして「やさしい日本語」が活用されることになりました。やさしい日本語は、外国人だけではなく、子どもや高齢者、障害がある人にとっても有効な情報伝達手段です。

　1つの例をみてみましょう。災害が起こったとき、「特別警報！　高台へ緊急避難」という文字をみたり、「とくべつけいほう　たかだいへ　きんきゅう　ひなん」という音声を聞いたりして、内容を理解し、行動に移せる人はどれくらいいるでしょうか。やさしい日本語を使って話すときは、ゆっくりとわかりやすい言葉で話す、相手の話をゆっくり聞く、丁寧語で話すとよいでしょう。書くときは、漢字にルビ（ふりがな）をふったり、わかりやすく短い文にしたりするとよいでしょう。

　また、言葉だけでなく、ピクトグラムを追加して示すとより理解しやすくなるでしょう。今回の例では、「とても危険です。高いところへ早く逃げてください。」と書き換えることができます。このように、「やさしい日本語」はどのような「易しい」言葉を使えば相手がより理解できるか、「優しい」気持ちで相手を思うことが最も大切です。

　現在、多くの研究者や自治体で、やさしい日本語に書きかえるためのマニュアルやスマートフォンのアプリケーションが開発されていますが、弘前大学人文社会科学部社会言語学研究室が発信している「やさしい日本語にするための12の規則」を記しておきます。詳しくはホームページを参照してください（http://human.cc.hirosaki-u.ac.jp/kokugo/EJ1a.htm）。

コトバ

ピクトグラム
Pictogram
絵文字や絵単語と呼ばれ、絵によって情報や注意を表示する視覚記号。

避難誘導標識システムで使用する図記号

出所：日本産業標準調査会

❶難しい言葉を避け、簡単な語を使う。

❷1文を短くして文の構造を簡単にする。文は分かち書きにして言葉の
まとまりを認識しやすくする。

❸災害時によく使われる言葉、知っておいたほうがよいと思われる言葉
はそのまま使う。

❹カタカナ外来語はなるべく使わない。

❺ローマ字は使わない。

❻擬態語や擬音語は使わない。

❼使用する漢字や、漢字の使用量に注意する。すべての漢字にルビ（ふ
りがな）を振る。

❽時間や年月日を外国人にも伝わる表記にする。

❾動詞を名詞化したものはわかりにくいので、できるだけ動詞文にする。

❿あいまいな表現は避ける。

⓫二重否定の表現は避ける。

⓬文末表現はなるべく統一するようにする。

② リライト教材

　子どもたちの学力を伸ばしていくためには、生活言語だけでなく、学
習言語を習得していく必要があります。普段、私たちが日常会話に使用
する言葉は生活言語です。生活言語は、「言葉」だけでなく、ジェスチャー
や、その会話をするお互いの情報共有によって成り立っています。たと
えば「今日、楽しかったね」「そうだね。行こうね、また」という会話は、
当事者同士であれば何の問題もなく成り立ちます。このように日常会話
である生活言語は、主語がなかったり、助詞が抜けたり、語順が違って
いたりしても相手に情報を伝えることができます。

　それに対して、先ほどの会話を、情報を共有していない第三者が聞い
たとしても何の話なのか理解することはできません。いつ、だれが、ど
こで、なにを、どのようにしたのか5W1Hの情報を補う必要がありま
す。日記や手紙を書くとき、どのように書けば相手が理解してくれるの
かを考えながら、「言葉」によって表していかなければなりません。

　では、日本語の読み書きが十分でない外国にルーツをもつ子どもたち
は、学習言語を習得するために、どのような取り組みを行えばよいので
しょうか。学習手段の1つにリライト教材を活用する方法があります。
「リライト教材」とは、第一人者の光元（2006）によると、「原作の内容
やニュアンスは変えずに、子どもの日本語力に合わせて文章を書きかえ
たり、注釈をつけたり、理解しづらいところは削ったりする書きかえ教
材」のことです。

コトバ

分かち書き

文節の切れ目にスペース
をあけること。
例：津波が　来ます。

**5W1H（ご・ダブリュ・
いち・エイチ）**

Who（だれが）
When（いつ）
Where（どこで）
What（なにを）
Why（なぜ）
How（どのように）

リライト教材

幼児向けのリライト教
材については、光元聰
江・岡本淑明監修『ひと
りでよめるはじめての名
作 「あいうえお」を覚
えた子どもがよむリライ
ト教材　こくご編』双葉
社（2006）を参照。

　また、文章を音読する際に、読みやすくするために、光元は音読譜というものも提案しています。光元は、「日本語の文章を声に出して読むとき、どう読むかを視覚的に表そうというものです。行がかわり高く書いてあれば、前の部分の終わりの音より高く発音するという意味です。1行は一息で読める長さにしてあります。また、主部、述部、副詞などで分けて、文の構成がわかるようにしてあります」と、説明しています。

　下図は、筆者が保育を学ぶ学生と共に作成した絵本紹介カードで、音読譜を右側に記入しています。

あさです。
　あさです。
　　あさですよ。

マヨネーズの　めざましどけいと　いっしょに
やさいたちを　おこしましょう。

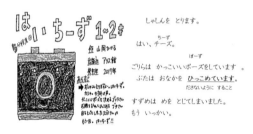

しゃしんを　とります。

はい、チーズ。

ごりらは　かっこいいポーズをしています　。
ぶたは　おなかを　ひっこめています。

すずめは　めを　とじてしまいました。
もう　いっかい。

図11−2　絵本紹介カード

出所：筆者作成

③ プレスクール

　日本人の保護者であっても、子どもが小学校に入学する際、「子どもが学校生活になじめるのだろうか」と不安に感じるのではないでしょうか。外国にルーツをもつ子どもの保護者は、日本語がわからなかったり、日本の学校の制度がわからなかったりで、より不安を感じることでしょう。実際、外国にルーツをもつ子どものなかには、日本の小学校に入学したものの、うまく適応できずに不登校になってしまうケースが報告されています。そのため、小学校入学の準備教室として、通常3か月から半年程度の期間で「プレスクール」を実施している自治体があります。プログラム内容は、子どもに対して、小学校で使う日本語や学校のルール（授業、トイレ、給食、そうじなど）を学ぶこと、保護者に対して、子どもが学校生活で困らないようフォローの仕方や教員とのコミュ

ニケーションの取り方を学ぶことなどです。

　各自治体で行われているプレスクールの内容は次のようなものです。

・大阪国際交流センター（5回）
　1．体の部分の名前を覚えよう
　2．数・位置を覚えよう
　3．物の名前を覚えよう
　4．給食について学ぼう
　5．そうじの練習をしよう
・愛知県豊田市（委託先：特定非営利活動法人トルシーダ：30回）
　1．適応
　2．文字・言葉
　3．数
　4．集団行動について段階的に指導
【内容例】
1．適応：立つ、座る、返事、あいさつ、道具（えんぴつ、はさみ、のり）の使い方など
2．文字・言葉：語彙調査、名前の読み書き、ひらがなの読み書き、ものの名前
3．数：数字の読み書き、数え方、100までの数
4．集団行動：並ぶ、集まる、集団でのゲーム、ボール遊び、縄跳び

　プレスクールの実施効果を検証するには長い年月が必要ですが、外国にルーツをもつ子どもや保護者にとって不安材料を払拭できるよい機会になるでしょう。プレスクールを実施するかどうか、外国人住民の数や各自治体の判断に委ねられています。そのため支援の手厚い自治体に住んでいればラッキー、手薄の自治体に住んでいれば残念だったということが起きてしまいます。プレスクールやプレクラスがない自治体に住んでいる場合はインターネット上の情報を活用するとよいでしょう。

■愛知県　外国人幼児向け日本語学習教材
　学校で使う単語がイラストつきで紹介されている（https://www.pref.aichi.jp/soshiki/tabunka/purekyouzai.html）。
　英語・スペイン・ポルトガル・中国・タガログ語対応
　「たのしい1年生」（幼児用）「1年生になるまえに入学の手引き」（保護者用）

+α
愛知県多文化共生推進室「プレスクール実施マニュアル」（2009年）
https://www.pref.aichi.jp/soshiki/tabunka/0000028953.html

コトバ
プレクラス（日本語初期指導教室）
外国人児童生徒等が、学校に転入する前や転入した後でも、クラスに入る前に一定期間（数か月間など）学校生活に慣れるまでの生活指導や初期の日本語指導を行うこと（愛知県多文化共生推進室）。

■愛知教育大学　外国人児童生徒支援リソースルーム

（http://www.resource-room.aichi-edu.ac.jp/kyozai.html）

ポルトガル・スペイン・中国・タガログ・英語・ベトナム語対応

「小学校ガイドブック」　日本語学習教材「たのしくおぼえる　ことばワーク」など

3　母語保持教育

① 母語と日本語の関係

　日本の幼稚園や保育園、学校に通っている外国にルーツをもつ子どもたちは、子どもたちの母語と日本語の2言語の環境で生活しています。家庭では家族が話す母語で、家庭以外では日本語にふれることが多いでしょう。では、母語と日本語とどちらの言語習得を大切にしたほうがいいのでしょうか。日本に住んでいるのだから、まずは日本語を習得したほうがいいと思いますか。1970年代ごろまでは、2つ以上の言葉で子どもを育てると言語間で混乱してしまうのではないかとバイリンガル教育の是非が問われていました。第2言語を習得するために、「家庭では母語を使わないように」と指導されることもありました。

バイリンガル
（Bilingual）
2つの言語を自由に使いこなせること。

「発達相互依存仮説」に関する原著
Cummins, Jim, Colin Baker, and Nancy H. Hornberger, eds. *An introductory reader to the writings of Jim Cummins.* Multilingual Matters, 2001.
中島和子『バイリンガル教育の方法』アルク（2013）

　しかし、それ以降の研究で、母語である第1言語の能力が発達していればしているほど、第2言語の上達に好影響を及ぼすことがわかりました。このような第2言語の能力の発達は母語の言語能力に依存するという考えを、発達相互依存仮説といいます（図11−3）。

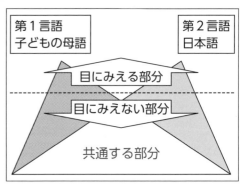

図11−3　発達相互依存仮説
出所：中島（2013）を参考に筆者作

　目にみえる部分（表に表れる部分）に、第1言語である母語と、第2言語である日本語が入ります。そして、線より下の部分が目にみえない部分で、頭のなかを示しています。それぞれ2つの違う言語を使っているのですが、頭のなかでは図が重なっている部分の「共通する部分」があります。第1言語と第2言語でお互いにバランスを保って発達することが理想的であると考えられています。このようなことから、外国にルーツをもつ子どもたちと関わっていくまわりの大人は、日本語能力を育成していくと同時に、子どもたちの母語を保持していくことが大切だと理

解しておくことが必要です。

② 母語保持教育のポイント

　母語保持教育を行ううえでおさえておきたいポイントは次の通りです。

①子どもの母語は喪失しやすい

　日本語が主流の日本社会では、意識的に母語を保持する取り組みを行われなければ、母語はすぐに失われます。特に言語発達が顕著な乳幼児期に来日した場合は、その傾向が強いでしょう。

②母語を否定することは子ども自身を否定することにつながる

　「自分らしさ」とはなんでしょうか。外国にルーツをもつ子どもにとっては、「日本で暮らしていること、日本語を使っていること」と同時に「外国につながっていること、日本語以外の言語を使うこと」も自分の特徴の一部です。また、母語を否定することは自分のルーツである両親や祖父母を否定することにもなり自尊感情を傷つけることになります。

4　多言語・多文化環境

① 多文化保育とは

　「多文化保育」という言葉を聞いたことがありますか。「多文化共生保育」と呼ばれることもあります。外国にルーツをもつ子どもたちが日本の保育園や幼稚園に多く在籍するようになり、日本人の子どもたちと同じ空間で学び、過ごすようになりました。言葉や文化や習慣が異なる子どもたちが共生するために、保育者はどうすればよいでしょうか。

② 多文化保育を実現するための保育者の役割

　全国幼児教育研究協会は「幼児期における国際理解の基盤を培う教育の在り方に関する調査研究—外国籍等の幼児が在園する幼稚園の教育上の課題と成果から—」（2017年）という調査を行い、結果を発表しました。調査項目に、「外国人幼児に対する指導上の配慮事項」がありました。保育者が外国にルーツをもつ幼児に対して、どの程度配慮をしたのか、「とても配慮した」、「配慮した」「あまり配慮していない」の3つの選択肢から選んで回答するものでした。そのうち、「とても配慮した」、「配慮した」と回答した割合を合計してみると、「日本語をゆっくり、はっきり話すようにした」は92.6%、「近くに座る、手をつなぐ等、個別の働き掛けを行った」は87.9%、「学級担任だけでなく、園全体で当該幼児に配慮する体制にした」は86.1%という結果でした。これら3つの項目については多くの保育士が配慮していることがわかります。

外国にルーツをもつ幼児の言語指導

馬見塚昭久・小倉直子編著『保育内容「言葉」指導法』第5章「書き言葉の発達と保育」ミネルヴァ書房（2018）を参考にされたい。

　しかし、「教職員は、様々な外国の文化理解や言語に関する研修をした」は 28.5％、「当該幼児の国の文化や生活に関する遊びや教材を教育・保育に取入れた」は 24.7％ で、外国文化や言語の理解に関しては、あまり配慮されていないという結果が出ました。このことから、多くの保育者は目の前にいる幼児が園生活へ順応するための配慮をしていますが、それぞれの文化の違いを認め合うような多文化を意識した活動はあまり行われていないといえそうです。

　想像してみてください。あなた（もしくはあなたの子ども）が留学のような自分の意思ではなく、保護者の都合で外国に住むことになり、幼稚園や保育施設に通うことになったとします。あなたは、その国の言葉が理解できません。日本で当たり前だと思っていたことが、その国では通用しません。先生やクラスメイトはあなたのことを思い、その国の言葉をゆっくり話し、個別対応してくれますが、あなたは日本語や日本の文化にふれる機会がありません。あなたはどのような気持ちになるでしょうか。もし、少しでも先生やクラスメイトが知っている日本語を使ってくれたり、「日本ではこうだよね」と理解を示してくれたりしたら、どんなに嬉しいことでしょうか。保育者として何ができるのか、一度考えてみましょう。

第3節
多文化保育のための ICT の活用

学習のポイント
● ICT 機器を生かした、コミュニケーションについて学びましょう。
● ICT 機器の活用による、言語習得の方法を学びましょう。

1 外国にルーツをもつ子どもへの学習支援

[1] 音声認識技術

　ICT が発達した現代において、みなさんにとって携帯電話やスマートフォン、タブレットなどは身近なものになりました。外国にルーツをもつ子どもと関わる場合も ICT を活用することで、その子どもの母語がわからなくてもコミュニケーションを取ることができます。この節では、音声認識技術を使い、文字言語を習得するための日本語学習法について学びましょう。

　音声認識について詳しい河原（2015）は技術の発達により、音声翻訳を可能にし、それが外国語を学習する際に役立つと述べています。日本語習得の環境が十分でない外国にルーツをもつ子どもの場合、日本語を話したり聞いたりすることは理解できても、文字を書いたり読んだりすることは難しいのです。たとえば、「いぬ」と音声として聞けば「犬」だと理解できますが、文字として「いぬ＝犬」だと理解するためには十分な学習が必要です。話し言葉と違って、書き言葉（文字）は自然には習得できないのです。

　学習といっても文字を覚えるために何度も書いたり、強制的に読ませたりするのでは、学ぶことそのものが嫌になってしまうかもしれません。遊びの要素を取り入れたエデュテイメントの要素を取り入れた活動がよいでしょう。市販で安価で売られている ICT 学習教材がありますが、自分自身が使い慣れたスマートフォンで無料のアプリケーションを使ってみるものよいでしょう。それぞれの特徴的な 2 つの無料アプリケーションを紹介します（2019 年 8 月現在）。簡単に使うことができますので、一度試してみてください。

① Google ドキュメント（https://docs.google.com/document/）

　Google 音声の特徴は文字への変換の精度が高く、人が話す言葉はか

コトバ

エデュテイメント
edutainment
education（教育）と
entertainment（エンターテイメント＝遊び）を合わせて考えられた学びの方法。

音声認識技術と絵カードを用いた「文字指導」
詳しい活動の手順は、谷口（2018）を参考。

189

なり正確に読み取れます。単語レベルの長さの変換であれば、100％ に近い変換率だといわれています。

② UD トーク（http://udtalk.jp/）

　UD トークの UD はユニバーサルデザインの略号で、理解しやすい仕様になっています。ふりがなをつけたり、多言語翻訳機能を利用して子どもの母語で表示したりすることができます。

② 多言語絵本と動画

　子どもたちが自分の母語や日本語などの言語にふれるために、多言語で書かれた絵本の読み聞かせは効果的です。第 2 節 3. でふれたように、外国にルーツをもつ子どもたちにとって母語を保持することは大切です。そのために、まわりにいる大人の支援が必要です。

　では、実践するためには、どのような教材を使い、どのような活動をすればよいのでしょうか。子どもの母語話者が、子どもの近くにいるのであれば、その人に協力してもらって、読み聞かせや素話などをしてもらうとよいでしょう。多くの本が世界中で翻訳されています。

　たとえば、外国の絵本でよく知られている『はらぺこあおむし』（作：エリック・カール）は、50 言語に翻訳されています。また、日本で愛されている『ぐりとぐら』（福音館書店）は、12 言語で翻訳され、海外の子どもたちも親しんでいます。日本で都市部を除き、外国語で書かれた絵本を探すのは困難です。外国語で書かれた本が手元にない場合、身近に子どもの母語話者がいない場合は、動画や音声データを活用するとよいでしょう。インターネット上で閲覧できるものを紹介します。

【動画】

■多言語絵本の会（MULTILINGUAL PICTURE BOOK CLUB）

　Rainbow

　　日本語・英語・中国語・韓国語・ポルトガル語・スペイン語・インドネシア語・フィリピン語・ベトナム語・ネパール語・タイ語・ロシア語・アラビア語・スワヒリ語・その他のアジアの言葉・その他のヨーロッパの言葉など約 20 言語　絵本の貸し出しもあり

　　https://www.rainbow-ehon.com

■オリーボリー絵本（Ollybolly Online Picture Book）

　　モンゴル語・ベトナム語・韓国語・ウズベキスタン語・チベット語・パレスチナ語・カンボジア語・インドネシア語・フィリピノ（ン）語・タイ語・イラン語・ルワンダ語・中国語　13 言語　日本語なし

　　http://ollybolly.org/en/en-country-cartoons/?fwp_cartoon_new_or_pop=en-new

多言語絵本

福岡ほか（2014）『多文化絵本を楽しむ』では、実践事例が多数紹介されており、日本人の子どもたちも外国について学ぶことができる。

母語話者

母語を話す人。母語と母国語（国籍の言語）は必ずしも同じではない。たとえば、日本国籍をもっている日本人であっても、外国で生まれ育った場合は、母語は日本語ではない可能性がある。

【デジタル絵本】

■デジタル絵本サイト Digital EHON Site　一般社団法人国際デジタル
絵本学会

　日本語・中国語・スペイン語・ノルウェー語・ドイツ語・スウェー
デン語・英語・インドネシア語・韓国語・アミ語・イタリア語・フ
ランス語の 12 言語　世界の民話を基本に各国語に翻訳されている
http://www.e-hon.jp//index.htm

　これらの多言語教材を使って、個人やクラスでどのような活動ができ
るか考えてみましょう。

2　保育者のための翻訳ソフトの利用

　外国にルーツをもつ保護者とのコミュニケーションで最大の障壁とな
るのはやはり言葉の違いです。言葉の違いを乗り越えるにはさまざまな
翻訳のためのツールを使う方法があります。翻訳機が多くの自治体や
サービス業に導入されており、いくつかの自治体では保育園にもこれら
の翻訳機を設置しています。また、翻訳や通訳の機能をもつスマートフォ
ン用のソフトもあります。それらを生かして、保護者と送り迎えの連絡
を取り、手紙や掲示物を複数の言葉で書くことができます。翻訳機によっ
て保護者と複雑なやり取りができるようになったり、子どものけがなど
の際に経緯をしっかり伝えられるようになったという園もあります（神
戸新聞社、2019）。

　一方で、これらのソフトの使いづらさを指摘する声もあります。その
原因の 1 つは日本の幼稚園・保育園・学校などでは暗黙の了解のなかで
使われている独特の言葉があることです。たとえば「防災頭巾」「上履き」
「お道具箱」などは、日本の学校に通っていた人はどういうものか大体
知っています。しかしこういった言葉は辞書に載っていないことも多く、
国語的な意味がわかっても現物をみたことがないと具体的にどういうも
のかが想像しづらいです。学校用語に特化した翻訳のサイトなどもあり
ますが、すべてをカバーするには至っていません。

　また認定こども園の園長先生への取材では、同じ言葉でも地域差が大
きく翻訳ソフトを使ってもその家族にとってわかる表現になっていな
い、話者が少ない言語なので翻訳ソフトが対応していない、などという
声もあがりました。

　すべてを翻訳ソフトで対応することは難しく、これまでに紹介した「や
さしいにほんご」や画像検索なども組み合わせて、それぞれの家族や子

多言語・学校プロジェクト

学校用語を扱った翻訳サイトの例として文部科学省が作成した「多言語・学校プロジェクト」というサイトがある。
http://www.tagengo-gakko.jp/
用語検索のページでは、学校でよく使われる言葉をさまざまな言語で何というか調べることができる。

どもに合わせたコミュニケーション方法を模索していく必要があるで
しょう。

3　コミュニケーションツールとしての ICT の利用

　ICT は翻訳に限らず、コミュニケーションツールとしても活用する
ことができます。スマートフォンを一人一台もつことが当然になり、各
種の SNS（ソーシャル・ネットワーキング・サービス）は今や多くの
人にとって生活の一部として欠かすことのできないものになっていま
す。これらのデジタル機能を使ったコミュニケーションについて、①支
援者や教育者と外国にルーツをもつ保護者、②日本人の保護者と外国に
ルーツをもつ保護者、③外国にルーツをもつ保護者同士の 3 つのパター
ンを紹介します。

①支援者や教育者と外国にルーツをもつ保護者

　第 2 項であげた翻訳ソフトの利用もデジタル機器を使ったコミュニ
ケーションの一例です。また、画像や動画を用いてわかりやすく伝える
ことができます。たとえば「防災頭巾」がどのようなものか、保護者が
理解できなかったとします。その際にインターネットで画像検索すれば、
防災頭巾やそれを被っている様子を描いたイラスト・写真・動画がたく
さん出てきます。それらをみせながらコミュニケーションを取ることで、
理解の助けとなるでしょう。

②日本人の保護者と外国にルーツをもつ保護者

　たとえば、午睡や給食のためにもっていくものや、行事で必要なもの
は幼稚園・保育園によって違いがあり、インターネットで検索して調べ
られるものではありませんね。そのような場合に、日本人の保護者と外
国にルーツをもつ保護者がデジタル機器を使って情報を交換し合うこと
がありえます。SNS には翻訳機能がついているものがありますので、
それを使って対話をすることができます。

　また、ボイスメッセージや画像の機能を使ってやり取りをすることも
できます。直接顔を知っている同士だからこそ助け合えるのが、このよ
うなコミュニケーションの利点といえるでしょう。

事例 11 - 5　日本人の保護者と外国にルーツをもつ保護者のネットコミュニティの一例

　日本人の保護者と外国にルーツをもつ保護者がSNSなどで
コミュニケーションをしています。
　日本語で「話す・聞く」が、ある程度できる外国人保護者向
けに、音声を使ったSNSグループへ投稿した例を紹介します。
ある日の遠足の前日のやり取りです。

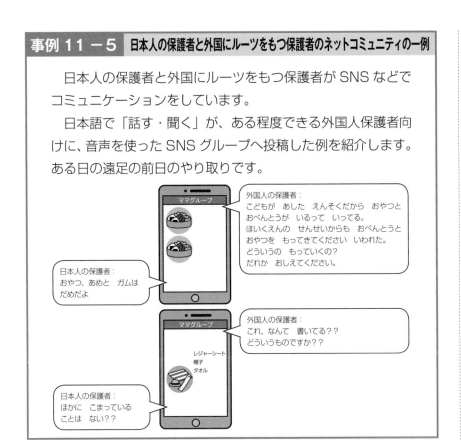

外国人の保護者：
こどもが　あした　えんそくだから　おやつと
おべんとうが　いるって　いってる。
ほいくえんの　せんせいからも　おべんとうと
おやつを　もってきてください　いわれた。
どういうの　もっていくの？
だれか　おしえてください。

日本人の保護者：
おやつ、あめと　ガムは
だめだよ

外国人の保護者：
これ、なんて　書いてる？？
どういうものですか？？

レジャーシート
帽子
タオル

日本人の保護者：
ほかに　こまっている
ことは　ない？？

　文字を使わなくても、音声や写真を活用することで、このようにコミュ
ニケーションを取ることは可能です。

③外国にルーツをもつ保護者同士

　同じ国から来た親同士がSNSを通してつながったり、コミュニティー
を形成したりすることがあります。同じ出身国ということで、同じよう
なことがわからなかったり似たような悩みを抱えたりすることがありま
す。そこで日本の滞在歴が長い同国人からアドバイスを受けたり、悩み
を共有したりすることで、問題の解決や改善につながることがありえま
す。
　ここまでこの章でみてきたように、外国にルーツをもつ子どもたちは
確実に増えており、またこれからも増えていくと思われます。そして単
に日本人と同じように保育するだけでは、彼らの抱えている問題は解決
しません。保育者は外国語の専門家ではありませんが、この章を通して
あなたができることがみえてきたでしょうか。彼らの課題の理解、言葉
の習得に関する工夫、周囲の子どもと過ごす環境づくり、保護者とのコ
ミュニケーションの工夫など、保育者の配慮によって子どもたちは本来
の能力を発揮して成長していくことができるのです。

第4節
多文化保育のための活動事例

学習のポイント
- 外国にルーツをもつ子どもと一緒に違いを楽しむための活動例です。
- 外国にルーツをもつ子どもたちを対象にした言語習得のための活動例です。

1　クラス活動

　外国にルーツをもつ子どもと一緒にクラスづくりをするなかで、言葉や文化、見た目の違いを隠すのではなく、その違いを楽しみ、肯定的に感じられるような活動をしてみましょう。

<多文化保育活動例>

自分の肌色をつくってみよう	
活動のねらい	肌の色が一人ひとり違うことに気づき、違いを客観的に受け止める。
用意するもの	画用紙・筆・水彩絵の具
導入	子どもたちに自分たちの肌の色を問いかけてみます。 その後、肌の色が全く同じかどうかを問いかけて、一人ひとり少しずつ違うことに気づけるようにします。 そのうえで、自分の肌の色を絵の具でつくって自分の顔を描くことを提案しましょう。
方法	・薄オレンジ、白、茶色の絵の具を出します。 ・薄オレンジに少しずつ白や茶色を混ぜ、自分の腕と比べて同じ色になるように調整します。 ・同じ色ができたら、顔を描いてみましょう。
注意	「肌が白くてきれいだね」「茶色くてかっこいいね」など肌の色に関する優劣の評価はしません。

友だちの言葉で色鬼	
活動のねらい	友だちの国の言葉を使って遊ぶことで、その国の言葉も日本語と同じように豊かな言葉であると感じる。

用意するもの	色を表す言葉を外国語で何というか調べておきます。
導入	ほかの子どもたちの前で、外国にルーツをもつ子どもにその国の言葉でいろいろな色をなんというか聞いてみます。その後、子どもたちにその言葉で色鬼をすることを提案します。
方法	鬼役が色の名前を外国語でいったら、ほかの子どもはその色のものを触ります。触る前に鬼にタッチされたら鬼を交代します。
注意	主要な色を黒板やホワイトボードに書いておいたほうが子どもたちも確認できて遊びやすいです。また最初のうちは保育者が「○○っていうことは日本語で○色だね」などと口に出すといいでしょう。

2　個人の活動（日本語のマッピング）

　外国にルーツをもつ子どもに対する活動として、マッピングの活動例を紹介します。マッピングとは、子どもたちが考えていることを言葉（文字）にして、それぞれの言葉の関係を図としてみることをいいます。これにより、子どもの思考や語彙のレベルを可視化することができます。
【活動に必要な物品】Ａ４の用紙（またはホワイトボード）、カラーペン
【活動の手順】保育者が子どもの発言を聞き取り、図にしていきます。
①紙の真ん中に○を書き、お題を１つ書く。

例：○○屋、動物園、公園

②子どもに質問しながら、先に書いた言葉と関連する語彙を書き足していく。返答に困るようであれば、５Ｗ１Ｈを意識した質問をする。

例：誰と行った？　いつ行った？　何があった？

③語彙が十分でない子どもに対しては、保育者がYES/NOクエスチョンで子どもに聞くとよい。

例：ママと行ったかな？　ブランコはあるかな？

（子どもの能力や興味関心に応じた応用編）
④語彙を名詞、形容詞などの品詞別に簡単に分けてみる。

例：上図を参考に
あつい➡形容詞➡青色ペン
ブランコ、きのう、ママ➡名詞➡緑色ペン

コトバ

マッピング

塚田（2005）は、マッピングとは、「語句を線で結んで、蜘蛛の巣状に張りめぐらせていくことで、知識や考えを拡充したり整理したりする方法」と述べている。

＋α

マッピングで扱うテーマ

マッピングのお題は、子どもたちがイメージしやすい身近なものがよい。マッピングは、大人の思考、発想法としても広く応用できる。

（子どもの能力や興味関心に応じた応用編）
⑤ 1つ目に書いた語彙から、次につながっていく
　質問をして、大きなマップにしていく。

日本語のマッピングの活動のポイント

　まず、子どもが話をしたいと思う雰囲気をつくることが大切です。子どもは言葉を覚えてくると、多くの語彙を使いたがりますので、それを聞き取り、紙いっぱいが埋まるように、書き足していきましょう。そして、「たくさん言葉を知っているね。すごいね」と褒めてあげましょう。そのような声かけがあると、子どもはもっと多くの言葉を覚えたい、知らないことを知りたいという気持ちになっていくでしょう。

　ここでは、手順を書きましたが、必ず守らなければならないルールはありません。子どもの日本語能力や、場の雰囲気に合わせて、イラストを入れたり、シールを貼ってみたりすると楽しく活動できるでしょう。

（谷口　征子・松山　寛）

演習課題

① 外国にルーツをもつ子どもたちを対象に、自治体がどのような取り組みをしているか調べて、発表してみましょう。
② 外国にルーツをもつ子どもの保護者から「園からもらってくるおたよりが日本語で書かれているのでわからない」といわれました。どのような対応が考えられるか、話し合ってみましょう。

【引用・参考文献】

愛知県多文化共生推進室　「プレスクール実施マニュアル」
　　https://www.pref.aichi.jp/soshiki/tabunka/0000028953.html（2020年10月30日アクセス）
荒牧重人他編　『外国人の子ども白書　権利・貧困・教育・文化・国籍と共生の視点から』
　　明石書店　2017年
河原達也　「音声認識技術」『電子情報通信学会誌』Vol.98 No.8　2015年
公益社団法人全国幼児教育研究協会　「幼児期における国際理解の基盤を培う教育の在り方に関する調査研究——外国籍等の幼児が在園する幼稚園の教育上の課題と成果から」

2017 年

神戸新聞社　「保育所に翻訳機　外国人親子増加、74 言語対応　神戸」2019 年 4 月 9 日　神戸新聞 NEXT

　　https://www.kobe-np.co.jp/news/sougou/201904/0012226008.shtml（2020 年 10 月 30 日アクセス）

コリン・ベーカー　岡　秀夫訳　『バイリンガル教育と第二言語習得』　大修館書店　1996 年

財団法人アジア・太平洋人権情報センター　『外国にルーツをもつ子どもたち』　現代人文社　2017 年

ジェームズ・J・ヘックマン　古草秀子訳　大竹文雄解説　『幼児教育の経済学』　東洋経済新報社　2015 年

ジム・カミンズ　中島和子・湯川笑子訳　「学校における言語の多様性――すべての児童生徒が学校で成功するための支援」　名古屋外国語大学講演資料　2006 年

多言語絵本の会（MULTILINGUAL PICTURE BOOK CLUB）Rainbow

　　https://www.rainbow-ehon.com（2020 年 10 月 30 日アクセス）

谷口征子　「外国にルーツをもつ幼児を対象にした「文字指導」――音声認識技術と絵カードを活用して」『保育文化研究』第 6 号　2018 年

塚田泰彦編著　『国語教室のマッピング　個人と共同の学びを支援する』　教育出版　2005 年

中島和子　『バイリンガル教育の方法　12 歳までに親と教師ができること』　アルク　2013 年

弘前大学人文社会科学部社会言語研究室　「『やさしい日本語』にするための 12 の規則」

　　http://human.cc.hirosaki-u.ac.jp/kokugo/EJ9tsukurikata.ujie.htm（2020 年 10 月 30 日アクセス）

福岡貞子・伊東正子・池川正也・伊丹弥生　『多文化絵本を楽しむ』　ミネルヴァ書房　2014 年

馬見塚昭久・小倉直子編著　『保育内容「言葉」指導法』　ミネルヴァ書房　2018 年

光元聰江　『ひとりでよめるはじめての名作　「あいうえお」を覚えた子どもがよむリライト教材　こくご編』　双葉社　2006 年

N. アバークロンビー・S. ヒル・B.S. ターナー　丸山哲央監訳・編　『新版　新しい世紀の社会学中辞典』　ミネルヴァ書房　2005 年

IAPE ポルトガル語教室　谷啓子・富本潤子　『ブラジルと出会おう』　国土社　2001 年

Instituto Cervantes, "El español: El español en el mundo Anuario del Instituto Cervantes 2015" Boletín Oficial del Estado　2015 年

第12章

障害がある子どもたちの教育

　医療機関で何らかの「障害」があると診断を受けている子どもたちも、可能な限り適切な教育を受ける機会が必要です。「障害」には大きく分けて身体の障害、知的障害、精神の障害がありますが、それらに当てはまらない障害もあります。また、最近とくによく耳にする「気になる子」というのは、「障害」の診断は受けていないけれどほかの子どもとちょっとちがう、たとえば身体の動きがぎこちない、言葉が遅れている、落ちつきがない、友だちとの遊びや集団活動にうまく参加できない、などという様子がみられる子どものことを指しています。

　こういった子どもたちに対して私たちは教育者としてどのように向き合えばよいのでしょうか。障害のある子どももない子どもも共に育ち合う環境をつくるにはどうすればよいか、考えていきたいと思います。

第1節
障害の診断を受けた子どもたち

学習のポイント
●障害について理解を深めましょう。
●障害によって「できない」ことより、「できる」ことに目を向けましょう。

コトバ

肢体不自由

肢体とは両脚、両腕と胴体を指し、それらが何らかの理由で自由に動かせないこと。

胃ろう

口から食べ物を摂取するのが困難な人が腹部に穴をあけ、そこから管を通して胃に直接栄養を送る。

自助具

日常動作（食事や歯みがき、着替えやえんぴつをもって書くなど）がより容易に行えるように工夫された道具。

1　身体の障害

① 肢体不自由

　肢体不自由の症状は、四肢の短縮欠損、四肢のまひ、自分の意思とは関係なく動いてしまう不随意運動、動きの速さや距離の調節ができない失調の4つに分けることができます。その原因として最も多いのが脳性まひなど脳神経の疾患で、そのほか脊髄の疾患、筋肉の疾患、骨・関節の疾患があります。

　肢体不自由児のなかには四肢が自由に動かせないだけでなく、気管を切開してカニューレなどの器具を装着し、常に痰の吸引などが必要な子どもや、口から食べられないために胃ろうにより食べ物を直接胃に注入しなければならないなど医療的ケアが必要な子どももいます。このような子どもたちはまず生命、健康の維持をはかることが大事ですが、一人の子どもとして人格を尊重し、発語はなくても表情や身体の動きから思いや要求をくみ取れるようになることが必要です。

　一方、身体機能を補完する義肢などの補装具や自助具により自力で日常動作を行える子どもたちもいます。肢体不自由は外見からわかりやすいので、できない部分はまわりの子どもたちに手助けするよう促したり、一緒に楽しめる遊びを工夫したりして、いろいろな個性のある友だちがいるのがあたりまえという環境をつくりたいものです。

事例 12 − 1　　みんなの力が A ちゃんを動かした！

　体幹も不安定なうえ腕の筋肉が固縮してまっすぐ腕をのばせない A ちゃんには希少な染色体異常があります。音楽が大好きなのですが、発声はうまくできず、握る力もとても弱く鈴などの小さい楽器をもつだけでもせいいっぱいでした。ところが

ある日、和太鼓の練習に参加してバチを握り、介助を受けながらもトントンたたいていたAちゃん。まわりのお友だちの「ヤー！」という元気な掛け声につられたのか「ヤー」と声を出し、バチをもった腕を高くのばしたのです。

② 視覚障害

　視覚障害には盲（全盲）・弱視など視力の障害のほか、視野の狭窄や色覚の異常などがあります。乳幼児の場合、盲以外は気づかれにくく、早期診断が遅れることがあるので注意が必要です。家庭では比較の対象が少なく気がつきにくいことでも、幼稚園でおおぜいの子どもたちのなかにいると気づくことがあります。たとえば絵本を顔に近づけてみていたり、顔を傾けて片目でみていたりする場合、あるいは頻繁に物にぶつかったり、つまずいたりする場合はみえにくさが原因ということも考えましょう。

　また子どもの約2％にみられる斜視は放っておくと両眼でみられなくなり、片眼の機能が失われてしまう可能性があるので、できるだけ早期に診断を受け、手術の時期を決める必要があります。

③ 聴覚障害

　乳幼児の聴力をはかることは困難ですが、聞こえにくさ（難聴）は言葉の獲得に支障をきたすので、早期発見・早期診断が必要です。視覚障害と同様、子どもにとってはそれが普通になっていますし、家族も子どもの聞こえにくさは気づかずに過ごしていることが多いので、幼稚園でほかの子どもと比べて反応が遅かったり声かけに気づかないことが多かったりする場合は十分聞こえているかどうか注意しましょう。できるだけ早期に発見し、治療を受けたり補聴器を用いたりして聞こえをよくする必要があります。

　補聴器や人工内耳の性能は日進月歩で改良されています。しかし、どちらの方向から声が聞こえたのかを感じたり、多くの人がいる場所などで一人の話し声だけ聞いたり、音楽（メロディー）を聴いたりすることは難しいようです。

　難聴の子どもに対して、保育者は正面で口の動きがみえるようにゆっくり、はっきり話します。また絵本や紙芝居をみたり音楽を聴いたりする場合は音源に近い席を指定席にし、子どもたちにも障害の理解を促しましょう。

コトバ

盲
矯正してもほとんどみえず点字を使用する必要のある者。
弱視：矯正視力が 0.3 未満で、普通の文字での教育が可能な者。

難聴
難聴には外耳から中耳にかけての障害による伝音性難聴と、内耳から聴神経の障害による感音性難聴がある。伝音性難聴の場合は補聴器で聞こえがよくなるが、感音性難聴は人工内耳を埋め込むと共に聴覚の専門的な療育を受ける必要がある。

2　知的障害

知的障害の診断の基準は、次の 3 点です。

・物事を理解し判断したり抽象的な思考を行ったりする知的能力が低い。

・家庭や学校、社会においてスムーズな生活を送る適応能力が同年齢の人より目立って低い。

・それらが発達期に発症する。

しかし、最近は知能検査ではかられる知的能力より、家庭や社会に適応した生活を送る能力のほうが重要と考えられるようになってきました。

適応能力とは読み書きや言葉による表現など概念的領域、対人関係を築いたり社会的なルールを守ったりする社会的領域、衣食住に関することやセルフケア、金銭の管理など実用的領域への適応とされています。

表 12 − 1　知的水準の区分

障害等級	IQ
最重度	おおむね 20 以下
重度	おおむね 21 〜 35
中度	おおむね 36 〜 50
軽度	おおむね 51 〜 70

出所：厚生労働省「平成 30 年度障害者総合福祉推進事業『知的障害の認定基準に関する調査研究』報告書」より

知的障害というと「○○ができない」というマイナスの面をとらえられがちですが、たとえば「元気にあいさつができる」「みんなと仲よくできる」「お花の水やりができる」など、できることはたくさんあります。そのようなプラスの面にも目を向けて子どもの全体を理解することが必要です。

しかしこれらは客観的に数値化することが難しく、知的障害児に交付される「療育手帳」の等級は知能指数（IQ）を基本に、日常生活動作（ADL）やコミュニケーション能力など総合的に判断して決まります（表 12 − 1）。

3　ダウン症候群（ダウン症）

知的障害をともなう疾患の 1 つにダウン症があります。発症率は 800

コトバ

療育手帳

知的障害のある人がさまざまな支援や福祉サービスを受けるため交付される手帳。

ADL

Activities of Daily Living

食事、排泄、入浴、衣服の着脱など日常生活における動作。

ダウン症

染色体に何らかの変異が生じる染色体異常の 1 つで、本来 2 本ずつ 23 組ある染色体の 21 番目が 3 本あることで発症する。

〜1,000人に一人の割合ですが、高齢出産になるほど発症率が高くなることが知られています。ダウン症の特徴は外見的には顔貌や体つき、心臓や消化器などの合併症、視力や聴力の問題、運動能力の遅れに加えて大部分に知的能力の遅れがみられることです。ほかの知的障害にくらべ、特に言語短期記憶能力が弱いため言葉をはじめ物事の学習に困難があります。さらに口まわりの筋肉や舌の形状など器質的な要因から発音が不明瞭になるため、ダウン症の約95％で言葉の障害がみられます。

　一方、ダウン症には対人関係を築きやすい、観察力が優れている、明朗な人が多いという特徴もあり、根気強く適切な関わりを続けることでゆっくりではあってもさまざまな面で確実に発達がみられます。リズム感に優れていたり、楽器演奏やダンスなどで豊かな表現力を発揮する人もいます。

事例 12 − 2　観察力抜群のBちゃん

　ダウン症のBちゃんは人に対してとても優しく、少し咳をしただけでも身体をさすってくれたり、机に足をぶつけて「痛っ」と声を上げると急いでやってきて「いたいの、いたいの、とんでけー」と足に手を当ててくれます。でも、動作がゆっくりでなかなかほかの友だちについていけません。発表会のダンスの練習にも参加しようとせず、いつも部屋の隅でみんなが練習しているのを眺めていました。ところが、発表会が間近にせまったある日、Bちゃんがすっくと立ち上がり皆と一緒に踊りはじめたので皆びっくり。しっかり観察して、振りつけを覚えていたのです。

4　発達障害

　最近幼稚園や小学校で最も問題になっている発達障害とは一体どんな障害でしょうか。発達障害者支援法（2005年）によると、発達障害とは「自閉症、アスペルガー症候群その他の広汎性発達障害、学習障害、注意欠陥多動性障害その他これに類する脳機能の障害であってその症状が通常低年齢において発現するもの」とされています。しかし2013（平成25）年に出版されたDSM-5では、アスペルガー症候群・広汎性発達障害は、「自閉症スペクトラム障害」（ASD）としてひとくくりにされました。また、学習障害は全般的な知的発達に遅れはないですが、読む、書く、

コトバ

DSM-5
アメリカの精神医学会が出している精神障害の診断と統計マニュアル（Diagnostic and Statistical Manual of Mental Disorders）の第5版。2013年に改訂された。

計算する、推論するなどのうち特定のものの習得に著しい困難を示すということから、「限局的学習障害」（SLD）と呼ばれるようになりました。

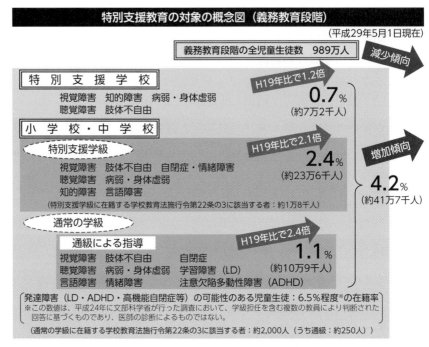

図12−1　特別支援教育の対象の概念図

出所：内閣府「平成30年版障害者白書」

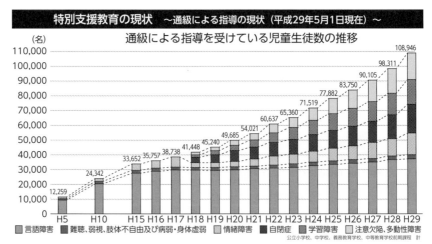

図12−2　通級による指導を受けている児童生徒数の推移

出所：文部科学省「（参考）通級による指導の現状」

通級による指導

大部分の授業は通常の学級で受けながら、一部の時間で障害に応じた特別な指導を受ける（学校教育法施行規則）。

図12−1をみると、児童・生徒数は減少傾向にあるにもかかわらず、特別支援学校、特別支援学級、通級による指導を受ける対象者が増加しているのがわかります。なかでも特別支援学級、通級指導は2007（平成19）年から倍増しています。その内訳をみると、言語障害や身体障害の児童生徒数はほとんど変わりませんが、発達障害者支援法制定以降発達障害の児童生徒が特に急増していることがうかがえます（図12−2）。

ただSLDは小学校に入学後に明らかになることが多く、幼稚園で特に問題になるのはASDと、注意欠陥・多動性障害（AD/HD）であると考えられるのでここではふれません。

① 自閉症スペクトラム障害：ASD（Autism Spectrum Disorder）

DSM-5の定義では、大きく2つの特徴をもつとされています。1つは社会的コミュニケーションや社会的相互作用（表情や身振り、情緒的な関わりなど）が持続的に欠損していること、2つ目は行動や関心、活動が限定的で反復的であるということです。

典型的な自閉症の場合、言葉ではエコラリア（反響言語）がみられたり、外見的には手をヒラヒラさせていたり、跳びはねたり、身体を前後に揺らすロッキング運動を繰り返したり、独り言をいいながらうろうろ動き回っていたりする様子がみられることが多いですが、いったん興味をひかれるものに出会うと、非常に集中して取り組みます。こだわりが強く、自分のやり方を変えようとしないこともありますが、それも個性と考えてクラス運営に支障のない限り受け入れていくことも必要でしょう。

ほかの子どもたちと関わることは苦手で、集団活動に参加するのは困難なことが多いです。ただ集団から離れたところでうろうろしながらも皆が何をしているかみたり感じたりしているものです。無理に集団のなかに入れるより興味を示したこと、できることから参加させることを試みます。

また、クラスの子どもたち全員に一斉に与える指示は理解できないことが多いので、個別に絵カードや写真などを用いて具体的に説明します。先の見通しが立たないと不安になることが多いので、教室には1日のスケジュールや、週間予定表などわかりやすく書いて掲示しておくと、それを指して「1じから、えほんをよむじかんです」などと伝えることができます。

② 注意欠陥・多動性障害
①注意欠陥：AD（Attention Deficit）

注意欠陥とは、DSM-5の定義では、細やかな注意ができず、ケアレ

コトバ

エコラリア
聞いた言葉を即座にオウム返し（即時性エコラリア）したり、CMのセリフや駅のホームのアナウンスなどを繰り返し口にしたりする（遅延性エコラリア）。

スミスをしやすい、上の空や注意散漫で、話をきちんと聞けないように
みえる、注意を持続することが困難、指示に従えず、宿題などの課題が
果たせない、課題や活動に必要なものを忘れがちである、外部からの刺
激で注意散漫となりやすい、といった症状が 6 か月以上持続しているこ
ことと記されています。しかし幼児の場合、このような様子がみられるの
はごく普通のことです。医療機関で診断を受ける必要があるのは、ほか
の子どもに比べて症状が特に目立っており、そのことで家庭や幼稚園で
の生活に大きな支障が出ている場合に限られるでしょう。

②多動性障害：HD（Hyperactivity Disorder）

　多動性障害とは、DSM- 5 の定義では、着席中に、手足をもじもじし
たり、そわそわした動きをする、着席が期待されている場面で離席する、
不適切な状況で走り回ったりよじ登ったりする、静かに遊んだり余暇を
過ごすことができない、しゃべりすぎる、順番待ちが苦手である、ほか
の人の邪魔をしたり、割り込んだりする、といった症状が 6 か月以上持
続していることと記されています。これらの症状も、幼児にとってはよ
くあることばかりです。小学校に入って学習時間が大半といった学校生
活になると、このような症状はほかの子どもたちの学習の妨げにもなり、
見過ごすことはできないかもしれませんが、幼児期に診断されるのはよ
ほど症状が目立っており、家庭や幼稚園での生活に支障が出ている場合
です。たとえば何度注意しても急に道路に飛び出したり、物を投げたり、
ほかの子どもたちをたたくなど危険なことをする場合は、何らかの対策
が必要でしょう。

　しかし、そのような場合も「○○してはいけません！」「○○はダメ！」
と否定したり叱ったりするばかりではなく、「○○しよう！」と望まし
い方向に注意をむけさせることが大切です。望ましくない行動をやめな
い場合は、そのことには気づかないふりをして、少しでも望ましい行動
がみられた瞬間をとらえて「あら！　○○できたね！」とほめると、子
どもはこうすればいいんだということがはっきりわかります。多動性の
子どものあり余っているエネルギーを望ましい運動や行動、制作などに
向けることができれば、むしろほかの子どもたちの牽引役になることが
あります。

第2節
発達が気になる子どもたち

学習のポイント
●ほかの子に比べて発達の遅れがみられる子どもについて学びましょう。
●いわゆる「気になる子」の気になる部分を見極めましょう。

1　身体の使い方がぎこちない子どもたち

　最近、発達性協調運動障害という言葉をよく耳にします。初めてこの言葉が使われたのは1987（昭和62）年に出版されたDSM-3ですが、それまでは「運動神経が鈍い」「不器用」などといわれてきました。AD/HDやSLDを併発していることもあり、幼稚園でのいろいろな活動への参加に支障をきたすことがあります。また、友だちとの遊びにもついていけず孤立してしまう可能性があります。

　大きく分けて粗大運動（身体全体を使う運動、走る、跳ぶ、投げるなど）、微細運動（手先を使う運動、お絵かき、折り紙、ハサミを使う工作など）、協応動作（目と手を使うキャッチボール、手と足を使う縄跳びや自転車、両手の動きを協応させる太鼓や木琴の演奏、あやとりなど）に障害がみられます。原因はまだ明らかにされておらず、これといった治療法もありませんが、適切なトレーニングによって、少しずつではあっても改善することがわかっています。

コトバ

発達性協調運動障害
身体や知能に障害があるわけではないのに運動や手先の作業が困難。特に手と足を協調させる自転車や縄跳びなどが苦手であったり、折り紙がうまくできなかったりする。

事例12-3　左右交互に肩たたきができるようになったC君

　C君は発達障害の診断を受けています。言葉のオウム返しや他者とのコミュニケーションが取りづらいなど自閉症スペクトラム障害の症状がみられますが、それに加えて身体動作のぎこちなさが目立ちます。でも和太鼓が好きで週1回の和太鼓教室の練習に機嫌よく参加していました。ただいつも前かがみの姿勢であるうえ、皆と同じようには腕も上がらず、バチさばきや、力のコントロールもうまくできません。しかしはじめて5年ほどたったとき、お母さんから「いままで肩たたきは、両手同時にたたいていましたが、左右交互にたたけるようになりました」

と報告がありました。

2　言葉の発達が気になる子どもたち

　保護者の心配事で最も多いのが言葉の障害・遅れです。この原因には聴覚に異常がある場合、口腔機能や声帯、口のまわりの筋肉など発声器官に異常がある場合、大脳の言語野に異常がある場合などがあります。

　初語の表出が遅い子ども、あるいは「たたな（さかな）」「てんてー（せんせい）」「おたあたん（おかあさん）」などカ行、サ行がうまくいえないなど、いわゆる構音障害がみられる子どもがいる場合は聞こえに異常がないか気をつけることが必要です。ダウン症など知的障害があって、単語を並べるだけで文を構成できなかったり、「きょうは、公園は、行きました」「○○ちゃんが、ぶらんこが、します」など助詞の使い方をはじめとした文法の誤りがみられることもあります。保育者は、誤りを正すのではなく、「公園へ、行ったのね」「○○ちゃんが、ぶらんこにのってるのね」などとゆっくり、はっきり、正しい言葉づかいで話しかけましょう。

　また、場面緘黙（ばめんかんもく）や吃音（きつおん）がみられる場合は家庭環境や友だちとの関係など心因性の原因についても気をつける必要があります。

3　友だちとうまく遊べない子どもたち

① 動作や言葉の発達がゆっくりしている子の場合

　明らかな障害があるわけではないけれど、動作や理解力、言葉の発達がゆっくりだったりしてほかの子どもたちとの遊びについていけない子や一緒に遊ぼうとしない子がいます。もっとも生まれ月が遅いことや、おっとりした性格、一人遊びが好きという場合もあるので一概に保育者が介入すべきかどうかは時と場合によるでしょう。介入が必要と思われるときは、保育者と1対1で遊ぶことで遊びのルールや楽しさを覚え、徐々に友だちとも遊べるように促します。少しルールを簡単にするなど、ほかの子どもたちに協力してもらう手もあります。

② 自分中心で我慢できない子の場合

　いつも自分が中心でないといや、競争にはいつも勝てないと我慢できないという子どもがいます。ゲームをしていても、かけっこをしていても、自分が負けそうになると途中で投げ出したり、ほかの子の邪魔をし

コトバ

場面緘黙
家では普通に話せているのに幼稚園や学校など特定の場所でのみ話せなくなる。

吃音
話し言葉が滑らかに出てこない障害。はじめの音を繰り返す連発性、はじめの音がつまってなかなか出てこない難発性などがある。

たりします。ほかのだれかが主役になったり、競争に負けて泣いたりかんしゃくを起こしているときは、ほかの人の気持ちになってみることや、負けることがダメということではないこと、負けてもがんばったことがすごくカッコイイということを、保育者が負け役になってうまく伝えてみましょう。

③ 自分の気持ちが表現できない子の場合

いっしょに遊びたいけれど、自分の気持ちがうまく言葉で表現できず、いつもトラブルになってしまう子どもがいます。仲よくしたい気持ちが過剰で、相手の気持ちを考えずにしつこく関わりすぎたり、自分の主張が言葉で表わせず、突き飛ばしたりたたいたりなど手が出てしまう、あるいは泣き出してしまうなどです。こういうとき「『ぼくは、先にこれをやりたい』といえばいいんだよ」、「『わたしは、○○ちゃんといっしょにブランコにのりたいの』といってみよう」、というように保育者が言葉がけの仕方を具体的に示すのも1つの方法です。

4　落ち着きがなく、集中が続かない子どもたち

① 遊びや制作にじっくり取り組めない子の場合

遊びの場面で、1つのおもちゃで遊んでいたかと思うと急にそれを放り出してお友だちが遊んでいるのを邪魔しに行ったり、おもちゃを無理に取ったりする子どもがいます。また、お絵かきや粘土細工など制作のときも、最後まで取り組めず、途中でどこかへ行ってしまいます。

落ち着きがないから「多動」だ、と決めつけてしまわないで、その原因がどこにあるのか、その子どもの生活全般をみていく必要があります。

② 最後まで座って給食が食べられない子の場合

同じ姿勢を保つことができず、椅子からずり落ちてしまったり、立ち歩いてしまったりする子どもがいます。また、食べる意欲はあるはずなのに、スプーンやはしがうまく使えず食べものをかき回して遊んでいるようにみえることがあります。このような場合は感覚統合がうまく機能していないことも考えられます。落ち着いてしっかり食べるには、よい姿勢で座り、うまく食器を扱うことが必要です。椅子にしっかり座れるように運動感覚や平衡感覚のトレーニングを行ったり、両手でうまく茶碗やはしをもてるよう指先のトレーニングを行ったりして、自分の身体をうまく使えるようにしたいものです。

感覚統合

「身の回りにある様々な感覚情報から必要な情報を受け取り、脳のなかで情報をまとめあげること」で、それによって環境に対して適切に反応できるようになる（日本感覚統合学会 HP より）。

遊びのなかで育てる

1 身体を使う遊び

コトバ

ボディイメージ

身体感覚。自分の身体の各部分の位置や動きを感じること。

障害のある子どもには、身体の動きのぎこちなさをはじめ粗大運動の遅れがみられることがあります。その原因の1つに、ボディイメージがつかめていないことがあげられます。たとえば、自画像（全身）を描いてもらうと胴体から上の部分だけしか描けなかったり、「腕をまっすぐ上にのばしましょう」といっても曲がっていたり、「右足を前に」といっても出せなかったりすることがあります。特にイメージしにくい下半身、足先まで使う遊びで、自分の身体のすみずみまで意識するように促します。

遊びの例

● 「飛び石遊び」

石のかわりに飛び飛びに円を描いて、それを踏みながら跳んでいきます。ジャンケンで勝った人が進んだり、ケンパにしてもいいでしょう。

● 「こうもり」「豚の丸焼き」

鉄棒に両脚をひっかけ、頭を下にしてこうもりのようにぶら下がったり、豚の丸焼きのようなポーズで両手両脚を使って鉄棒につかまったりします。

● 「ペットボトルボウリング」

2リットルのペットボトルをボウリングのピンにして、ボールを手で転がして当てたり、足でけって当てたりします。

そのほか、「玉入れ」「大玉（バランスボール）転がし」「綱引き」などもあります。

2　手先を使う遊び

　自閉症スペクトラム障害やダウン症の子どもには手先を使う微細運動が苦手な子どもがいます。日常の動作、たとえばお箸をもったり、ボタンをはめたり、本のページをめくったりがスムーズにできません。手先の器用さは、文字を書いたり、制作やさまざまな器具の操作などにも必要になってくるので、細かく手先を使う遊びで慣れるようにしたいものです。

遊びの例

●「ブロックの色分け」

　いろいろな色のブロック（レベルに合わせて大きめのものから、細かいものまで）をピルケースなど仕切りのある箱に色分けして入れます。

●「めいろ」

　描かれた迷路をはみ出さないようにえんぴつでたどります。

　そのほか、「ぬりえ」「おりがみ」「あやとり」などがあります。

3　言葉を使う遊び

　言葉の遅れがみられる子どもには、難聴で正しい発音が聞こえていない場合、言葉でのコミュニケーションが著しく乏しい環境で育った場合、ダウン症など口腔機能不全や記憶能力が低い場合、音韻を認識できない場合、言葉を聞いてもイメージできない表象能力の問題などが考えられます。

　遊びのなかで正しい発音の言葉を聞いたり発音したりする機会をつくり、言葉でコミュニケーションをとることの楽しさを経験できるようにします。

遊びの例

●「言葉あつめ」

　「『あ』がつく言葉」「『か』がつく言葉」などを集めます。あるいは、「赤いものなあに？」「冷たいものなあに？」「こわいものなあに？」などの問いかけに答えます。

コトバ

音韻

ここでは言葉を構成している音の数や響き。たとえば「つみき」という言葉は「つ」「み」「き」という3つの音で構成されている。

表象能力

目の前に物がなくても、頭のなかで思いうかべることができる能力。

● 「はんたい言葉」

「からあげ」→「げあらか」など、言葉を後ろからいいます。

● 「言葉サイコロ」ですごろく

「イヌ」「キリン」「ライオン」など動物や「バナナ」「かきごおり」など食べものなどの絵を描いたサイコロをふって、出た絵の音の数だけ進みます。

そのほか、「かるた」「しりとり」などがあります。

4　音楽遊び

コミュニケーションがとりにくい自閉症スペクトラム障害や発達障害の子どもたちには、言葉で語りかけるより、歌いかけるほうが伝わる場合があります。そして、歌だけでなく太鼓やタンバリン、カスタネットなどの楽器の演奏に興味をもつ子どもも多くいます。操作が難しかったり、手先の器用さが必要だったり、音符を読むといった知識が必要だったりすると、取り組むのは困難かもしれませんが、遊びのなかで楽しんでできる音楽を取り入れることはコミュニケーション力を育てるうえで有効な方法です。

遊びの例

●手遊び歌

「グーチョキパーでなにつくろう」

「おはなしゆびさん」：指を立てるのと笑い声の部分で参加します。

「大きな栗の木の下で」：「小さな……」に変えたりします。

●替え歌

「こぶたぬきつねこ」の替え歌：たとえば「からす・すずめ・めだか・かめ」に変えて、鳴き声の部分は「カアカア、チュンチュン、スイスイ、ノロノロ」などみんなで考えます。

※つばめ→スイスイ、ぞう→のっしのっし、へび→にょろにょろ、などオノマトペをみんなで考えると、いろいろアイデアが出て盛り上がります。

「うさぎとかめ」の替え歌：たとえば子どもたちに好きな食べものを考えてもらい、それをつないで「うさぎとかめ」のメロディーで歌にします。「♪スイカにブドウ、かきごおり、フライドポテト、ハンバーガー、コロッケ、うどん、ハンバーグ、おこのみやきもおいしいな」など。

+α

音楽療法

「音楽のもつ生理的、心理的、社会的働きを用いて、心身の障害の回復、機能の維持改善、生活の質の向上、行動の変容などに向けて、音楽を意図的、計画的に使用すること」（日本音楽療法学会）と定義されており、障害児の療育現場でも用いられている。

コトバ

オノマトペ

物の音や声をあらわす擬声語（ワンワン、ドンドンなど）や、状態をあらわす擬態語（ヌルヌル、ピカピカなど）のこと。

●リズム打ち

「しあわせなら手をたたこう」：手拍子、足拍子、あるいは「しあわせならタンバリンたたこう」「しあわせなら鈴ならそう」など楽器を使います。

「大きなたいこ」：大きく、小さく。また「○○ちゃんの太鼓、……、○○ちゃんのカスタ、……」などと指名します。

「山のおんがくか」（タタ、タンタンタン……）に合わせてリズム打ちなど。

　いっしょにやりましょう、と促しても参加しようとしない子どもがいます。歌に興味を示さないとき、歌詞にその子どもの名前（コウちゃん）を入れてみましょう。たとえば「さっちゃん」（作詞：阪田寛夫、作曲：大中恩）の歌を「コウちゃんはね、からあげだいすきほんとだよ……」と替え歌にすると、とてもうれしそうに目を輝かせて歌いはじめることがあります。また、楽器をもちたいけれど自信がなくてもてない子どもには、手袋を使ったパペット（たとえばウサギ）をはめてもらい「ウサギさんがタンバリンたたきたいっていってるよ。たたかせてあげよう」と声をかけてみましょう。自分の手ではなくウサギさんがたたいていることになると、進んでたたきはじめるかもしれません。

事例12−4　リズムに注目するようになったD君

　D君は声をかけても視線を向けることなく、常に走りまわっている男の子でした。そこで、太鼓の時間に大きくドン、ドコ、ドンとたたいて「こん　にち　は！」と声をかけてみると、D君は太鼓の大きな音に（えっ、なに？）という感じで興味津々で近寄ってきて、バチを奪い取りました。「ドン、ドン」とたたいてはバチを放り出し、また走りまわります。「ドン、ドン、ドン」（「D君！」）また寄ってきます。「おおきなたいこ、ドーンドーン、ちいさなたいこ、トントント……」これを繰り返すうち、「おおきなたいこ……」と歌うのを止めて待っていると、駆け寄ってきて「ドーン、ドーン」とたたくようになりました。

インクルーシブ教育

学習のポイント
●幼稚園でインクルーシブ教育を進めていくうえで必要な配慮を考えましょう。
●地域の人々や関係機関との連携を学びましょう。

ノーマライゼーション
1950年代、デンマークのバンク - ミケルセン（Niels Erik Bank-Mikkelsen 1919-1990）が唱えたもので、障害のある人もない人と同様に普通の生活を送れるべきであるという理念。

障害者の権利に関する条約
障害者の人権及び基本的自由の享有を確保し、障害者の固有の尊厳の尊重を促進することを目的として、障害者の権利の実現のための措置等について定める条約。2006（平成18）年国連総会において採択された。日本では2014（平成26）年から効力が発生。

1　教育者にとって必要な配慮

　いま、教育の場では「インクルーシブ教育」がキーワードになっています。インクルーシブというのは「包み込む」「包括的」ということですが、障害のあるなしにかかわらず、すべての子どもたちが等しく、それぞれが望む教育を受ける権利を有するというのが基本的な理念です。健常と障害を線引きするというのはまったく無意味なことで、一人ひとりの個性を見極めて育ててゆくというのが本来の教育のあり方であるはずです。

　特に幼稚園は、インクルーシブ教育を実践する場として大きな期待を寄せられています。幼稚園は子どもたちが最初に経験する教育の場です。園内はもちろん、保護者や関係機関との連携を緊密にとり、情報を共有することで、その後の子どもたちの人生に対し途切れのない支援が実現できるようにしたいものです。

　障害者の権利に関する条約では、インクルーシブ教育のなかで「個人に必要とされる合理的配慮が提供されること」（第24条2項（c））とされています。2016（平成28）年文部科学省幼児教育部会における審議の取りまとめの特別支援教育の充実に関する項目では、日々の活動における配慮として「教師の声掛けや援助の仕方を工夫したり、安心して取り組める遊びを段階的に取り入れたりして、成功体験を積み重ねられるようにするなどの配慮を行う」など具体的な事項が検討されています。

　しかし、障害がなくても走るのが苦手な子、絵を描くのが苦手な子、友だちをつくるのが苦手な子がいます。そして誰もが何らかの思いや不安を抱えて幼稚園にやってきます。保育者が声かけや援助の仕方を工夫しなければならないのは障害のある子だけではありません。上記の審議事項の最後に「こうした困難さへの配慮が充実することは、全ての幼児の指導の充実にも資するものである」と締めくくられています。このこ

とこそがインクルーシブ教育の最も意義のある点だといえるでしょう。

2　保護者との連携

　子どもの発達に合わせて適切な教育を行うために個別支援計画を立てることは、園内や関係機関との連携をとるうえで大事なことです。しかし、その前にまず保護者と緊密な連携をとって、信頼関係を築くことが大切です。保護者がどの程度子どもの障害を受容できているかを察して、その気持ちに寄り添い、園全体で子育てを支援するという姿勢を示し理解を得ることが必要です。

　もっとも、保護者にもさまざまなタイプがあり、家庭事情もさまざまです。療育に積極的な保護者もいれば、無関心な保護者もいます。それ以前に障害を認めたくないという保護者もいるでしょう。こちらの思いが受け入れられず無力感にさいなまれることもあるかもしれませんが、一番大事なのは子どもがいかに楽しく毎日を送れるかということです。根気強く、子どもにも保護者にも向き合う必要があるでしょう。そして、どんな子どもも親にとってはかけがえのない存在だということを忘れず「○○君は皆が思いつかないようなあそびを創作してくれました」「今日は自分からおかたづけができましたよ」など、その子のよいところを毎日1つは必ずみつけて保護者に報告することも、信頼を得るきっかけになるものです。

3　近隣の幼稚園、地域の専門機関との連携

　障害のある子どもやその家族を支えていくには、さまざまな知識や情報、さまざまな形での援助が必要です。そのためには園内だけでなく近隣の幼稚園や専門機関と常に連絡を取り合えるよう、研修会を行ったり訪問したりして関係を密にしておくことが大切です。特に地域の幼稚園教員養成課程を有する大学・学部や幼児教育研究団体では障害児に関する新しい知見や情報が得られるでしょうし、児童発達支援センターや保健センターなどでは子どもだけでなく保護者にとって有用な情報が得られます。近年、発達障害者支援センターの地域支援機能も強化されています（平成29年版障害者白書）。医療面、福祉、教育面など専門的なアドバイスを受けられる機会には積極的に参加して学び、教育現場に反映させたり、保護者に情報を提供したりできるようにしたいものです。

（水野　惠理子）

コトバ

合理的配慮

「障害者が他の者と平等に全ての人権及び基本的自由を享有し、又は行使することを確保するための必要かつ適当な変更及び調整であって、特定の場合において必要とされるものであり、かつ、均衡を失した又は過度の負担を課さないものをいう」（障害者の権利に関する条約第2条定義）
たとえば障害に応じた設備・遊具・教材などの整備や支援する人材の確保など。

児童発達支援センター

2017（平成29）年時点で全国に528か所設置。発達障害ほか支援を必要とする人やその家族への相談支援・発達支援・就労支援及び啓発活動と研修などを関係機関と連携しながら行っている。

演習課題

① 多動で言葉でのコミュニケーションがとりにくい発達障害の子ども
　 がいる場合、小学校入学までどのようなことに注意して教育すれば
　 よいか考えてみましょう。
② 障害がある子ども、発達の遅れがみられる子どもの保護者と信頼関
　 係を築くにはどのようなことに注意すればよいか考えてみましょ
　 う。

【引用・参考文献】

Shizu　平岩幹男監修　『発達障害の子どもを伸ばす魔法の言葉かけ』　講談社　2013 年

上林靖子監修　『保育士・教師のためのティーチャーズ・トレーニング　発達障害のある子
　 への効果的な対応を学ぶ』　中央法規出版　2016 年

尾野明美・小湊真衣・奥田訓子編著　『特別支援教育・保育概論——特別な配慮を要する子
　 どもの理解と支援』　萌文書林　2019 年

鴨下賢一編著　『学校が楽しくなる！　発達が気になる子へのソーシャルスキルの教え方』
　 中央法規出版　2013 年

鴨下賢一編著　『発達が気になる子の脳と体をそだてる感覚あそび』　合同出版　2017 年

木村常雄・佐々木正美監修　『発達障害のある子が楽しめる　あんしんあそび』　すばる舎
　 2016 年

厚生労働省　「平成 30 年度障害者総合福祉推進事業　『知的障害の認定基準に関する調査研
　 究』報告書」
　 https://www.mhlw.go.jp/content/12200000/000521597.pdf（2019 年 11 月 13 日アクセス）

小平雅基・中野圭子監修　『気になる子のために保育者ができる特別支援』　学研　2014 年

汐見稔幸・無藤　隆監修　『〈平成 30 年施行〉保育所保育指針　幼稚園教育要領　幼保連携
　 型認定こども園教育・保育要領解説とポイント』　ミネルヴァ書房　2018 年

滝川一廣ほか編　『そだちの科学　NO.31 ［特集］自閉症スペクトラムのいま』　日本評論社
　 2018 年

日本感覚統合学会（2019 入門講習会案内）
　 https://www.kokuchpro.com/group/si_japan/（2019 年 11 月 13 日アクセス）

内閣府　「平成 29 年版障害者白書」「平成 30 年版障害者白書」

日本相談支援専門員協会編　『障害のある子の支援計画作成事例集　発達を支える障害児支
　 援利用計画と個別支援計画』　中央法規出版　2016 年

『発達　NO.149 ［特集］"気になる子"の発達と保育』　ミネルヴァ書房　2017 年

藤永　保監修　『障害児保育　子どもとともに成長する保育者を目指して』　萌文書林　2015 年

水田和江・増田貴人　『障害のある子どもの保育実践』　学文社　2010 年

水野惠理子　『心とからだを育てる和太鼓』　かもがわ出版　2018 年

宮原資英　『発達性協調運動障害　親と専門家のためのガイド』　スペクトラム出版社　2017 年

無藤　隆・保育教諭養成課程研究会　『幼稚園教諭養成課程をどう構成するか〜モデルカリキュラムに基づく提案〜』　萌文書林　2017 年

文部科学省　「(参考) 通級による指導の現状」　平成 31 年

　http://www.mext.go.jp/component/a_menu/education/micro_detail/__icsFiles/afieldfile/2019/03/06/1414032_09.pdf（2019 年 8 月 23 日アクセス）

文部科学省　「障害者の権利に関する条約（抄)」

　http://www.mext.go.jp/b_menu/shingi/chukyo/chukyo3/044/attach/1323315.htm（2019 年 8 月 23 日アクセス）

文部科学省　「特別支援教育について」

　http://www.mext.go.jp/a_menu/shotou/tokubetu/004/003.htm（2019 年 8 月 23 日アクセス）

文部科学省　「幼児教育部会における審議の取りまとめについて（報告)」　平成 28 年

　http://www.mext.go.jp/b_menu/shingi/chukyo/chukyo3/057/sonota/1377007.htm（2019 年 8 月 23 日アクセス）

第13章

虐待経験の影響と求められる支援教育

　虐待は子どもの心身に大きな影響を及ぼします。しかし、報道であるような痛ましいものだけが虐待ではありません。そしていま、目の前にいる子どもたちの変化にいち早く気づき、適切に対応し続けることが、日常的に子どもたちと関わりの多い私たち大人に託された使命といえます。それでは、どのようなことが虐待といえるのでしょうか。

　この章では児童虐待の現状と影響、具体的な支援技術について学んでいきましょう。

第1節
児童虐待とは

学習のポイント
- ●大きな社会問題となっている児童虐待の痛ましい状況を把握しましょう。
- ●児童虐待が乳幼児の心身に及ぼす深刻な影響について理解を深めましょう。

児童の年齢

児童の年齢区分に関しては、1947（昭和22）年に公布された「児童福祉法」によって「満18歳に満たない者」と定義されている。

ケンプ

C. Henry Kempe
(1922-1984)
「バタード・チャイルド・シンドローム」（殴打された子どもにみられる症候群）を報告して児童虐待への社会的関心を高めたアメリカの小児科医である。

1　年々増加する児童虐待

1　日本における児童虐待の現状

　最近、連日のように児童虐待に関する報道を見聞きします。たとえば今でも多くの人の記憶に残る悲惨な出来事として、2018（平成30）年3月に発生した「目黒女児虐待事件」があげられるでしょう。この事件で亡くなった5歳の女の子は日ごろから十分な食事を与えられず、「しつけ」と称して日常的に父親から暴行を受けていました。そして、まだ就学前にもかかわらず、おそらく覚えたばかりであろう平仮名で「もうおねがいゆるしてください」と切実な思いをノートにつづって必死に救いを求めていました。しかし、最期まで虐待がやむことはありませんでした。

　ケンプが活躍したアメリカでは日本よりもさらに児童虐待が深刻であるといわれています。しかし、近年では日本各地でも児童虐待が頻発しており、とても大きな社会問題となっています。図13-1に示した厚生労働省の資料によれば、児童虐待に関する相談の対応件数は年々増加の一途をたどっており、減少する気配がみえません。なかには子どもを保護するはずである児童養護施設の職員が虐待に加担した事例も報道されるなど、事態は一層深刻であるといえます。

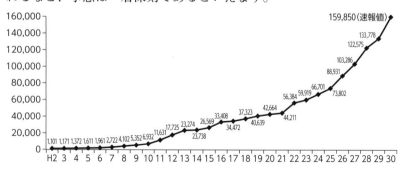

図13-1　児童相談所での児童虐待相談対応件数とその推移

出所：厚生労働省「平成30年度　児童相談所での児童虐待相談対応件数」

　しかし、こうした児童虐待はある日突然発生したというわけではありません。現在子どもを虐待によって苦しめている大人が子どもであったころにもやはり児童虐待はありました。これまでと比較して児童虐待に関する相談件数が近年著しく増加した背景には、世界的な人権意識の高まりと共に「子どもの人権」に対する人々の意識が変化したことや、行政が広報などで身近にある虐待を通報するように人々に呼びかけるようになったことなどが大きな要因としてあげられるでしょう。そして、その結果としてこれまで「家庭の問題」として介入に消極的だったこの事案に対して人々が目をそらさずに向き合うようになったのだと考えられます。

２ 虐待の種類とその原因

　こうした虐待は大きく４つのものに分けることができます。厚生労働省は、これを表13−1のように定義しています。

表13−1　虐待の定義

身体的虐待	殴る、蹴る、投げ落とす、激しく揺さぶる、やけどを負わせる、溺れさせる、首を絞める、縄などにより一室に拘束する　など
性的虐待	子どもへの性的行為、性的行為をみせる、性器を触る又は触らせる、ポルノグラフィの被写体にする　など
ネグレクト	家に閉じ込める、食事を与えない、ひどく不潔にする、自動車のなかに放置する、重い病気になっても病院に連れて行かない　など
心理的虐待	言葉による脅し、無視、きょうだい間での差別的扱い、子どもの目の前で家族に対して暴力をふるう（ドメスティック・バイオレンス：DV）　など

出所：厚生労働省「児童虐待の定義と現状」

　厚生労働省によると、2017（平成29）年度の場合には心理的虐待の割合が最も多く、次いで身体的虐待の多さが指摘されています。このように年を追うごとに増え続ける児童虐待ですが、その加害者の多くは実母であるといわれています。では、こうした人たちはせっかく授かり、産み育てた実の我が子をなぜ無慈悲にも虐げてしまうのでしょうか。

　児童虐待が起こる原因としては、さまざまな要因が指摘されています。たとえば、女性の社会進出が盛んになるにつれて仕事と育児の両立に困難を抱える母親が多くなりました。これに加えて近年では人々が互いの

児童の権利に関する条約

1989（平成元）年に第44回国連総会において採択され、1990（平成2）年に発効したこの条約では子どもの市民権や政治権なども認められている。

ドメスティック・バイオレンス：DV

これは一般に「家庭内暴力」と訳されているものであるが、最近では「デートDV」というような使われ方もしている。

マルトリートメント

虐待というと、身体的虐待だけを連想しがちなので、平山ほか(1996)はマルトリートメント（不適切なかかわり）という概念を紹介している。

核家族

夫婦とその未婚の子女からなる家族のことであり、あらゆる家族の基礎的単位である。

経済的虐待

高齢者の資産などを不当に使用したり、処分したりすること。

生活に無干渉、無関心になり人間関係が希薄化しており、さらに核家族化の進展のために育児に関して悩んでいても相談する相手が身近におらず、母親は常に孤立しがちです。

　特に子どもの心身に何らかの障害がある場合、その介護を一人でするのも大変な作業です。こうして子育てが自分の思い通りにならないことからその強いストレスを立場の弱い我が子にぶつけてしまうのです。

　そのほかの原因としては、アルコールや薬物の乱用など親の精神疾患による子どもへの不適切な関わり方や、父親の会社が倒産したり、リストラされたりして経済的に困窮することにより、十分な食事を与えられない、または与えないという事態があります。さらに最近ではネットの普及によって興味本位から我が子の裸体を他人と共有する親まで出現し、子どもの人権は著しく侵害されています。

　こうして虐待を受けて育った子どもは、人格の形成に何らかの問題があることも多く、本人が親になったときに自分が受けた虐待と同じことを今度は自分の子どもにしてしまうこともあります。これを虐待の世代間連鎖といいます。これは必ずそうなるというものではありません。しかし、我が子に対して痛ましい虐待を繰り返す親も実は子ども時代に虐待の被害者であったことが多いのです。図13－2は、虐待の原因が1つだけとは限らず、互いに何らかの関連性があることを表しています。こうした児童虐待の芽はどこかで断ち切らなければなりません。

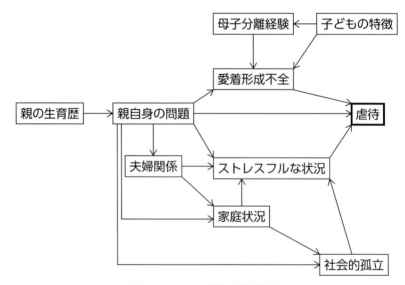

図13－2　虐待の発生要因

出所：庄司順一　『子ども虐待の理解と対応　子どもを虐待から守るために』改訂新版　フレーベル館　2007年

2　児童虐待による心身へのさまざまな影響

虐待は子どもにさまざまな悪影響を及ぼします。ここでは虐待によって引き起こされる主な症状についてみていきましょう。

1 外からみてわかる症状

ネグレクトによって保護者から十分な食事が与えられない場合、栄養が不足して同年代の子どもよりも身長が低かったり、体重が軽かったりすることがあります。また、お風呂に入ることが少なかったり、虫歯になってもお医者さんに連れていくことがなかったりすると身体的に不衛生な状態のまま生活をすることになります。そこからさまざまな病気にかかるリスクも高まります。身体的虐待を受けている場合、皮膚の表面に不自然なアザや切り傷がある場合も多く、服をめくってみるとタバコの火を押しつけられたような痕がみられることもあります。また、ほかの子どもと比較して言語、認知発達やコミュニケーションに何らかの遅れがみられたりする場合もあります。

2 外からみてわからない症状

身体にみられるアザやタバコを押しつけられた痕などとは違って、一見したところわからないのが虐待による脳へのダメージです。人間の脳には約140億ともいわれる神経細胞（ニューロン）があります。これは脳内でネットワークを形成しており、さまざまな情報をやり取りする働きがあります。しかし、池谷（2001）は、手でゲンコツをつくって軽く頭を叩くだけでも数多くの神経細胞が死滅することを指摘しています。

また友田・藤澤（2018）によると、脳の画像研究から虐待を受けた人の脳波には異常が認められることや、何かを記憶をするときに重要な働きをする海馬と呼ばれる部分が健康な人と比較して小さいことがいわれています。さらに、目に映った物事の意味合いを解釈し、それが何であるのかを認識するのに重要な働きをする視覚野と呼ばれる部分も悪影響を受けると指摘されています。本節の冒頭で引用した「目黒女児虐待事件」でも、司法解剖の結果から臓器に萎縮が認められています。このように児童虐待は、外からみえない部分にもさまざまな悪影響を子どもに与えるのです。

3 心へのさまざまな悪影響

こうした児童虐待は、目にはみえない「子どもの心」にも深刻なダメージを与えます。たとえば、その一例として愛着障害があります。友田・藤澤（2018）によると、これは乳幼児期に長期にわたって虐待などをうけ、養育者と適切な愛着関係を結ぶことができなかったことによって生じる

海馬

大脳辺縁系にあるタツノオトシゴの形をした脳の器官であり、記憶に対して重要な働きをしている。

障害の総称のことです。

　第1章でもみたように、子どもが母親的な存在と適切な愛着関係を結べなかった場合、さまざまな問題が生じます。この障害の特徴として対人関係が上手くいかず、初対面の人にも馴れ馴れしく接近して他人から困惑されたり、自分に好意をもってくれる相手に対しても信頼できずに攻撃的になったりすることがあります。友田・藤澤（2018）は、このほかにも次のような精神疾患が虐待によって引き起こされるとしています。

精神疾患
精神疾患は、がん、脳卒中などに加えて現在5大疾病とされている。

●うつ病
　気分障害の1つである。子ども時代に性的虐待を受けて育った被虐待経験者によくみられる。
●不安障害
　過剰に不安や恐怖を感じる状態のことである。不安障害のなかでもパニック障害、広場恐怖症、社会不安障害などは特に小児期に受けた虐待と関係していると考えられている。
●心的外傷後ストレス障害（PTSD）
　心的外傷のことをトラウマといい、震災、事故、暴力など精神的に非常に辛い出来事を体験した後で、時間が経過してもその経験やそれに関する事柄に対して強い反応を示す障害のことである。
●解離性障害
　解離とは、自覚のある精神状態と切り離された状態が何らかの形で出てくることであり、この障害の原因として幼児期や児童期に受けた強い精神的ストレスが関係しているといわれている。
●境界性パーソナリティー障害
　感情のコントロールがうまくできず、気分が変わりやすい特徴があり、ギャンブルなどで浪費する、誰とでも性的関係をもつ、怒りを爆発させやすいなどの衝動的な行動がみられる。
●物質関連障害及び嗜好性障害群
　たとえば、アルコール、ニコチン、カフェインのほかに鎮静剤催眠薬、抗不安剤などの物質の乱用や、依存などと関係する障害である。
●非社会性パーソナリティー障害
　サイコパスとも呼ばれるものであり、法律などを無視したり、平気で人に嘘をついたり、衝動的に攻撃したり、行動する傾向がみられる。

第2節
子どもたちのライフストーリーから

学習のポイント
- 子どもたちのライフストーリーから「傾聴」の重要性についての理解を深めましょう。
- 実際に行われている支援の方法について学びましょう。

第1節では、被虐待児はその生い立ちからさまざまな困難を心や体に抱えている可能性があるということを学びました。そのため、一人ひとりの成長や困難さにあわせた対応や支援を行う必要があります。保育所保育指針第1章総則の養護に関する基本的事項にも、情緒の安定をはかるため一人ひとりにあわせた支援の必要性が明記されています。それでは、どのような支援が求められているのかということを理解するために、さまざまなライフストーリーを具体的にみていきましょう。

1　子どもたちのライフストーリー

2018年、長野県での高校生による弁論大会で、当時高校3年生の飯田芽生愛（めいあ）さんが自身の経験を発表しました（朝日新聞　2018年8月10日）。

事例13－1　児童養護施設での生活

私は幼いころ、母を自殺で亡くしました。母は、終わらない育児、父からのひどい暴力に耐えかねたのだと思います。

母の死後、父の虐待の対象は子どもにうつりました。特に私が標的とされ、学校に行かせてもらうことができず、ご飯ももらえず、夜、雪のなかを引きずられたこともありました。包丁を投げられたことも、お風呂で溺れさせられそうになったこともありました。

そして、さらに児童養護施設での暮らしを以下のように発表されました。

自分のことを気にかけてくれる職員がいて、毎日ご飯が食べ

コトバ

ライフストーリー
ライフストーリーは「人生の物語」を指す。ライフ・ナラティヴ（語り・物語り）も同義である。

児童養護施設
児童福祉法に基づき設置される児童福祉施設の一種。

> られて、学校に行けて、年に 1 回は旅行にも連れて行ってもら
> えます。だから、一般生活において、みなさんとほとんど変わ
> りはないと思います。　　　　　　　（下線は筆者による加筆、以下同様）

また、最後に芽生愛さんは、このような言葉で弁論を終えま
した。

> 私は、皆さんがこれをきっかけに、この問題について目を向
> け、何か思いを抱いてもらうことが一番うれしいです。
> 無関心ほど悲しいことはありません。
> 少しでも関心を抱いてくれた方がいること。
> それこそが、私がここに、立つ意味です。

芽生愛さんは現在、進学し夢に向かって歩んでいます。彼女を支えた
ものは何なのでしょうか。私たちが支援者として、さまざまな困難を抱
えている子どもたちにできることは、一体何なのでしょうか。考えてみ
ましょう。

小野寺（2012）のなかで、中 1 から 6 年間児童養護施設へ入所してい
た A さんは、当時の様子を「施設職員へのぞむこと」として以下のよ
うに話してくれました。

事例 13 － 2　施設職員にのぞむこと

> 子どもの心を汲み取ってほしい。気持ちを推し量ってほしい。
> 子どもは、みんながみんな、同じではないから、子ども一人ひ
> とりを個別的に見守ってほしい。施設にいたころは、話を聞い
> てくれるだけでもよかった。答えがなくてもよかった。

また小野寺（2012）による児童養護施設退所児童への全国アンケート
における「子どもたちのために施設の先生にしてほしいこと」の項目で
は、「理解と傾聴」が最も多く、ほかにも「相談」などがあげられてい
ます（図 13 － 3）。

コトバ

傾聴

単に「聞く」のではなく、
相手の連想のもつ無意識
的な意味も含めて十分に
把握しようとすること。

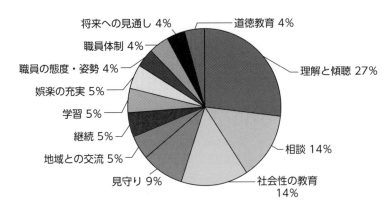

図13-3　子どもたちのために施設の先生にしてほしいこと

出所：小野寺君夫　「児童養護施設における養育の現状と課題に関する一考察　『子ども
　　　と職員が望んでいる支援』と『現在行われている支援』の比較調査」『東北福祉
　　　大学大学院　総合福祉学研究科紀要』10　2012年　筆者により図の一部を改変

　そして、よい印象に残っている職員の記憶としてあげられたその支援
内容の半数近くが「親身な相談」であり、次いで気にかけてくれるなど
の「一緒・関心」でした（図13-4）。

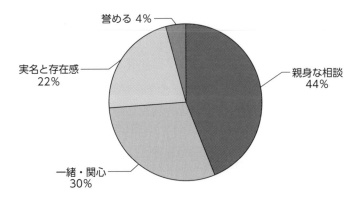

図13-4　好きだった職員、感謝している職員、印象に残っている職員の記憶

出所：小野寺君夫　「児童養護施設における養育の現状と課題に関する一考察　『子ども
　　　と職員が望んでいる支援』と『現在行われている支援』の比較調査」『東北福祉
　　　大学大学院　総合福祉学研究科紀要』10　2012年　筆者により図の一部を改変

2　必要とされている技術としての支援

　【事例1】からは「毎日ご飯が食べられて」、「学校に行けて」とある
ように、まずは安全であり安心して生活ができるという保障が、大前提
として必要な支援であるということがわかります。【事例1】【事例2】
の両事例からは「気にかけてくれる職員」「関心を抱いてくれた方」「心

を汲み取ってほしい」「気持ちを推し量ってほしい」「子ども一人ひとりを個別的に」という言葉やアンケートの結果からもわかるように、関心をもって傾聴をし、言葉だけではなく一人ひとりにあった態度、行動での支援方法を行う必要性があります。

　また、さまざまな困難を経験してきた子どもたちへの支援では、一定の技術も必要となります。子ども虐待の予防とケア研究会（2003）は、「我が国の施設養護は『技術』ということを否定的にとらえる傾向があったように思う。しかし、適切な技術があってこそ『子どもに対する思い』が生きるのであり、そうした技術がケアワークの専門性なのだという認識を持つべきであろう」としています。

　さらに小野寺（2012）もコミュニケーションは技術の1つととらえ「児童と関わる支援」を行うためには、職員が児童に対して聞く、語るなどの言語的コミュニケーション術を基本にする必要性があると同時に、言語的コミュニケーションばかりということではなく、気持ちを汲む、表情から心情を推し量るなどの非言語的コミュニケーション術の活用も有効であり、そしてそれらは個別的に行うことが必要であるとしています。

　大人は子どもたちのSOSをいち早く感じ取り、さまざまな技術や方法を用いて、次につなげることが重要です。しかし、それは技術のある職員であれば誰でもよいということではありません。そのことについて安藤・数井（2004）は、児童養護施設出身者で成人したK君のライフストーリーから、重要な他者が必要であると述べています。次の事例をみてみましょう。

コトバ

ケアワーク
身体介護や保育、療育などの対人援助のこと。

3　人間関係の形成

　K君は生後3日から18歳まで児童養護施設で育てられ、たくさんの大人との出会いがありました。

事例 13 − 3　幼児期から児童養護施設で育ったK君

【幼児期】
　保育園でみてくれたA先生を「こんな人がお母さんだったら」と思っていた。わざと狸寝入りして抱っこしてもらい、甘えて気持ちよかったことが何度もある。

【児童期】
　O先生はずーっとみてくれた。とにかくよく遊んでくれた。

大きな存在だった。怒られることもあり、自分をみてくれる最もこわい人だった。

【思春期】
　事務のS先生にマンツーマンで、指導員にはいえないことを相談した。S先生にみてもらったことは忘れない。

【思春期～現在】
（継続して関係性のある園長に対して）
　ダメとはいわない・手を差し伸べてくれる・励ましてくれる・ダメだとわかっていても、やってみろと励ます・絶対的な安心感・信頼する人・受け入れてくれた・そして、それらがすべて「一貫していた」
（友だちからの評価について）
　「苦労しているね」「そのような環境で育って偉い」と評価しようとする友だちに対して苦痛だったと述べ、「僕はいろいろな人に助けられている」と反論した。

　安藤・数井（2004）は、K君が職員を回想するときによく使う「みてくれた」という言葉から、「見守られていた」という意味も強くあると述べています。A先生からは、甘えたいときに払いのけられることなく受け入れてもらえたという感覚。O先生の温かく厳しいまなざしとO先生による遊びは、さまざまな不安を抱えていた子どもにとって、ストレスを昇華させ、伸びやかに積極的に他者と関わることのできる力を育てただろうということ。そして、事務職員S先生という直接処遇職員ではない日常からは少し離れた程よい距離の先生が、特別な空間でじっくり向き合ってくれたということ。K君と継続的に関係をもち続けている園長への語りからは、園長はK君のすべてを包容している様子がみて取れます。

　K君の「僕はいろいろな人に助けられている」という語りのなかにあるように、時期によりK君にとっての重要な他者は異なります。一人の子どもであっても、重要な他者としての人間関係の形成はその時期によって異なることや、必要な距離感、求めている支援の方法なども異なることがわかります。これまでのさまざまな語りから、日常的に関わり合い、耳を傾け見守ること、包容するという態度の重要性、人間関係の形成、支援する側の人間関係の質の重要性、そして継続的に長期的にそ

コトバ

直接処遇職員
社会福祉施設の職員で、入所者などと直接に接して処遇を行う職員のこと。

包容
相手を情緒的に包み込み、理解すること。

の子どもの必要性に応じて関わることが肝心といえるでしょう。

　では次に、専門家による治療にはどのようなものがあるのかをみていきましょう。

4　専門家による心理療法と生活の場面での治療的関わり

　虐待という経験をした子どもたちの心の回復で、現在、効果的と思われることは、専門家による心理療法とともに、生活の場面での治療的関わりという2本柱で子どもを支えていくということです。それでは、どのような心理療法や治療的関わりがあるのでしょうか。

1 専門家による心理療法についての理解

　まずは、1本目の柱である専門家による心理療法についての理解が重要です。主に児童精神科などの専門家のもとへ定期的に通い、あそびを中心とした遊戯療法や、物事の受け取り方やものの見方などに働きかける認知行動療法を症状に応じて行います。また、年齢や状況によって眼球運動などを利用したEMDR、子どもだけに焦点をあてるのではなくその家族も対象とする家族療法など、さまざまな心理療法を行っています。対象となる子どもやご家族が、通院先でどのような治療を受けているのか、また、場合によっては服薬もあるかもしれません。体調面での配慮なども考え、保護者や養育者などからの情報共有を心がけましょう。

2 生活の場面での治療的関わり

　次に、生活の場面での治療的関わりという2本目の柱についてです。文部科学省では「健康な部分を発達させる援助をすることによって心的な外傷に対する自己治癒力を増進させることが大切です」とし、本人の強みに焦点をあてた治療的関わりを行うことで、子ども自身の力で回復できるよう援助することの必要性を示しています。

　しかし、虐待を経験した子どもは、感情表現などの操作能力が低下してしまうこともあり、目の前にいる子どもの反応（言動）からの理解だけでは十分でない場合があります。では、次の第3節では保育の現場でなされている具体的な支援内容を学びましょう。

遊戯療法

子どもを対象とした心理療法であり、その手段は言語、絵画、音楽、夢、箱庭などである。

認知行動療法

人間の気分や行動が認知のあり方の影響を受けるという理解に基づき、認知のあり方に働きかける療法のこと。

EMDR

Eye Movement Desensitization and Reprocessing（眼球運動による脱感作と再処理法）の略。
眼球運動を行いながら、安心できる環境のなかで外傷性記憶と直面してそれを処理していくというもの。

家族療法

家族を1つのまとまりをもったシステム（家族システム）とみなし、それが抱える心理的問題を対象とする療法。

第3節
被虐待児に対する保育現場での支援と教育

学習のポイント
●虐待を受けていた子どもたちへ専門家が介入した実際の教育と支援の内容を学びましょう。
●乳児院保育士の集団保育での具体的な個別支援や教育の方法を理解しましょう。

　幼稚園教育要領の第1章総則第5では、専門の関係機関との連携、長期的な視点での幼児への教育的支援を行う必要性が明記されています。では実際にどのような支援があるのでしょうか。近年の新しい取り組みをみていきましょう。

1　愛着関係に関する支援

　子どもにとって他者との愛着形成が重要であることは既に第1章でも学びましたが、支援者と子どもとの間に安定した愛着関係を築くことに焦点をあてている支援のなかに「アタッチメント・ベイスト・プログラム」があります。大人が子どもと1対1で関わるプレイセッションの際に、主に専門家が日常的に支援を行う担当者（ケアワーカーという。以下CWとする）を通して支援し、より好ましい子どもとの関わり方を日常的に広げていくというプログラムです。実際に行われたA君への支援事例をみてみましょう。

コトバ

プレイセッション
ここでは遊びを通しての関わり。

事例13－4　A君への具体的な支援

　A君は身体的虐待、ネグレクト、心理的虐待経験があり、5歳6か月に児童養護施設に入所。ほかの子どもに対して手が出ることが多く、物を盗むなどの問題行動もありました。担当CWに対しても素直になれず、CW自身も無力感を抱いていました。そこで、6か月間に渡って「ありのままの子どもを受け止める」というような環境をつくったり、子どもの不安状態に合わせて一緒に身体を動かす遊びや、一貫してCWにA君が保護してもらえる体験などを行いました。また、プレイセッションの前後には、問題行動への理解と対応、目標を専門家とCW

> で確認し日常生活でのケアの目標を確認しました。
>
> （青木編著、2015）

　この事例は、6か月間に渡り、子どもと支援者であるCWとの関係性を築くために信頼関係を促進したプログラムです。A君はCWの助けを借りながら遊びを通して安心感、安全感を構築していきます。

　初めは、A君に怯えたような表情があったものの、すぐに積極的に楽しむことができました。回数を重ねるごとにCWを頼ることや、以前よりも言葉などで人に気持ちを伝えることが可能になり、セッション後半には大きな問題行動もみられなくなりました。最終的にはCWに素直に慰めを求めるように変化していったのです。

　このプログラムでは、CWへ専門家からの心理教育や子どもの気持ちを否定しないいい方をするなどの働きかけがありました。また、専門家からの客観的なアドバイスによりCWの敏感性がより高まりました。CWの敏感性が高まることは、今まで以上に深くA君を理解することにつながり、A君への応じ方も理解できたのでしょう。日常生活の場がA君にとっての「自分を受け止めてくれる環境」として変化し、安全感・安心感を獲得できたのかもしれません。

　このように子どものわずかな気持ちや行動の変化に気づくという「敏感性」と、子どもを深く理解し、子どもが必要としているときに応じるという態度が技術として必要とされていることがわかります。

　この「アタッチメント・ベイスト・プログラム」のなかで、CWと子どもは愛着関係が成立していったといえます。しかし、「敏感性」と「すぐに応じるという態度」と聞くと、子どもがつらい思いをしないように先回りをして少しの危険でもすべて排除することと思ってしまうかもしれません。遠藤（2012）は、愛着の基本原則として情緒的利用可能性ということを述べています。大人はいつもどっしりと構え、子どもが求めて来たときにすぐに応じられるような存在であればよいということです。日常的に情緒的利用可能性を意識しながら敏感に子どものSOSに気づき、すぐに対応することが望まれます。この愛着関係についての取り組みとしてほかにも「サークルオブセキュリティ（COS）」や「サークルオブセキュリティプログラム（COS－P）」などがあります。

情緒的利用可能性
「敏感性」から「侵害性」（＝子どもの自立的な行動を侵害する度合い）を差し引いた概念。

サークルオブセキュリティ（COS）
アタッチメント（愛着）理論に基づいた、乳幼児をもつ養育者へのビデオ撮影などを用いた介入プログラム。
愛着についてのわかりやすい心理教育と、養育者の気持ちを受け止める対話からなる。

サークルオブセキュリティプログラム（COS-P）
COSをベースに、わかりやすい映像や図表を盛り込んだDVD教材を活用する心理教育プログラム。心理教育用のDVDを視聴しながら、対話を行う。

2　トラウマへの対処

　これまで学んできたように安定した支援を継続するためには、よりその子どもを理解することが必要とされています。このことに関して、近年、新しい考え方としてトラウマインフォームドケアがあります。虐待など人間にとって恐怖や不安をともなう記憶のことをトラウマといいます。「トラウマインフォームドケア」という名前だけを聞くとトラウマに焦点をあてるようであり、心理療法の専門家が行わないといけないように感じますが、これは「トラウマを念頭においたケア」とも訳されるものであり、トラウマへの直接的な治療方法ではありません。しかし、これによって被虐待児一人ひとりが抱えているトラウマを理解することを通して、日常生活でみられる行動（言動）の理由を深く考えることができるようになるのです。

　また、困った行動（言動）を生じさせない、そしてより安全な環境での支援が可能となると考えられています。そうすることにより、子どもたち自身が感情や身体の反応を操作し調整できることを実感したり、エンパワーメント感を回復するきっかけが生み出されます。これは子どもたちが本来もっていた強みに焦点をあてた支援のための考え方ともいえるでしょう。

　トラウマを抱える子どもの心理治療では、原因となった出来事が、今起きているかのように思い出されるようなことがあったり、とどめていた感情を解放するかのように出すことであったり、さまざまな段階があります。それらは心理治療を専門家から受けているとき以外の日常でもみられることがあるのです。そのため、保育者（大人）による子どもたちへの日常での働きかけは、治療に重要な役割を果たしています。

　保育者による日常での働きかけにより、子どもたちはその場所を「自分を受け止めてくれる環境」と思えるようになります。そのとき初めて、子どもたちは安心して生活ができるようになるのです。そして、子どもたちは安定して心理治療の段階を踏んでいけるようになるのです。さらには虐待の影響によって偏ってしまった考え方も、日常での保育者の働きかけにより修正されるということが期待されています。

　したがって「トラウマ」を把握するにあたっては十分なアセスメントが必要であり、専門家の助けが必要です。スーザン・バートンほか(2013)は、「トラウマに焦点をあてること」について、子どもに対して歪んだ見方をしている危険性があると述べ、「子どもと関わりをもつ中で、思いやりを大切に、あまり多くの憶測をたてないように努力することを目

トラウマインフォームドケア
トラウマの影響を理解し対応することに基づき、サバイバーや支援者の身体、心理、情緒の安全性に重きを置く。また、サバイバーがコントロール感やエンパワーメント感を回復する契機を生み出すストレングスに基づいた枠組み(中村、2015)。現在、大阪府の児童相談所などで支援が行われており、今後全国へ広まることが期待されている。

エンパワーメント
利用者などが力（パワー）を自覚して行動できるような援助を行うこと。

アセスメント
事前評価、初期評価。問題や状況の本質、原因、経過、予測を理解するための手続き。

指している」とも述べています。

　私たちは、目の前にいるその子ども本来の姿を、「トラウマ」というレッテルで見失ってしまわないようにしなければなりません。

　ここまでは、生活のなかでの継続的な支援について学んできました。しかし、なかには虐待を経験し、心身に急性期的な症状がでてしまう子どもたちもいます。私たちはどのように対応することができるのでしょうか。

コトバ

急性期
症状が急にあらわれる時期のこと。

3　被虐待体験の再演

　日常の場面でみられる急性期的な症状の 1 つとしても考えられるなかに、被虐待体験の再演があげられます。トラウマが何かのきっかけで鮮明に思い出されると、その体験を今受けているかのように怯えたり、遊びのなかで加害者の立場で演じたりすることがあります。たとえば、人形遊びのなかで人形を叩きはじめたり、突然「バカヤロー・殺すぞ・死んでしまえ」などの大声をだすなど、さまざまな特異な言動がみられます。これが、被虐待体験の再演です。被虐待体験の再演はポストトラウマティックプレイ（Posttraumatic Play：PTP）といいますが、日常の場面で配慮する点を表 13 − 2 に記します。子どもに PTP の症状がみられた場合、以下のように対応することが有効です。

表 13 − 2　PTP への対応

1 対 1 で接する	PTP が集団の場面で現れた場合には、そばに行き、子どもと 1 対 1 の場面をつくる。集団のなかで続くと、他児が巻き込まれて傷つくことになる。できるだけそのままにせず、個別の世界をつくるように心がけると、子どもは落ち着きを取り戻しやすくなる
受け止めて返す	PTP が始まったと思われたら、子どもを落ち着いた場所に誘導する。部屋の隅や別の部屋でもかまわない。PTP が収まるまで、子どもを一人にしないようにする。大人は、子どもが発する言葉を受け止めて返し、安全な関係のなかで受け止められる体験を子どもに獲得させることが大切である

長期にわたる場合もある	PTPは一旦収まっても繰り返されることが多い。これは、何かのきっかけで新しいトラウマを思い出すためである。家庭環境の影響を受ける場合もある。対応している大人は先がみえずに無力さを感じ、PTPについて子どもを叱り、無視するかもしれない。自分を責めかねないため、職場で状況を共有し、支え合うことが大切である

出所：倉石哲也『保育現場の子ども虐待対応マニュアル』中央法規出版　2018年を
　　　もとに筆者作成

　これらのことから、虐待の経験のある子どもたちへの対応は十分な個別対応と職員の連携が重要であることがうかがえます。
　それでは、最も手厚い支援が必要とされている子どもたちが多く入所している乳児院ではどのような取り組みが行われているのでしょうか。

4　乳児院での具体的な取り組み

　乳児院は保護者の養育を受けられない0歳から就学前までの乳幼児を養育する施設とされています。そして、乳幼児の養育だけではなく、被虐待児・病児・障害児などに対応できる専門的養育機能をもっています。また、入所している障害児の状態も多岐に渡っており、きめ細やかな支援を必要とされています。そのため乳児院では担当制といい、その子どもの担当者がそれぞれ決められています。国で定められた基準による職員数はけっして十分な人数とはいえないものの、担当制という多くの人員が必要とされる状況で、施設保育士はどのように個別支援に取り組んでいるのでしょうか。
　田名部（2016）から、ある大舎制乳児院における担当児B君への保育士の取り組みの事例をみてみましょう。

事例13−5　乳児院における保育の取り組み

　B君は、当時2歳5か月でしたが脳の障害で歩くことが難しく、意味のある単語もまだ確認できていない状態でした。

　庭でB君が乗用玩具に寄りかかり、ハンドルに触れていると担当者はB君を乗用玩具に乗せました。B君はしばらくハンドルを触ってみたり地面を蹴って、後退してみたりしていま

乳児院
児童相談所の一時保護所は、乳児への対応ができない場合が多いことから、乳児については乳児院が児童相談所から一時保護委託を受け、アセスメントを含め、実質的に一時保護機能を担っている。

コトバ

大舎制乳児院
1舎につき20人以上の児童が生活する施設。ほかに、13〜19人の児童が生活する施設は中舎制、小舎制は1舎につき12人までである。

す。しかし物置小屋につかえて、それ以上後退できなくなりました。うなりながらもっと後退するように地面に足を突っ張らせています。結果、乗用玩具の下に B 君の体が潜り込んでしまうような形となり、B 君はぐずりはじめてしまいました。B 君が後退して遊んでいる間、担当者は滑り台に 2 歳児の 2 人が登ろうとする様子を確認し、<u>滑り台の援助に入り対応します。対応後すぐ、ぐずりはじめた B 君を確認し、駆け寄り抱き上げます。</u>
　担当者は、B 君をなだめるように優しく声がけしつつ、<u>B 君が草花に視線を向けると担当者はその草花の名を答えしゃがんでみせます。</u>しかし、<u>B 君がまたぐずると担当者はすぐに立ち上がり、B 君の視線の先へ移動しようと試みるのです。B 君が微妙に足をばたつかせたり、身体をくねらせることで拒否を示す</u>と担当者は違う方向へ移動したり、時には戻ったりして B 君の要求に担当者は応えようとしているのです。

　下線部からもわかるように、B 君のわずかな動きや視線配りから担当者は B 君の思いを敏感に感じ取り、素早く対応していました。深く B 君を理解しつつ、同時に他児への安全配慮も行っている様子がみられました。乳児院では集団保育を行いながら、細やかな個別支援を行っている保育士の専門性が必要とされています。

　20 年間にわたって施設出身者の追跡調査を行った長谷川（2000）によると、乳児院から入所していた施設出身者のほうが、ほかの施設出身者と比べて社会に出てからの生活状況、家庭状況、職業状況などを含め総合的にみて一番安定度が高かったと述べています。一般的に施設で生活していた期間が長い程、社会で安定的に生活することは難しいとされています。しかし、それは海外の児童養護施設の調査による影響が大きいとも考えられます。海外の社会的養育環境と日本の社会的養育環境には大きな違いがあるのです。日本の児童養護施設、特に乳児院は担当制を取り入れ、担当者がなるべく担当児の日常の保育をできるよう配慮していたこともこれらの結果につながった理由の 1 つともいえるでしょう。

5　被虐待児に対する教育

　次に教育についてみていきましょう。添田（2002）は、被虐待児の自信のなさの原因の 1 つは経験の少なさからであるとも述べています。幼稚

園教育において育みたい資質・能力及び「幼児期の終わりまでに育ってほしい姿」のなかでも、豊かな体験を通じて、感じたり、気づいたり、わかったり、できるようになったりする「知識及び技能の基礎」を育むよう努めることが明記されています。こうしてみると子どもたちには、たくさんの経験と楽しい生活を保障していくことが大切ともいえるでしょう。では、ここで内田（2017）の事例をみてみましょう。

事例 13－6　愛着関係の形成

　小さな町で、6歳と5歳の姉弟が救出されました。ネグレクトであったため、発見時の身体発達は1歳程度（ともに8kg、身長80cm）でした。さらに二人とも排泄のしつけはなく、会話もできず、歩行もできない状態にありました。

　救出後、姉弟は乳児院へ措置され、補償教育チームがつくられました。愛着形成などの環境改善や発達診断を行い、処遇方針を決定していきました。また、言語に関する学習プログラムなども活用していきました。

　しかし、保育士と愛着関係を形成できた姉は順調な回復がみられましたが、弟は保育士と安定した愛着関係を形成できないままであったため、回復も思わしくありませんでした。そこで、担当保育士を交代したところ、弟は新しい保育士との愛着形成に成功し、順調に回復していくことになったのです。その後、料理の手順や旅行先での思い出などの日常生活における記憶力や日常会話には不自由はなかったのですが、ドリル学習のような記憶する学習においては困難さがみられました。さまざまな知能検査により、それは乳児期のネグレクトによって十分な脳機能の発達が得られなかったことが原因であるとわかりました。そこで、チームは彼らにどうやって「やる気」を出させるかを中心に教育をすることにしたのです。就学まで猶予期間2年を経ましたが記憶や言語に関する困難さと向き合い、二人は順調に成長し高校へ進学もしました。学校での成績も上昇していき、青年期においてもまじめで努力家な二人は自ら記憶保持の工夫や自分自身を高めたいという動機づけにより、言語や認知発達を促進することができました。

コトバ

措置

行政がその権限として強権発動することによって、サービスの利用決定を行う「職権措置」を指す。

　事例6から、言語獲得などの発達の回復に至るまでの条件として愛着

関係は大変重要な要素の1つであるといえ、また脳機能の発達に重要な期間を逃したとしても、適切な動機づけにより発達は確実に補償されていったのです。

　次に大曽根ら（2017）の身体的虐待を受けていた子どもに対する乳児院での取り組み事例をみていきましょう。

事例13−7　身体的虐待を受けていた乳児への対応

　C君は実母からの身体的虐待により1歳1か月で乳児院へ入所しました。1歳半ごろから血が出るまで強く噛む自傷他害や、過食、抜毛、突然の物音や否定的な言葉に敏感に反応する、困ったときは助けを求めず諦める様子がみられました。発達検査では、「言語・社会」に関して、養育問題のある子どものためのチェックリストにおいても「トラウマ」「愛着」に関してそれぞれ困難さがみられました。そこで、突然の物音などには「○○の音だよ」など的確に短く伝えたり、否定的な言葉を使用しない、自傷他害行動には代弁したり、ベビーサインも用いてコミュニケーションをはかりました。また部屋の装飾変更を嫌がることから、大きく装飾変更をしないなど的確に推察しC君が安心して過ごせるように介入しました。

　しだいに、C君は職員へ甘える行動もみられるようになりました。そして過食、噛みつき、抜毛行動もなくなり、言葉も増えていきました。それまでみられなかった助けを求めるためのアイコンタクトもみられるようになりました。発達検査や養育問題のある子どものためのチェックリストにおいても改善がみられました。

コトバ

ベビーサイン
まだうまく話せない子どもと簡単な手話やジェスチャーを使って話す育児法のこと。

　生活場面において特定の大人に「あるがままの自分を認めてもらう」という経験の重要性と、乳児院全体で統一した方針で自傷他害行動への対応について取り組んだことが改善につながった要因であると大曽根ら（2017）は述べています。

6　情報を共有することの重要性

　施設もさまざまな形態があります。今後、施設は小規模化へ向かって歩みを進めていますが、施設職員の大幅な人員増加が見込める様子もあ

まりみられない状態です。施設が、大きくとも小さくとも職員数に変化がみられない場合、なお問題になるのが情報共有の重要性です。

　田名部（2016）の全国の乳児院を対象に行ったアンケートによると、乳児院における情報共有は、子どもたちに何か変化があればすぐに職員間で共有しているという状況があります。時間の経過ごとに紙面に記録されているものを漏れなく把握することはもちろん、全体での共通意識を会議や口頭などで確認し合っています。交代勤務のためにすれ違いの多い環境であるということも心にとどめおきつつ、日々の会話などから擦り合わせ、情報を更新させています。

　この情報共有の時間は勤務中だけでなく、休憩中やさらには時間外の仕事後にも行われています。また、先輩や上司らが常にほかの職員を気遣い、話しやすく聞きやすい環境が構成されている場合も多く、これは各職員が「共有に向けた態度・姿勢」をもつことによって生み出されている環境ともいえるでしょう。一人で担当児を抱え込むのではなく、施設全体で一人ひとりを細やかに養育することで情緒的利用可能性を意識しながら、敏感に気づき、すぐに誰でも応じられるような環境を維持しているのです。

　これに関して厚生労働省の「子ども虐待対応の手引き」では、虐待を受けた子どもに係る施設での支援において、職員の指導に反抗的、挑発的な態度をとる「試し行動」をする子どもに対して職員が虐待的な感情をもってしまうことが危惧されています。そのためにも職員同士の協力や連携が必要です。一人だけで関わってしまうと、精神的な負担が大きいため、これらを適切に助言し援助するスーパーバイザーやサポートスタッフを各施設で工夫しなければならないとあります。一人で抱え込むのではなく、チームで対応していく必要があります。

　これまでみてきた通り、虐待経験は乳幼児の心身に大きな影響を与えるにもかかわらず、児童相談所の虐待相談対応件数に減少の傾向はみられません。虐待のない世の中を実現するために私たちにできることは、予防と支援です。日々の生活のなかで子どもたちの心の動きを感じ取り、予防に努めることや日々の生活のなかで技術をもって支援することはとても大切です。

　そして、子どもたちが楽しく安心して過ごすには、私たち大人がその子ども一人ひとりの想いに心を傾け続けること、見守り続けることが重要だといえるでしょう。

（髙橋　利恵子・大浦　賢治）

＋α

交代勤務

乳児院は24時間子どもを養育する施設であるため、職員は、朝番・日勤・夜勤など交代制での勤務となる。

試し行動

リミットテスティングともいう。自分の行動はどこまでが許されるものなのかを試す行動のこと。

演習課題

① 被虐待児の心身の影響についてまとめてみましょう。
② 被虐待児支援で求められていることを考えてみましょう。

【引用・参考文献】

青木　豊編著　『乳幼児虐待のアセスメントと支援』　岩崎学術出版社　2015 年

朝日新聞社　「母が自殺、養護施設へ　私をかわいそうだと思いますか」　2018 年 8 月 10 日
　　朝日新聞

安藤みゆき・数井みゆき　「もうひとりの重要な（意味ある）他者　児童養護施設出身者
　　のライフストーリーより」『茨城大学教育学部紀要（人文・社会科学・芸術）』53 号
　　2004 年

池谷裕二　『記憶力を強くする　最新脳科学が語る記憶のしくみと鍛え方』　講談社　2001 年

池田和博　『発達心理学事典』　丸善出版　2013 年

一般社団法人　日本心理臨床学会編　『心理臨床学事典』　丸善出版　2012 年

一般社団法人　日本ベビーサイン協会
　　https://www.babysigns.jp/about_babysigns（2020 年 1 月 25 日アクセス）

氏原寛・亀口憲治・成田善弘・東山紘久・山中康裕　『心理臨床大事典』　培風館　2008 年

内田伸子　『発達の心理　ことばの獲得と学び』　サイエンス社　2017 年

遠藤利彦　「子育て・子育ちの基本について考える〜アタッチメントと子どもの社会性の発
　　達〜」　第 80 回子ども学公開シンポジウム　2012 年

大曽根貴子・川瀬良美　「絵本と生育歴」『淑徳大学大学院　研究紀要』第 24 号　2017 年

小野寺君夫　「児童養護施設における養育の現状と課題に関する一考察　『子どもと職員が
　　望んでいる支援』と『現在行われている支援』の比較調査」『東北福祉大学大学院　総
　　合福祉学研究科紀要』10　2012 年

加藤　敏ほか編　『現代精神医学辞典』　弘文堂　2011 年

川野雅資　『トラウマ・インフォームドケア』　精神看護出版　2018 年

倉石哲也　『保育現場の子ども虐待対応マニュアル　予防から発見・通告・支援のシステム
　　づくり』　中央法規出版　2018 年

厚生労働省　「子ども虐待対応の手引き」
　　https://www.mhlw.go.jp/bunya/kodomo/dv05/09.html（2019 年 7 月 30 日アクセス）

厚生労働省　「児童虐待の定義と現状」
　　https://www.mhlw.go.jp/seisakunitsuite/bunya/kodomo/kodomo_kosodate/dv/about.
　　html（2019 年 7 月 2 日アクセス）

厚生労働省　「社会的養護の施設等について」

　https://www.mhlw.go.jp/bunya/kodomo/syakaiteki_yougo/01.html（2019 年 8 月 9 日アクセス）

厚生労働省　「平成 29 年度　児童相談所での児童虐待相談対応件数とその推移」

　https://www.mhlw.go.jp/content/11901000/000348313.pdf（2019 年 7 月 2 日アクセス）

子ども虐待の予防とケア研究会編著　『子ども虐待の予防とケアのすべて』　第一法規　2003 年

桜井　厚　「対話としてのライフストーリー」『日本遺伝カウンセリング学会誌』第 39 巻　2 号　2018 年

庄司順一　『子ども虐待の理解と対応　子どもを虐待から守るために』改訂新版　フレーベル館　2007 年

スーザン・バートン　ルディ・ゴンザレス　パトリック・トムリンソン　開原久代他監訳　『虐待を受けた子どもの愛着とトラウマの治療的ケア』　福村出版　2013 年

添田みちる　「心の傷を乗り越えて生きるために──私たちができること」『情緒障害教育研究紀要』21　2002 年

田島信元・岩立志津夫・長崎　勤編　『新・発達心理学ハンドブック』　福村出版　2016 年

田名部利恵子　「転換期における乳児院保育の現状と今日的課題」　宮城教育大学大学院修士論文　2016 年

ダビッド・オッペンハイム　ドグラス・F・ゴールドスミス編　数井みゆきほか訳　『アタッチメントを応用した養育者と子どもの臨床』　ミネルヴァ書房　2011 年

中央法規出版編集部編　『社会福祉用語辞典』　中央法規出版　2010 年

友田明美・藤澤玲子　『虐待が脳を変える　脳科学者からのメッセージ』　新曜社　2018 年

中村有吾・瀧野揚三　「トラウマインフォームドケアにおけるケアの概念と実際」『学校危機とメンタルケア』第 7 巻　大阪教育大学学校危機メンタルサポートセンター　2015 年

西澤　哲　『子どもの虐待』　誠信書房　2013 年

長谷川眞人　『児童養護施設の子どもたちはいま　過去・現在・未来を語る』　三学出版　2000 年

初塚眞喜子　「アタッチメント（愛着）理論から考える保育所保育のあり方」『相愛大学人間発達学研究』1　2010 年

平山宗宏・高橋重宏・庄司順一ほか　『おとなの子どもへの不適切な関わり』日本総合愛育研究所　1996 年

文部科学省　「心の外傷とその対応」

　http://www.mext.go.jp/a_menu/shotou/clarinet/002/003/005/002.htm（2019 年 7 月 15 日アクセス）

Circle of Security International ホームページ

　http://circleofsecurity.jp/cos.html（2019 年 7 月 30 日アクセス）

第14章

保育計画の立て方と
実践

　保育は、家庭から子どもを預かって、ただ遊ばせているわけではありません。子どもの発達を見通し、促していくことができるように、具体的な計画に基づいて日々の保育実践が積み重ねられています。

　この章では、保育における計画の役割やその重要性について理解を深め、計画の立て方や実践での活用のあり方について学びます。保育におけるさまざまな計画の関係をとらえ、「計画→実践→評価→改善」を繰り返すなかで、保育の質の向上を目指しましょう。

　また、重要性の認識が高まっている幼保小連携について、問題の背景や現状を踏まえ、保育現場に求められる姿勢や取り組みを考えます。

第1節
保育における計画

学習のポイント
●保育における計画の重要性について、理解を深めましょう。
●保育にはさまざまな計画があります。それぞれの概要と関係を学びましょう。

1　なぜ保育に計画は必要なのか

① 子どもの育ちの保障

　保育所保育指針において乳幼児期は、「生涯にわたる人間形成にとって極めて重要な時期」であることが示されています。これは、乳幼児期での体験の積み重ねが、生きる力の基礎となり、小学校就学に向けてだけでなく、その後も続いていく長い人生をより自分らしく充実したものとして過ごすことにつながっていることを意味しています。保育者はこのことを十分に心に留め、園生活における子どもの経験について、しっかりと考えていかなければなりません。

　保育において、子どもたちの生活は自発的な活動としての遊びや主体的な活動を中心として営まれることが重要です。それは、子どもは子ども自身の興味や関心に基づき、遊びを通して身近な人やものと関わるなかで、さまざまなことに気づいたり、考えたり、工夫したり、友だちと協力したりし、発達が促されていくからです。また、人やものと関わる過程のなかで、達成感や充実感、満足感、挫折感、葛藤などを味わい、精神的にも成長していきます。

　しかし、ここでの自発的な活動としての遊びや主体的な活動とは、保育者は何もせずに子どもにすべて任せ、遊ぶのを放っておいてよいということではありません。事例から計画の重要性を考えてみましょう。

| 事例 | 5歳児クラスの5月の保育実践 |

　幼稚園5歳児クラスの担任A先生は、5月の指導計画のねらいの1つに「春の自然や動植物に興味や関心をもつ」こと、内容として「身近な動植物のかたちや成長に興味をもち、不思議に思ったり、自分なりに考えたりしながら継続して観察する」

コトバ

生きる力
社会の変化に主体的に向き合って活躍していくために必要な「知（確かな学力）」、「徳（豊かな心）」、「体（健やかな体）」のバランスのとれた力のこと。小学校以上の学校教育のなかで育成が目指されている。

＋α

遊び
自ら取り組む活動で、誰かに指示されたり、強制されたりしてする活動は遊びとはいえない。また、何か成果を生み出したり、人の役に立ったりするために行うのではなく、遊ぶこと自体が遊びの目的である。

　ことを設定し、計画を立てた。A 先生は、園内のどの辺りにど
　のような動植物が生息しているか、またその生態についても熟
　知している。準備物は、子どもたちの活動を見通し、虫眼鏡、
　飼育ケース、空き容器、ビニール袋、動植物図鑑、動植物を描
　くための紙などを用意した。
　　保育実践中には、子どもが自発的、主体的に取り組み、学び
　が深まるように、必要に応じてそれとなく助言をしたり、見守っ
　たり、ほかの子どもも巻き込みながら一緒に考えたり、発見の
　驚きに共感したりする。このような実践のなかで、子どもたち
　は花を比べてその色やかたちの違いに気づいたり、虫の動きの
　面白さを感じたり、飼育について自分なりに調べたり、工夫し
　たりする姿がみられた。

　このように、子どもの自発的な活動としての遊びや主体的な活動を引
き出すためには、保育者がしっかりと計画を立て、それに基づいて保育
を実践することが必要です。なぜなら、保育者が子どもの発達状況、興
味や関心を適切に見極めてねらいと内容を設定、環境を構成し、子ども
にとって必要な体験を積み重ねていくことができるように援助すること
が、子どもの育ちの保障につながっているからです。保育において計画
は、長期的な子どもの育ちを見通すとともに、目の前の子ども一人ひと
りと集団全体の育ちに寄り添った保育実践の実現に欠かすことができま
せん。

② 保育者たちの道しるべとして

　各園には、独自の教育目標や保育目標があり、それを含めた教育課程
や全体的な計画に基づいて指導計画が作成されます。つまり、指導計画
を作成することによって、それぞれの時期に実際にどのような保育を行
い、教育目標や保育目標を達成していくのかを具体的にとらえることが
できます。また、計画があることによって、保育後の評価や反省を深め
ることができるのです。計画段階で想定していた子どもの姿との違いや
実践での援助の適切さなど、計画をたどりながら具体的に振り返ること
は、次のよりよい保育実践へとつながっています。

　そして、保育者間での共通認識や連携のためにも計画は必要です。子
どもの実態や保育のねらいを共有することで、連携を取りながらチーム
として子どもの育ちを支えていくことができます。そのほかにも、計画
的に保育を行うことで、園の限られた資源（場所や遊具、用具、素材な

保育課程が全体的な計画に
2018（平成30）年の
「保育所保育指針」の改
定によって、従来の「保
育課程」を「全体的な計
画」とした。

ど）を分け合ったり、クラスや年齢を超えた活動を行ったりすることもできます。

このように、保育における計画は、保育者たちがどの方向を向いて保育を行い、園全体で子どもの育ちを支えていくのかの道しるべになります。

2 保育における計画の位置づけ

1 保育におけるさまざまな計画

①教育課程・全体的な計画

幼稚園や保育所、認定こども園には、保育の根幹となるものとして、教育課程や全体的な計画があります。これらは、在籍期間の全体にわたって、教育や保育の目標に向けてどのような道筋をたどり、保育を進めていくのかを示したものです。

これらの作成にあたっては、①子どもの心身の発達を見通すこと、②園の実態を客観的に把握し、特に職員の構成、遊具や用具の整備状況などを分析すること、③家庭からの期待や要望、また地域の生活条件や文化等の実態を十分に考慮すること、④創意工夫を生かして特色のあるものとすることなどを踏まえ、園長を中心に全職員が協力して作成する必要があります。

②指導計画

教育課程や全体的な計画だけでは、日々の保育を計画的に行うことは困難です。そこで、教育課程や全体的な計画に基づき、子どもの実態を考慮して発達状況にふさわしい生活が展開されるように、より具体的な方向性を示す指導計画を作成します。

指導計画には、長期的な見通しをもった年、数か月単位の期、月などの長期の指導計画と、それと関連してより具体的な子どもの生活に即して作成する週や日などの短期の指導計画があります。保育にあたり、これらの指導計画を園の実情に合わせて作成し、組み合わせて用います。

2 保育における計画の関係

図14－1のように、教育課程や全体的な計画と指導計画のそれぞれが関連し合っています。教育課程や全体的な計画から長期の指導計画、長期の指導計画から短期の指導計画の作成という一方向の関係ではありません。

指導計画は、保育後の評価によって教育課程や全体的な計画の評価や改善に生かされており、このように双方向に関わり合いながら作成と改善が繰り返されることによって、保育の質を高めていくことができるのです。

カリキュラム・マネジメント

2016（平成28）年に、中央教育審議会が「社会に開かれた教育課程」の実現を目指し、示した考え方。子どもの姿や地域の実情を踏まえ、教育課程などの編成、実施、評価、改善に組織的かつ計画的に取り組むことで、教育活動の質の向上をはかる。

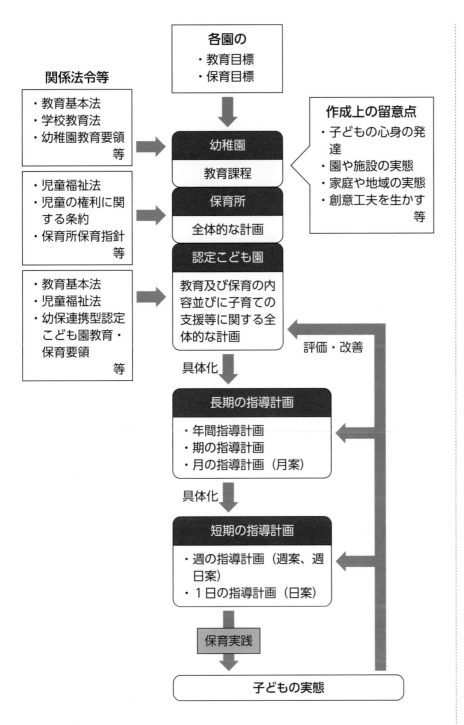

図 14 − 1　教育課程や全体的な計画と指導計画の関係

出所：筆者作成

第2節
指導計画の立て方

学習のポイント
●指導計画の構成と記入すべき内容を把握しましょう。
●指導計画を作成する際の基本について学びましょう。

期の指導計画の期の区分
一年を4〜5期程度に区切ることが多い。保育所と違い、幼稚園では8月が除かれる場合がある。

1　指導計画の構成

　長期の指導計画や短期の指導計画のそれぞれは、役割や目的が異なるため構成に違いがあります。また、指導計画は各園の子どもの姿から作成されるものであり、一定の形があるわけではありません。ここでは、指導計画の一般的な作成の手順（図14−2）と、ある幼稚園の月の指導計画（月案）の一例（図14−3）を参考に、指導計画を構成する要素について理解を深めましょう。

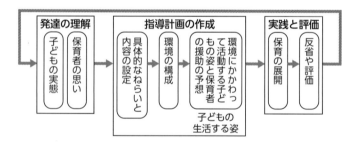

図14−2　指導計画の一般的な作成の手順

出所：文部科学省「幼稚園教育指導資料第1集　指導計画の作成と保育の展開」(2013)を
　　　参考に筆者作成

1 子どもの実態

　新しく指導計画を作成するにあたり、その時点での子どもの実態を記入します。月の指導計画の場合では、前月の子どもの姿と指導計画の評価を踏まえて、新しく指導計画を作成していくことになります。子どもの生活や発達の連続性に配慮しながら、今、子どもたちがどのようなことに興味や関心をもっているのか、子どものなかでどのような力が育っているのか、友だちとの関係はどのように変化しているのか、課題は何かなど実態をとらえます。そうすることによって、さらに発達を促すためには、どのような体験が必要なのか、次の活動はどう展開されるべき

248

なのかなどを具体的に考えていくことにつながります。

② ねらい

その時期の子どもの発達を踏まえて、育ってほしい姿として具体的なねらいを設定します。たとえば、月の指導計画では、前月の子どもの実態を踏まえ、これからの子どもの発達に見通しをもちながら、より長期の指導計画である年間指導計画や期の指導計画のねらいをさらに具体化したねらいを設定します。

③ 内容

ねらいの達成のために、子どもがどのようなことを体験し、何を身につけることが必要かをとらえた具体的な内容を記入します。

④ 子どもの活動

ねらいや内容をもとに、考えられる子どもの活動を記入します。必要な環境構成や保育者としての援助・配慮を充実させるために、具体的な子どもの活動や活動への取り組み方を想定しましょう。箇条書きなどで示す場合もあれば、図14－3のように、活動とねらい（網掛け箇所）との関連性や活動において子どもが関わるもの（点線箇所）なども含めて、図にして示す場合もあります。

⑤ 環境構成と保育者の援助・配慮

ねらいや内容として取り上げられた事柄を実際の保育実践で子どもが体験するためには、適切な環境構成や保育者の援助・配慮が必要です。活動の展開や子どもと環境との出会いを予想しながら、活動が豊かに展開されるように記入します。

⑥ 行事

保育では、一年を通じてたくさんの行事があります。たとえば、図14－3のように、7月の七夕に関連して6月に笹飾りをつくるなど、行事に関連した活動も多くあります。ふさわしい時期に、行事の意義を十分に理解して落ち着いて取り組めるよう、指導計画にもしっかりと示します。

⑦ 家庭・地域との連携

保育での子どもの育ちは、園だけでなく、家庭や地域が一体となり、連携協力することによって支えられています。そのため、ここでは家庭や地域との連携をはかる目的で計画を立てます。

⑧ 評価・反省

指導計画に基づいて行われた保育を振り返り、評価や反省を記入します。月の指導計画に記入する場合には、その月末に、次月の保育につながるよう子どもの姿や援助など保育全体について評価を行います。

環境構成

子どもの発達に必要な経験を積み重ねていくことができるような状況を、人やもの、身のまわりに起こる事象（自然現象、情報など）、時間や空間、保育者の動きなどと関連づけてつくり出していくこと。

行事

教育的価値があり、園生活の自然な流れのなかで、生活に変化や潤いを与え、子どもが主体的に活動できるものであるように配慮する。行事を設定する際には、行事を通して子どもに何を感じ、考え、生活に生かしてほしいのかなどを明確にしておく必要がある。

6月の指導計画　　3歳児 もも組

ねらい	○自分からいろいろなものに関わって遊ぶ。 ○身近な植物や小動物に興味をもつ。 ○簡単な身のまわりのことを自分でしようとする。	子どもの実態	・園内の遊具や玩具の使い方を知り、興味をもって保育者と一緒に遊ぶ。 ・春の植物や小動物に気づき、保育者に話をしたり、触れてみたりする。 ・自分が植えた花や野菜の様子を確認し、成長を楽しみにする姿がある。 ・園の生活リズムに慣れ、身のまわりの始末などに見通しがもてるようになってきている。 ・物の取り合いなどで、自分の気持ちを言葉で伝えられず、トラブルになることがある。
内容	・固定遊具や体育遊具、玩具など、自分の使いたい遊具、用具を使って遊ぶことを楽しむ。 ・身近な小動物、植物などをみたり触れたりすることを喜ぶ。 ・保育者と一緒に、濡れた服を着替えようとする。 ・給食の準備、片づけの仕方を知り、やってみようとする。 ・自分のしたいこと、してほしいこと、してほしくないことなど、保育者と一緒に「かして」「いれて」「〜したい」「やめて」などの言葉でいってみたり、それらを覚えて使ったりする。		

子どもの活動

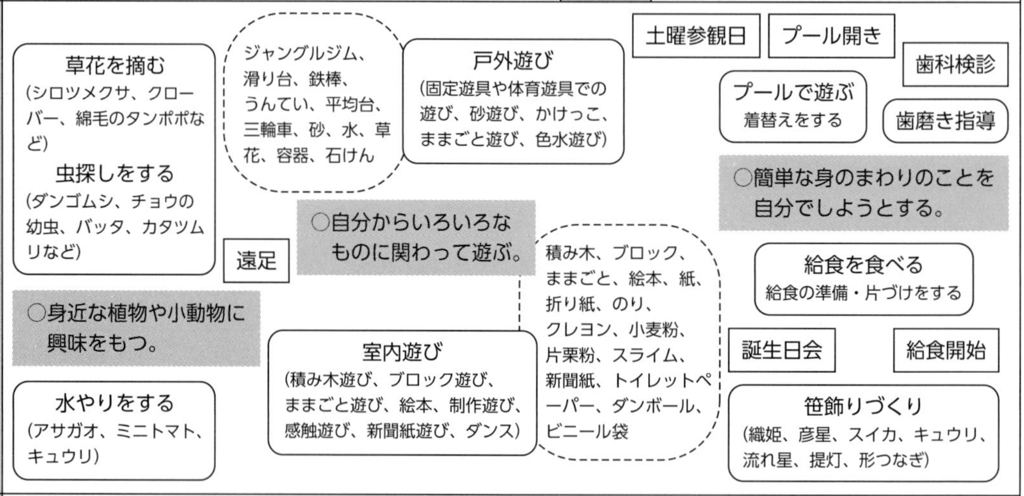

草花を摘む (シロツメクサ、クローバー、綿毛のタンポポなど)	ジャングルジム、滑り台、鉄棒、うんてい、平均台、三輪車、砂、水、草花、容器、石けん	戸外遊び (固定遊具や体育遊具での遊び、砂遊び、かけっこ、ままごと遊び、色水遊び)	土曜参観日　プール開き　歯科検診

- 虫探しをする (ダンゴムシ、チョウの幼虫、バッタ、カタツムリなど)
- プールで遊ぶ 着替えをする　歯磨き指導
- ○自分からいろいろなものに関わって遊ぶ。
- 遠足
- ○簡単な身のまわりのことを自分でしようとする。
- ○身近な植物や小動物に興味をもつ。
- 積み木、ブロック、ままごと、絵本、紙、折り紙、のり、クレヨン、小麦粉、片栗粉、スライム、新聞紙、トイレットペーパー、ダンボール、ビニール袋
- 給食を食べる 給食の準備・片づけをする
- 水やりをする (アサガオ、ミニトマト、キュウリ)
- 室内遊び (積み木遊び、ブロック遊び、ままごと遊び、絵本、制作遊び、感触遊び、新聞紙遊び、ダンス)
- 誕生日会　給食開始
- 笹飾りづくり (織姫、彦星、スイカ、キュウリ、流れ星、提灯、形つなぎ)

環境構成と保育者の援助・配慮	・固定遊具や体育遊具など、遊びたいが難しい子どもには励ましたり、必要に応じて手助けをしたりする。 ・手足や全身で直接素材に触れることが苦手な子どもには、スプーンなどの道具を用意して保育者も一緒に関わりながら遊ぶようにする。 ・梅雨の時期に入り、室内での活動が多くなることが予想されるため、室内での遊びを充実させるとともに、気持ちを発散させて遊べる時間や場を設定する。 ・子どもとともに花や野菜の水やりをしながら、成長や変化に気づき、興味がもてるようにする。 ・草花や虫を集めたり、捕まえたりできるように、飼育ケースや空き容器、ビニール袋を用意しておく。 ・捕まえた小動物は子どもの目のつくところに置き、いつでもみたり触れたりできるようにする。 ・「かして」「いれて」「〜したい」「やめて」などの自分の要求を保育者と一緒にいってみたり、自分でいったりするよう励ます。 ・衣服の着脱、所持品の片づけが徐々に一人でできるように子どもの気持ちを認めながら、手伝ったり、励ましたりする。

行事	・給食開始 ・歯科検診 ・土曜参観日 ・遠足 ・プール開き ・誕生日会	家庭・地域との連携	・毎日の歯磨きの大切さを知らせ、家庭でも保護者と一緒に行ってもらう。 ・暑くなってくるので、着替え用の衣服を多めに用意してもらう。	評価・反省	

※子どもの活動：▢…主な活動、▢…子どもが関わるもの、▢…行事、▨…月のねらい

図14－3　3歳児クラス6月の指導計画

出所：筆者作成

⑨ その他

前記のほかに、食費や生活習慣について、また、その時期や子どもの活動と関連づけた、保育のなかで扱う歌、手遊び、絵本などを指導計画に記す場合もあります。

2 計画作成上の基本

① 子どもの生活や発達の連続性への配慮

子どもの生活は、昨日から今日、今日から明日へと、また、家庭から園へ、園から家庭へと連続して営まれています。そしてそのなかで、さまざまなことを体験し、発達が進んでいきます。指導計画を作成する際には、このような子どもの生活や発達の連続性に十分に配慮することが必要です。

たとえば、図14－3では、6月の子どもの実態として「園内の遊具や玩具の使い方を知り、興味をもって保育者と一緒に遊ぶ」姿をあげています。この姿から保育者は、子どもが園生活に慣れるなかで、園内の環境に興味をもち、自分からはたらきかけるようになってきていると感じました。そこで、6月にはさらに興味を広げながら、子どもが主体的に環境に関わっていくようつなげていきたいと考え、ねらいに「自分からいろいろなものに関わって遊ぶ」ことを設定しています。

このように、子どもの具体的な姿から、今、子どもが何を楽しんでいるのか、それが今後どのような遊びへつながって成長していくのかなど連続性を大切に、保育者としての関わりを考えましょう。自然な生活の流れのなかで、子どもの発達を促していけるような計画が求められます。

② 子ども一人ひとりと集団の育ちの視点

指導計画の作成にあたり、子どもがどのような時期にどのような道筋で発達するかという発達過程を理解していることは重要です。しかし、実際の子どもの発達は、個人の特性や生活経験などにより、一人ひとりに違いがあります。同じ環境や同じ保育者からの同じはたらきかけでも、子どもによって違う意味をもつことは多くあります。計画の作成時には、このことを十分に踏まえて、今、子ども一人ひとりがどのような体験をし、そこから何が育っているのかをとらえ、計画する活動のなかでの子ども一人ひとりの姿をイメージしながら、必要な環境構成や援助について考えていかなければなりません。

また、発達が進むにつれて、子ども同士の仲間関係のあり方も変わってきます。遊びの質も変化し、遊びを通して身につけることも変わって

個別の指導計画
子ども一人ひとりの実態に応じた適切な指導を行うために作成されるもの。特別な配慮を必要とする子どもなどに、必要に応じて具体的な個別の指導計画を作成し、クラスなどの指導計画と関連づけておくことが大切である。

きます。そのため、子ども一人ひとりという視点に加えて、子ども同士の相互作用によって形成される集団としての育ちという視点ももつ必要があります。

③ 指導計画を構成する要素の対応

「1　指導計画の構成」で確認した通り、指導計画を構成する要素はたくさんありますが、そのそれぞれが子どもの実態に基づくねらいを中心として、しっかりと対応していることが計画として重要です。

　たとえば、図14−3では、①で述べたようにねらいとして「自分からいろいろなものに関わって遊ぶ」ことを設定しており、このねらいの達成のために、子どもが体験し身につけることが必要だと考えられる内容として「固定遊具や体育遊具、玩具など、自分の使いたい遊具、用具を使って遊ぶことを楽しむ」ことをあげています。これを踏まえ、具体的な子どもの活動として、「戸外遊び」及び「室内遊び」に含まれるさまざまな遊びとともに、子どもが関わるもの（点線箇所）を考えました。そしてそこから、環境構成と保育者の援助・配慮では、「戸外遊び」や「室内遊び」において、「固定遊具や体育遊具、玩具など、自分の使いたい遊具、用具を使って遊ぶことを楽しむ」（内容）ことで、「自分からいろいろなものに関わって遊ぶ」（ねらい）ことが達成されるように、「固定遊具や体育遊具など、遊びたいが難しい子どもには励ましたり、必要に応じて手助けをしたりする」ことや「手足や全身で直接素材に触れることが苦手な子どもには、スプーンなどの道具を用意して保育者も一緒に関わりながら遊ぶようにする」ことなどをあげています。

　では、もしもねらいとして「自分からいろいろなものに関わって遊ぶ」ことを設定しているにもかかわらず、子どもの活動として、かけっこやボール遊び、歌、ダンスなどしか計画していなければどうでしょうか。子どもが「いろいろなものに関わって遊ぶ」体験は成り立ちません。環境構成として、さまざまな遊具や用具を準備することもないでしょう。このように、子どもの実態に基づくねらいを中心として、それぞれの要素が綿密に対応してこそ、指導計画が機能するのです。

第3節
計画に基づく実践と評価

学習のポイント
- ●計画に基づく保育の実践と評価について重要な視点を学びましょう。
- ●省察の過程が、保育の質の向上にどのようにつながっているのか理解を深めましょう。

1　計画と実践での柔軟性

　これまで述べてきたように、子どもがその時期に必要な体験を積み重ねて発達が促されるためには、計画に基づく保育が重要です。しかし、実際の保育では思わぬところで、予想していなかった多様な子どもの反応や遊びなどが生まれることがあり、計画作成時にそれをすべて見通すことは不可能です。だからといって、保育実践中、予想していなかった活動が生まれた際に、計画していたねらいや活動の流れに固執し、子どもの気持ちをおろそかにすることはあってはなりません。

　活動の展開の面白さとそこに至る子どもの心の動きを読み取りながら、さらに興味や関心が広がり、意欲が高まるような環境を再構成し、実際の子どもの姿に寄り添った援助を柔軟に行っていくことが大切です。

保育者の役割
子どもの主体的な活動を促すため、保育者には、①理解者、②共同作業者、③モデル、④援助者、⑤よりどころ、としての役割を果たすことが求められる。

2　保育における省察

① 省察と保育の質の向上
①保育における省察の意義

　省察とは、自分自身をかえりみて、そのよしあしや是非を考えることです。以下は、倉橋惣三（→第2章）の著書『育ての心』の一節です。保育における省察の大切さを考えてみましょう。

倉橋惣三の著書
『育ての心』のほかに、『幼稚園雑草』『幼稚園真諦』『子供讃歌』などがある。

> 「子どもらが帰った後」
> 　子どもが帰った後、その日の保育が済んで、まずほっとするのはひと時。大切なのはそれからである。
> 　子どもといっしょにいる間は、自分のしていることを反省したり、考えたりする暇はない。子どもの中に入り込みきって、心に一寸の隙間も残らない。ただ一心不乱。

> 子どもが帰った後で、朝からのいろいろのことが思いかえされる。われながら、はっと顔の赤くなることもある。しまったと急に冷や汗の流れ出ることもある。ああ済まないことをしたと、その子の顔が見えてくることもある。――一体保育は……。一体私は……。とまで思い込まれることも屢々である。
>
> 大切なのは此の時である。此の反省を重ねている人だけが、真の保育者になれる。翌日は一歩進んだ保育者として、再び子どもの方へ入り込んでいけるから。

　たとえ計画を立てて保育が行われたとしても、保育後に振り返ることなく実践が繰り返されていればどうでしょうか。子どもが活動のなかで環境をどのように受け止め、何を楽しみどう取り組んでいたのかをかえりみないのは、子どもの育ちをないがしろにするということです。

　保育者として子どもの育ちを大切に、計画と実践を照らし合わせながら、子どもの姿や環境、具体的な援助の1つ1つを丁寧に省察しましょう。子どもが、保育を通してどのようなことを体験し、それによってどのように発達しているのかをしっかりととらえていくことが、次のよりよい保育実践や保育者としての専門性の向上につながっています。

② PDCA サイクル

　計画を立て、計画に基づく保育実践を行い、保育実践を評価し、評価をもとにした改善を行い、それが次の実践につながっていくという一連の流れを「PDCA サイクル」と呼びます。なお、PDCA サイクルを繰り返すことは、ただ同じ過程をぐるぐると繰り返すことではありません。一周ごとに保育の質が向上しながら繰り返されています。そのイメージを大切に、取り組むようにしましょう。

② 保育記録と省察

　保育における省察に、日々の保育の記録は欠かせません。記録を取る意義について「幼稚園教育指導資料第5集 指導と評価に生かす記録」（文部科学省、2013）では、以下の5点があげられています。

①幼児理解を深めるために
②幼児理解を基に次の保育を構想するために
③教師と幼児との関係を省察し、教師自身の幼児の見方を振り返るために
④他の教師と情報を共有し、自分の保育を見直すために
⑤幼児の学びの軌跡を残し、保護者との連携に生かすために

PDCA

計画（PLAN）、実践（DO）、評価（CHECK）、改善（ACTION）を指す。

保育における記録

日々の保育の記録のほかに、個人の記録、指導要録など（→ 259 ページ側注）がある。

このように、記録する過程において、環境構成や援助など自分の保育を省察するとともに、子どもの内面に思いを馳せ、発達への理解を深めていくことができます。また、記録があることによって計画段階で見通していた子どもの反応や活動の発展の仕方と実際の違いなどをとらえやすくなり、次の保育に向けた改善点を見出しやすくなります。

　毎日多くの時間を記録の作成に使うことは難しいため、楽しみながら継続できる方法を探し、保育後にはできるだけ記憶の新しい内に取り組みましょう。計画に記録する箇所を設けておき、保育後に活動に沿って記入する方法もあります。記録の際には、自分がどのような援助をした、子どもが何をして遊んだということだけでなく、援助の根拠となった子ども理解や援助に対する子どもの反応、子どもが遊びを通して何を学び、どう育っているのかに重点を置き、記録していくことが大切です。

図で子どもの育ちをとらえる

子どもの活動や興味や関心の広がり、変化などを文字だけでなく図を作成して（囲う、線でつなぐ、矢印で関係を示すなど）整理すると、発達の経過が読み取りやすくなる場合もある。環境や保育者の援助などを書き加えてもよい。

3　計画に基づく保育の評価

　「幼稚園教育要領解説」（文部科学省、2018）では、保育における評価は「幼児の発達の理解と教師の指導の改善という両面から行うことが大切である」とされています。ここでは、計画に基づく保育をどのように評価していくのか、その視点について学んでいきましょう。

１ 子どもの発達

　子どもが何をして遊んでいたのかも大切ですが、遊びのどこに面白さを感じていたのか、遊びを通して友だちや保育者とどのように関わっていたのか、環境にどのように関わっていたのかなどをとらえることが重要です。子どもの行為とその背景に着目しながら、子どもを多面的にとらえることで、遊びを通して子どもがどう発達しているのかへの理解を深めることができます。また、過去の計画や記録からこれまでの経過を振り返ることで、その時点の評価だけでは気づけなかった子どものさまざまな育ちや変化に気づくことも期待できます。

　なお、評価は、ほかの子どもと比較したり、一定の基準に達したかどうかなどの評定によって行ったりするものではないことに注意しなければなりません。子ども一人ひとりが、その子どもなりにどのように活動に取り組み、ねらいの達成に向かっていくのか、その過程から評価していくよう留意しましょう。

２ ねらいと内容

　計画に基づく保育を行った後、改めてねらいと内容がその時期の子どもの実態にふさわしいものであったかどうかを評価します。ねらいと内

容から、子どもの活動や環境構成、保育者の援助などが導き出されているため、実際の子どもの姿を踏まえて見直すことは重要です。

　また、より長期的な計画のねらいや内容との対応も、改めて確認しましょう。というのも、長期的な計画であれば、子どもの発達を見通すようなねらいでなければなりませんし、短期的な計画であれば、より詳しく具体的なねらいでなければなりません。保育での子どもの姿を踏まえて、設定していた短期的な計画のねらいと内容が、長期的な発達の見通しに基づき、かつ、その時期の子どもの興味や関心に沿った具体的なねらいと内容であったのかどうかを考えましょう。

③ 環境構成と保育者の援助

　「1　計画と実践での柔軟性」でも述べた通り、子どものすべての反応や活動の展開を見通すことは不可能です。そこで、評価では実践中そのような状況に出会った際に、子どもの興味や関心、子どもがつくり出した展開を大切にし、環境を再構成したり、取り上げたり、寄り添ったりしながら、臨機応変に対応できていたのかを考えてみましょう。

　環境の再構成では、さらに新たな環境を加えることで、子どもの主体性を引き出したり、活動を展開させたりすることもできます。また、物的環境だけでなく、遊び込む時間は十分に確保できていたか、スペースの広さは適切であったか、人的環境としての保育者の動きはどのような影響をもたらしたかなども、評価の視点として覚えておきましょう。

　そして、保育者の援助は、子どもの思いに共感したり、励ましたり、認めたり、助言をしたり、時には見守ったりなどさまざまです。そのなかで、子ども一人ひとりが充実感を感じながら活動に取り組み、発達に必要な体験を重ねていけるような援助ができていたかどうかが重要です。保育者として自分が行った援助と援助の根拠となった子ども理解、援助に対する子どもの反応などを具体的に振り返り、次の実践でのより適切な関わりを目指して評価しましょう。

④ 多角的な評価を目指して

　計画や保育の記録を同僚保育者にみてもらい、共に振り返ることも大切です。話し合いのなかで、自分一人では気づかなかった子どもの育ちや変化に目を向け、子ども理解が深まることが期待できます。またそれだけでなく、保育者としての自分の子どもの見方や援助の特徴、傾向などを自覚する機会にもなるでしょう。日ごろからチームで保育を行う意識をもち、同僚性を高め、園全体で保育の質の向上を目指しましょう。

コトバ

同僚性
保育者同士が互いに支え合い、専門性などを高め合っていく協働的な関係のこと。

第4節
幼保小連携の現状と課題

学習のポイント
- ●幼児教育と小学校教育における学びが、どのように連続していくべきか考えましょう。
- ●幼保小連携のあり方を踏まえ、取り組みと課題の現状について理解を深めましょう。

1　接続期をめぐる問題

　子どもたちにとって、卒園を経た小学校入学前後の接続期は、期待だけでなく大きな不安感や困難感を感じる時期でもあります。というのも、幼児教育では、遊びを通した総合的な学びを大切に、方向目標としてのねらいに基づいて保育者が環境を構成し、子どもの主体的な活動を支えています。一方、小学校教育では、教科書などを用いた教科指導であり、到達目標としてのねらいに基づいた学習活動が展開されています。入学した子どもにとっては、このような根本的な学び方の違いや時間割制、宿題、もち物の管理の増加など、たくさんの変化が大きな「段差」となり、戸惑いが生じます。また、少子化や核家族化、地域コミュニティの希薄化などにより、身近にモデルがおらず、子どもだけでなく保護者も含めて育ちの具体的なイメージがもてないことも不安感や困難感の原因になっていると考えられます。

　このような状況を背景として起こる小1プロブレムなどの問題は、学級全体の学びの習得にも直結する深刻な問題です。幼稚園や保育所、認定こども園と小学校には、円滑な接続に向けて互いがしっかりと連携協力し、具体的に取り組んでいくことが求められています。

2　幼保小連携のあり方

　2016（平成28）年に示された「幼稚園、小学校、中学校、高等学校及び特別支援学校の学習指導要領等の改善及び必要な方策等について（答申）」に基づき、幼児教育において育みたい資質・能力の明確化が行われました。図14−4の通り、資質・能力の3つの柱として「知識及び技能の基礎」、「思考力・判断力・表現力等の基礎」、「学びに向かう力、人間性等」をあげ、幼児教育で育まれた資質・能力を基盤として、小学

コトバ

小1プロブレム
小学校に入学したばかりの1年生が、授業中に座っていられない、教師の話を聞かない、騒ぐ、集団行動が取れないなど、学校生活になじめない状態が続くこと。原因は、接続期の段差のほかにも、家庭の教育力や教員の指導力不足などがあげられている。

257

コトバ

幼児期の終わりまでに
育ってほしい姿

特に5歳後半にみられる
ようになる姿。発達して
いく方向を意識して、5
歳以前からそれぞれの時
期にふさわしい指導を積
み重ねていくことが求め
られる。到達目標ではな
く、個別に取り出されて
指導されるものではない
ことに留意する。

校以上で新たな資質・能力が培われていくことを示しています。

　また、資質・能力に加えて「幼児期の終わりまでに育ってほしい姿」（「健康な心と体」「自立心」「協同性」「道徳性・規範意識の芽生え」「社会生活との関わり」「思考力の芽生え」「自然との関わり・生命尊重」「数量・図形、標識や文字などへの関心・感覚」「言葉による伝え合い」「豊かな感性と表現」）が明示されました。これを連携の際に用いて子どもの具体的な姿を共有し、小学校教師に幼児教育での子どもの発達や保育者の意図について伝えることが、円滑な接続を図る上で重要です。

　幼保小連携にあたっては、これらを踏まえ、園と小学校の双方が共通認識をもつとともに、互いの教育の特色に理解を深めるよう留意しましょう。そのうえで、互いの立場を尊重しながらともに試行錯誤し、子どもの発達や学びの連続性に十分に配慮して取り組んでいかなければなりません。

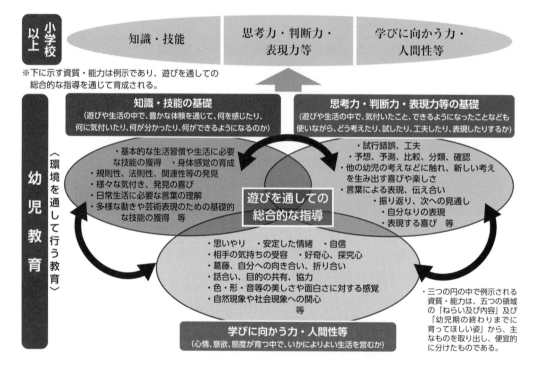

図14−4　幼児教育において育みたい資質・能力の整理

出所：文部科学省「幼児教育部会における審議の取りまとめについて（報告）」（2016）

3　幼保小連携の取り組みと課題

１　幼保小連携のさまざまな取り組み

　幼保小連携の取り組みとして、まず、子ども間の交流活動があげられ

ます。たとえば、園の子どもたちが小学校を訪問して一緒に給食を食べたり、小学生が園を訪問して子どもたちに読み聞かせをしたりするなどさまざまです。園の子どもにとっては、小学校の環境に親しみをもち、小学生に憧れを抱くなかで、入学への期待を高めることができるでしょう。一方、小学生にとっては、年下の子どもとの関わりを通して、思いやりの心を育んだり、自分の成長を感じたりする機会になるなど、双方の子どもたちにとって意義のある活動といえます。

　また、保育者・小学校教師間の交流も欠かすことはできません。保育参観や授業参観、意見交換や合同研修、人事交流などを通じて、それぞれの時期に子どもがどのようなことを体験し、学んでいるのかに加え、保育者や小学校教師がどのような意図をもって、日々保育や教育を行っているのかへの理解を深めることができます。

　そのほかにも、園では小学校就学を見通しながら、友だちと一緒に保育者の話を聞いたり、行動したり、きまりを守ったり、協同的な遊びに取り組んだりする経験を重ねています。一方、小学校では、入学当初においては、スタートカリキュラムを編成し、生活科を中心として合科的な指導や柔軟な時間割の設定などを行い、接続期の「段差」をできるだけ小さくするための取り組みが行われています。

② 幼保小連携の課題

　子ども間や保育者・小学校教師間の交流は進んできているものの、課題もあります。それは、計画的、継続的、組織的に取り組んでいくことです。たとえば、子ども間の交流において活動を深めていくためには、計画の共有を含む事前の打ち合わせだけでなく、事後の振り返りも欠かせません。しかし、多忙な保育・教育現場では、双方の時間の調整がつかず、十分に行えていないことも多いのが現状です。また、連携の取り組みの一つひとつがその場限りのイベントとして行われてしまっていたり、一部の保育者や小学校教師のみで取り組まれ、人事異動などで連携の状況が変わってしまうこともあったりします。

　取り組みをより充実させるには、教育課程等の接続も意識しながら取り組みを年間計画に位置づけ、長期的な計画をもとに継続的に取り組んでいくことが必要です。そして、園と小学校の日常的な連携体制を確立し、園や小学校全体で組織的に取り組む意識を高めることが不可欠です。

（尾山　祥子）

協同的な遊び

友だちと同じ目的をもち、協力したり、役割をもったりしながら取り組む遊びのこと。主に5歳児の保育で取り組まれる。

幼稚園幼児指導要録
保育所児童保育要録
幼保連携型認定こども園園児指導要録
認定こども園こども要録

小学校入学にあたり、園から小学校に送付する個人記録で、法律で定められた公式な文書である。園での保育や指導と子どもの育ちについて、保育内容五領域のねらいを視点として記入する。卒園年度は、小学校などでの指導に生かされるように、「幼児期の終わりまでに育ってほしい姿」を活用し、総合的に記入することが求められる。

259

演習課題

① 保育を通して子どもの発達を促していくためには、どのような計画を立てることが重要かまとめましょう。

② 部分指導計画を立案した後、「指導計画を構成する要素の対応」ができているかを改めて見直し、さらに改善してみましょう。

【引用・参考文献】

保育所・幼稚園・小学校の連携の推進に関する調査研究協力者会議　「2008（平成 20）年　保育所・幼稚園・小学校の連携の推進に関する調査研究協力者会議（第 1 回）配付資料　資料 4 保幼小連携の成果と課題（調査研究事業報告書等より）」

http://www.mext.go.jp/b_menu/shingi/chousa/shotou/057/shiryo/attach/1367255.htm（2019 年 6 月 20 日アクセス）

門谷真希・山中早苗編　『保育の指導計画と実践演習ブック』　ミネルヴァ書房　2016 年

河邉貴子　『遊びを中心とした保育 保育記録から読み解く「援助」と「展開」』　萌文書林　2010 年

厚生労働省　「保育所保育指針解説」　フレーベル館　2018 年

倉橋惣三著　「子どもたちの中にいて」　津守　真・森上史朗編　『育ての心（上）』　フレーベル館　2008 年

松本峰雄・安藤和彦・髙橋　司　『改訂保育職論』　建帛社　2019 年

文部科学省　「小学校学習指導要領解説 総則編」　東洋館出版社　2018 年

文部科学省　「幼稚園教育指導資料第 1 集 指導計画の作成と保育の展開」　フレーベル館　2013 年

文部科学省　「幼稚園教育指導資料第 5 集 指導と評価に生かす記録」　フレーベル館　2013 年

文部科学省　「幼稚園教育要領解説」　フレーベル館　2018 年

内閣府・文部科学省・厚生労働省　「幼保連携型認定こども園教育・保育要領解説」　フレーベル館　2018 年

幼児期の教育と小学校教育の円滑な接続の在り方に関する調査研究協力者会議　「2010（平成 22）年 幼児期の教育と小学校教育の円滑な接続の在り方について（報告）」

http://www.mext.go.jp/component/b_menu/shingi/toushin/__icsFiles/afieldfile/2011/11/22/1298955_1_1.pdf（2019 年 6 月 20 日アクセス）

幼児教育部会　「2016（平成 28）年 幼児教育部会における審議の取りまとめについて（報告）」

http://www.mext.go.jp/b_menu/shingi/chukyo/chukyo3/057/sonota/__icsFiles/afieldfile/2016/09/12/1377007_01_4.pdf（2019 年 6 月 20 日アクセス）

第15章

教育の方法と技術のまとめ
——保育者の真の姿とは

　本章では、保育者とは何かを考える"保育者論"の見地から、これまで本テキスト内で学んできた教育の方法と技術を、どうとらえていくかについて述べていきます。

　第1節では、保育者の資質について、保育者としてどうあろうとするべきか、さらには、専門的知識・技術が保育のなかでどう発揮されているのかについて解説をします。第2節では、筆者の保育現場での経験を基にして、保育者の日々の現実をふまえながら、本テキストで学んだ"教育の方法と技術"をあてはめていきます。

　いずれにしても、筆者の保育現場における経験が教育の方法と技術のまとめとして、現場によりよく対応し、それぞれの元へ届くことを切に願います。

第1節
保育者として幼児教育の方法と技術をどうとらえるか

学習のポイント
●保育者としての資質を学ぶことで保育者としてどうあるべきか理解しましょう。
●専門的な知識・技術をキーワードとし、保育に取り組むことが大切であることを知りましょう。

　本節では、保育者として身につけるべき資質、考え方を述べていきます。本テキストの集大成として、これまで学んできた保育や子どもに関する専門的な知識・技術が、保育者にとってどういった意味をもつのか、あるいはどういった自覚をもつべきなのかについて改めて言及していきます。

1 保育者としての資質――専門的な知識と技術を身につける

① 保育者＝プロフェッショナル（専門家）としての自覚

　子どもを守り育てる人々、その総称を保育者といいます。広義における保育者は子どもが生まれたときから傍にいる保護者も含めますが、狭義における保育者とは資格や免許を有しそれを職業とする人のことをいいます。本テキストで学ぶ人は、狭義における保育者を目指す人がほとんどだと思います。

　そして、保育者を職業とする人は保育や子どもに関する専門的な知識と技術（詳細については本節2）をしっかりと勉強し、かつ勉強し続ける人でなければなりません。このような人のみ、社会において保育者と名乗ることができます。これこそ保育者が専門職であるという所以です。保育者を職業としようとする人は、保育者が専門職であり、それに関する知識や技術の専門家であるという自覚をもつことが必要になります。

② 専門家として "ねらい" を設定する

　保育におけるねらいとは、目の前にいる子どもたちに込める保育者の願いのようなものです。つまり、自身の願いが文章化されたものです。目の前にいる子どもたち一人ひとりの様子を保育者(つまり自身)がしっかりと把握したうえで、一人ひとりに願いを込めます。この一連の流れは、子どもの実態をふまえてねらいを設定するといったことです。まず、子どもをしっかりと観察したうえで、自身の願いを込めることが大切なことであるといっておきます。

コトバ

保育者

乳幼児を保育する人のことで、一般的には職業として乳幼児、児童の保育に直接関わっている幼稚園教諭・保育士の総称である。広義には、幼稚園教諭、保育所保育士に限らず、親やすべての幼稚園や保育所のスタッフも包含する言葉である。

　しかしながら、保育者だけの願いを込めるわけにはいきません。その前に、国や園・施設にも“子どもたちにはこうなってほしい”といった願いがあります。国の願いは幼稚園教育要領、保育所保育指針、認定こども園教育・保育要領にしっかりと書かれています。いわば、これらに書かれていることを学校で学んできたといっても過言ではありません。

　つまり、これまで自身が学んできた保育や子どもに関する専門的な知識・技術は、わが国の子どもたちをこのように育てていきたいという国の願いを学校において伝えられてきたということです。自身のねらいだけでなく、そこには必ず、国や自身の所属する園・施設のねらいも含まれている必要があります。ちなみに園・施設のねらいは、それぞれが作成している教育課程や全体的な計画において述べられています。

③ 自身を追求する〜自身という人を形成する

　保育者になろうとしている人（あるいは保育者）が何に興味をもって、その時間をどう過ごしているかということも、その人を形成することに大きな影響を与えていくことでしょう。たとえば、その人が趣味の1つとしてギターやフルートを演奏することを楽しむ時間を過ごしているのであれば、その時間を過ごすなかで得られるさまざまな物事がその人の人生をより豊かにしていくことにつながるでしょう。これらには、楽しいだけでなく、上達するうえで欠かせない練習時の厳しさやつらさも含まれます。

　あるいは、自身がもし帰国子女であれば、外国で過ごした日々や、そこで得たさまざまな知見、さらには外国語を習得していることそのものも含め、その人を形成することでしょう。

　つまり、保育者になろうとする人は、その人生を豊かにするためにさまざまな経験を積み続ける人である必要があります。よいことばかりではなく、つらいことや、悲しいこと、すべてをひっくるめて自身を形成するものであると認識し、受け止め続けることこそ重要です。これらの経験は、保育者になろうとする人にとっては、時に勉強し続けている保育に関する専門的な知識・技術をも凌駕する知識・技術となって、子どもたちに還元されることでしょう。

④ 永遠の“勉強家”である

　保育者は絶えず勉強し続ける人でいる必要があります。保育に関する専門的な知識・技術を学び続けることはもちろん、自身を追求し続けるということもあわせて、保育者は永遠の“勉強家”であるとここで強調しておきます。このことなくして保育者としての資質を問うことは不可能です。それ故に、保育者は自身のあり方や子どもに関することなどに

教育課程・全体的な計画
幼稚園においては、教育課程にその園のねらいが記述されている。保育所、認定こども園においては全体的な計画に記述されている。

専門的な知識・技術を学び続ける
たとえば、国の願いが込められている幼稚園教育要領や保育所保育指針等は、改訂を重ねて今の形となっている。今後、改訂する度に保育者を職とする人はそれを学び直す必要がある。免許状更新講習なども、その学び直しの機会を得るためのものである。

ついて、悩み続け、考え続けます。悩み、考え続けること、それが保育者の仕事でもあります。

2　専門的な知識・技術

　いうまでもなく、学校で学んだ保育に関する知識や技術、子どもに関する知識や技術などが、保育者にとっては専門的な知識・技術であるということができます。具体的にいえば"環境は子どもの周りにあるものすべてをいう"とか"幼稚園教師の役割は心のよりどころ、憧れを形成するモデル、共同作業者、理解者、援助者である"といったようなことが専門的な知識にあたります。

　専門的な技術としては、わかりやすいところでいえば、ピアノがどれだけ上達したか、子どもとともに何かをつくるための技法（コラージュなど）を身につけているかなどでしょう。これら以外にも、人生経験として積んできたものや一見専門的な知識・技術とはつながりそうにないことも含め、学校ではないところで学んできた知識・技術も専門的な知識・技術となり得ます。

　これまで述べてきたように、保育者は専門職です。保育者にとっては、その専門的な知識と技術を身につけているかどうかが、保育者であり続けるための大きな拠り所となります。

① キーワードとして頭に残すということ

　専門的な知識や技術のある人、ない人では、決定的に子どもたちとの関わり方が変わってきます。それは保育の専門家であるか否かの違いともいえます。専門家とは、保育に関する知識・技術がキーワードとして頭のなかに瞬時に思い浮かべることのできる人です。保育中は絶えず状況が変化していきます。たとえば、子どもは目の前で急に泣き出したかと思えば、次の瞬間にはほかの友だちと一緒に笑い出したりします。あるいは少し目を離した瞬間に突然けがをしてしまうことだってあります。そういった状況下で保育者は対応を迫られます。そして、その瞬間に頭のなかに保育に関するキーワードを思い浮かべることができるかどうかが問われます。筆者の経験した1つの事例を通してわかりやすく解説します。

事例1　年少さんがずっと年長さんのリレーをみている

　10月末、幼稚園では運動会が終わって、その余韻が子どもたちの遊びのなかにも大きな影響を与えています。この園では

+α
人生経験や専門的な知識・技術とはつながりそうにないこと
本節1③で述べたような、自身が人生のなかで獲得してきたもの。日ごろの生活のなかで習慣化されているような事柄が、意外と専門的な知識・技術となって保育のなかに顕在化されることもある。雑巾のしぼり方、言葉遣いなど。

運動会でとても盛り上がったリレーを年長さんが自ら遊びのなか
に取り入れています。今日も年長さんはリレーをして楽しんでい
ます。そして、その様子をじーっと年少さん二人組が眺めています。
時間にしてほんの1、2分程度ですが、毎日年長さんのリレー
をみています。二人はただただ眺めています①。それ以外の動き
はほとんどありません。
　ある日、いつものように年長さんのリレーをみている年少さん
二人のうち一人が、一瞬だけ右手を前へ出す様子②に、保育者は
気づきます。

　もしこの場面に遭遇したら、保育者としてどうするべきだと考えます
か。どんな保育をするかについては、さまざまなパターンがあっても構
いません。「私ならこうする」といった想像をしてみてください。

　1つのパターンをここに記しておきます。これが正解というわけでは
ありません。繰り返しますが、さまざまなパターンがあっていいのです。
極端なことをいえば、もしこの場面に100人の保育者がいたら100通り
のパターンがあっても構いません。

　下線①の段階では、毎日リレーをみている年少さん二人の様子を保育
者として見守り続けます。この段階では声をかけたりせずに、年少さん
二人がじっくりと年長さんという人的環境と同一化しようとしている状
況を見守り続けます。次に、声掛けを行うかどうか迷いながら考えます。
最終的には保育者から「一緒に遊ぼうか」「年長さんのリレーに入れて
もらおうか」などの行動を起こすかもしれません。この一連の流れを
見守り→声かけ→手を差しのべる といった援助者としての役割である
と言い換えることができます。

　また"行動を起こすかもしれない"としたのは、その流れのなかに葛
藤があるからです。この援助者の役割のなかで、保育者はどこまで見守
り→いつ声掛けをし→どう手を差しのべるかで葛藤します。ここで思い
浮かべたキーワードは"援助者"です。それに紐づいて"見守り→声掛
け→手を差しのべる"を思い浮かべることができました。

　さらに、下線②の段階においては、右手を前に出したときの子どもの
気持ちに寄り添おうとします。どんな気持ちで手を出したのか、何かを
したいと思ってなのか、ここでもやはり保育者として葛藤します。「仲
間に入れてほしいのか」「もう一人の年少さんに、これ以上は前に出
らだめだというメッセージなのか」「ただ風を感じたい（年長さんが駆

コトバ

人的環境
園・施設が構成する環境
として、人的環境、物的
環境、自然環境、社会
（的）環境があげられる。
園・施設にいる人々、来
る人々、子どもと関わる
すべての人を指す。

265

け抜けるときの勢いを感じたい）だけなのか」など、保育者としてさまざまな考えが駆け巡ります。その結果、下線①の行動に移るかもしれません。

　このような事例に遭遇したとき、専門的な知識がある人は解説したようなことに限らず、さまざまなキーワードを思い浮かべることができます。そして、そのときこそ、これまで学んで習得してきた自身がもつさまざまな教育方法や技術が活用されることとなるのです。

② 経験年数で変化していくもの、上達していくもの

　保育者としての専門的な知識・技術は、保育者としての実務経験を積むことで変化し、上達していくものです。実務経験だけでなく、人生経験を重ねていく（年齢を重ねていく）うえでも同様のことがいえます。実務経験は当然、保育者という仕事を日々積み重ねていくことで得られます。1年目の保育者は、その園・施設の1年の流れを書類上でしか知り得ることができません。たとえば、書類上で10月に運動会があると記載があっても、実際にその運動会を経験していないと具体的なイメージをもちにくいものです。ところが、2年目以降の保育者となれば、運動会を1回経験しているので、より具体的なイメージをもったうえで、運動会に向けた準備を進めていくことができるようになります。これが実務経験として積み重なっていくことで自身の成長を感じることでしょう。

　人生経験についてこちらもわかりやすいところでいえば、自身で子育ての経験がないまま保育者となった際には得られなかった知見が、実際に自身で子育てを経験することで得られたりするといったようなことです。

　現場ですでに活躍している先輩保育者たちは皆、その実務経験や人生経験を積んだうえで、皆さんよりも専門的な知識・技術に深みをもたせています。後輩として謙虚な心持ちで、先輩保育者たちと接していきたいものです。

第2節
悩み続ける保育者、それが真実

学習のポイント
- ●保育の現実を知りながら、そのなかに教育方法と技術が詰まっていることを知りましょう。
- ●保育に関わる葛藤＝魅力的で楽しい選択肢がたくさんあることととらえましょう。

　本節では、日々の保育の現実をあるエピソードを通して知ってもらいながら、そのなかにこそこれまで学んできた教育方法と技術が詰まっていることを知ってもらいます。また、保育者がなぜ悩み続けるべき仕事なのか、それをどうポジティブにとらえながら毎日を過ごしていくべきなのかについて解説していきます。

1　日々の保育の現実を知る

　筆者は保育現場に長く身を置いています。そこでは、さまざまな子どもとの関わり、保育者との関わりをもってきています。そして、保育現場のエピソードをいくつも抱えていくうちにこんな気持ちが芽生えてきました。「あらゆるエピソードのなかに、保育者のチャレンジや葛藤が詰まっている」という気持ちです。ここでも１つ事例を紹介します。この事例を通して、日々の保育の現実を知ることと同時に、このなかからこれまで学んできた教育の方法と技術の在処を探っていくことにしましょう。

事例2　夏の大三角形

　砂場遊びに関する研究を進めていくなかで、ある幼稚園で週に１回、子どもたちが砂場で遊んでいる様子を撮影し続けていました。そんなある日のことです。
　今日もビデオ撮影をしながら、子どもたちと一緒に砂場で遊んでいました。筆者からみて、左側に年長さんの男の子、右側にも年長さんの男の子が一生懸命長いスコップを使って穴を掘っています。「何をしようとしているの？」とたずねると……「わからないの？　先生の落とし穴を掘っているんだよ」と答えます。どうやら筆者の左足と右足が落ちるための穴を掘って

+α

筆者の保育現場における経験

こんなプラスαは必要ないと思いつつ……20代初めから30代初めまでの約10年間、幼稚園の現場に身を置いていた。教師としてではなく、その幼稚園の２代目園長として日々勉強に励んでいた。

いるようです。

　二人がこんな調子でしばらく穴を掘り続けている様子をビデオに収めていると右側から年長さんの女の子がやって来ます。「何してるの？」と女の子。男の子たちは「落とし穴掘ってるの！」と答えます。女の子は「いいな……私も入れて！」と伝えます。そうすると右側で穴を掘っていた男の子が「いいよ。僕の穴をあげるよ」といってその穴を女の子に譲ります。女の子は「ありがとう」といってその穴とスコップをとてもうれしそうに譲り受けます。落とし穴づくりの様子は、左側に年長さんの男の子、右側に年長さんの女の子が穴を掘っている様子に変化します。

　引き続きその様子をビデオに収めていると、右側から先ほど穴を譲った男の子が同じスコップをもって戻ってきました。その男の子は私のほんの目の前で同じような穴を掘り始めます。筆者からみて手前に戻ってきた男の子、奥左側に男の子、奥右側に女の子がそれぞれ穴を掘り続けている様子に変化します。

　すると突然、女の子が叫びます。「先生、これみて！」

　穴を3つ、指差しながら「これ、夏の大三角形！」と。

　筆者は驚いてたずねます。「どうして夏の大三角形なんて知ってるの？」

　「だって、こないだプラネタリウム見学に行ったもん」と女の子。

夏の大三角形

このエピソードのもう1つ興味深いところは、子どもたちは砂場に夜空を描くことができるということ。これに感動する保育者でありたい。

　この日の打ち合わせに筆者も参加させて頂き、この事例を全教職員に伝えました。とても感動した気持ちと、保育者の願いが子どもたちに伝わっていることの素晴らしさを語らせてもらいました。教職員たちは、自分たちが日ごろ行っている保育の意味を再確認できたといっていました。

　この事例の肝は、保育者がねらい（夏の夜空に興味をもつ、夜空を見上げて星と出会うきっかけをつくるなど）をもって行っている保育内容（ここでは1週間前に訪れたプラネタリウムで上映された星の様子を観るということ）と、しばらくして幼稚園で行われた砂場遊びでの3つの穴とがそれぞれ点と点となって結ばれたということです。つまり、ある日の保育とある日の保育が結ばれて線となったということになります。

　保育者はプラネタリウム見学を計画した時点でさまざまな業務をこなしていきます。保育者同士の関わりとしては、事前に指導案を作成したり、それを会議にかけたり、さらにはプラネタリウムの下見に行ったりもします。細かいところをいえば、昨年の反省を振り返ってから指導案を作成し

たりもします。

　子どもへの保育者の関わりとしては、プラネタリウムに興味をもつ"仕掛け"を工夫しながら、その教材の準備を整えていきます。たとえば、星に関する絵本の読み聞かせをしたり（第6章）、きらきら星を歌ったり（第5章）、歌いながら体を動かしたり（第4章）、遊戯室や体育館に集まって星に関するスライドを上映したり（第10章・ICTの活用）、さまざまなアプローチを子どもたちへ向けて試みていきます。もっといえば、これらのたとえはすべて保育計画と実践（第14章）と位置づけることができます。また、子どもたちのなかには特別な配慮を要する子ども（第11章：外国籍児童、第12章：障害児）もいるかもしれません。

　さらに、プラネタリウム見学が終わった後の計画も、この段階（プラネタリウム見学に行く前に）でしています。たとえば、子どもたちが観た夜空の様子を絵に描いたり（第3章）、子どもたちが描いた絵のなかにある星の数をみんなで一緒に数えたり（第7章）、プラネタリウムに行った後の子どもたちへのアプローチも事前に考えています。もっといえば、星に興味をもつこと自体、理科に興味をもつ（第8章）ということにつながるのではないでしょうか。さらにいえば、すべての事柄が幼児教育の歴史（第1章）が培ってきた英知の賜です。最後は少し強引すぎたでしょうか。

　このようにして、保育者はプラネタリウム見学のその日を迎えるべく入念に準備を進めていくものです。そして、その準備のなかにこれまで本テキストで伝えてきたものが溢れんばかりに詰まっています。これが幼児教育における、その方法と技術であるということができます。

2　葛藤は成長へと……

　ここまで、本書において学んできたことを実際の日々の保育にあてはめながら語ってきました。保育者として現場に立ち、一つひとつのエピソードに真摯に取り組むなかで、自身のもつ専門的な知識・技術をいかんなく発揮してくれることを願っています。最後に、保育者として葛藤すること、それが成長へとつながっていく話を伝えておきます。

　目の前に、ドーナツがたくさんあるとします。そのドーナツは一つひとつ味が異なり、どれもとても美味しそうです。さて、あなたはどれを選択しますか。「チョコレートがかかっているドーナツにしようか」「抹茶味のドーナツにしようか」「それとも、砂糖がまぶしてあるものにしようか」など、きっとたくさん悩むと思います。それが葛藤です。では、なぜ悩み考えてしまうのでしょうか。それは、これといった答えがない

絵本の読み聞かせ

ただ、プラネタリウムに行くから読むということではなく、何となく部屋の片隅にその絵本を置いて子どもたちが気づくのを待つことも一工夫のうちに入る。

からです。この場合は、どのドーナツを食べてもきっと美味しいから選ぶのに悩んでしまうのです。

　実はこういったことが、保育者として子どもと関わるなかで起こり得ます。それは葛藤の連続です。保育現場でもたくさんの選択肢が保育者の目の前に現れます。そのどの選択肢もきっと魅力的で楽しいものです。

　保育の計画を立てているとき、さまざまな選択肢から悩みながら選び抜き、それを指導案として完成させることでしょう。その際にはいうまでもなくこれまで学んできた自身の専門的な知識・技術が発揮されます。あるいはその時点で専門的な知識・技術が不足していると感じれば、先輩保育者からアドバイスを頂いたり、図書館や本屋さんに駆け込んでさまざまな本を手に取ったりするかもしれません。いずれにせよ、自身がこれまで学んできた（学び続けている）教育方法と技術が物をいいます。

　保育中では、たとえばリレーのとき（事例1）、子どもが手を差しのべたときも、保育者としてさまざまな選択肢が考えられたでしょう。言葉がけをしない選択をした事例でしたが、言葉がけをする選択をしてもよいのです。そうすることでここでは語られなかった、また新たな展開が生まれるかもしれないのです。

　砂場遊びのとき（事例2）も、筆者はじっと見守ることを選択して子どもたちと関わっていましたが、一緒に穴を掘り出すといった選択をする保育者もきっといるでしょう。やはりこの場合も、また新たな展開が期待できることを私たちはすでに知っています。

　保育後、自身のなかで「ああすればよかった」など、振り返ることになります。保育後こそ、その瞬間にさまざまな選択肢があったことに気づかされます。そしてそのことに気づく保育者は、次の保育の計画に反映させます。また、保育者間で語り合うときにもそういった気づきを得ることができます。そのうえで作成された指導案を基に、次の保育へとチャレンジし、そしてそれを繰り返していきます。

　このように、保育者として目の前に現れるさまざまな選択肢において悩み続けること、それが保育者としてのよりよい成長を保障するものにつながっていきます。その葛藤のなかで、本テキストで学んださまざまな専門的な知識・技術を駆使しながら保育を続けていくこと、それが保育者の仕事です。そして、自身で不足していると感じる知識・技術については、絶えず学び直し、学び続けながら保育者であることを目指していきます。保育者は"永遠の勉強家"です。資格や免許を取得した後もこの志をもって、日々の保育に精進していってほしいと切に願っています。

（野津　直樹）

魅力的で楽しい
逆にとても苦しい選択肢も時には顕在化する。筆者の経験上、子どもがけがをしたときの「ああすればよかった」といったようなことである。けがをしてしまうことや事故が起こってしまうことがないよう、やはり入念に計画を立てて、そこに自身の教育の方法と技術を手抜きすることなく詰め込んでいきたいものである。

保育者間で語り合う
打ち合わせの前（お茶の準備をしているときなど）の何となくの話のなかでも語り合いが生まれる。もちろん、反省会などの会議の場でも。あるいは仕事終わりの食事をともにしたときにも語り合いの場はいつでも自身の傍にある。

① 自身の人生で経験し、ある程度獲得できたと自覚しているものについて記述してみましょう。

<例>筆者の場合

経験したもの	保育のなかでどう生かされそうか（子どもたちとどう関われそうか）
ギター	日本のロックがとても好きで趣味としてずっと続けている。そのままでは子どもたちがびっくりしてしまうかもしれないので、子どもたちが聞きやすいものをアコースティックギターで奏でてみよう。
バスケットボール	園・施設にバスケットゴールがあれば、子どもたちと一緒に遊ぶことができる。
パソコンのスキル	パソコンも好きでずっと触っているので得意と自負している。園だよりを作成したり、ホームページの編集をしたりもできそう。その他、園のICT活用の一助として能力を発揮できそう。
以下、経験を積み続けることで増やしていきます。	

<例>を参照しながら記述しましょう。ここで記述できたものが自身の保育に彩り（いろど）を加えてくれるかもしれません。

あなたの場合

経験したもの	保育のなかでどう生かされそうか（子どもたちとどう関われそうか）
必ず手元に残してください！　自身の成長のためです。	

　本書内でも述べましたが、経験を積み続けることが重要です。ここで記述して終わってしまわないで、引き続き手元に残しておきながら（スマホに登録しておくなど、手軽な感覚で OK）更新していく作業を行うことが重要です。

② 　p.264 の事例 1 を読んで、実際に自身がその場にいたらどうしていたか（記述①）、またどのように考えていたか（記述②）を下表に沿って記述してみましょう。

＜例＞本書で語られた保育者の場合

記述①：リレーをただただ眺めている二人をみつけたとき、どうしていたか。
・ずっと見守り続ける。特別に声かけをしたりはしない。 ・どのタイミングで声を掛けたり、手を差しのべたりするべきか悩みどころだが、まずもって見守り続けることを徹底していく。
記述②：右手を前に出したときの子どもの気持ちをどう考えるか。
・仲間に入れてほしい ・もう一人の年少さんに対して、これ以上は危ないから前に出たらだめだというメッセージ ・ただ風を感じたい（年長さんが駆け抜けるときの勢いを感じたい）だけ

　＜例＞を参照しながら記述しましょう。100 人の保育者がいれば 100 通りのパターンがあっていいです。

あなたの場合

記述①：リレーをただただ眺めている二人をみつけたとき、どうしていたか。
記述②：右手を前に出したときの子どもの気持ちをどう考えるか。

【引用・参考文献】

野津直樹・宮川萬寿美編著　『保育者論』　萌文書林　2019 年

汐見稔幸・大豆生田啓友編著　『保育者論（第 2 版）』　ミネルヴァ書房　2016 年

宮川萬寿美編著　『保育の計画と評価——豊富な例で 1 からわかる』　萌文書林　2019 年

森上史朗・岸井慶子編著　『保育者論の探求』　ミネルヴァ書房　2006 年

谷田貝公昭編　『新版・保育用語辞典』　一藝社　2016 年

さくいん

編著者・著者紹介

●編著者

大浦 賢治（おおうら　けんじ）
三幸学園小田原短期大学 保育学科通信教育課程　准教授
保育士
［執筆担当］第 1 章／第 13 章

野津 直樹（のづ　なおき）
三幸学園小田原短期大学 保育学科　准教授
［執筆担当］第 15 章

●著者（五十音順）

赤羽 尚美（あかはね　なおみ）
三幸学園小田原短期大学 保育学科通信教育課程　特任講師
博士（文学）　公認心理師　臨床心理士
［執筆担当］第 6 章

稲葉 久美子（いなば　くみこ）
三幸学園小田原短期大学 保育学科・通信教育課程　非常勤講師
［執筆担当］第 10 章

岡元 実和（おかもと　みわ）
三幸学園小田原短期大学 保育学科通信教育課程　特任講師
学校心理士
［執筆担当］第 5 章

尾山 祥子（おやま　しょうこ）
三幸学園小田原短期大学 保育学科通信教育課程　専任講師
［執筆担当］第 14 章

久保 玄理（くぼ　はるよし）
三幸学園小田原短期大学 保育学科通信教育課程　准教授
和歌山県男女共同参画審議会委員
［執筆担当］第 9 章

近藤 正子（こんどう　まさこ）
三幸学園小田原短期大学 保育学科通信教育課程　講師
［執筆担当］第 4 章

桜井 恵子（さくらい　けいこ）
三幸学園小田原短期大学 保育学科通信教育課程　教授
社会科学博士
［執筆担当］第 7 章

末松 加奈（すえまつ　かな）

東京家政学院大学現代生活学部児童学科　助教

保育士

［執筆担当］第8章

髙橋 利恵子（たかはし　りえこ）

東北大学病院小児科　臨床発達心理士

保育士　幼稚園教諭

［執筆担当］第13章

谷口 征子（たにぐち　ゆきこ）

三幸学園小田原短期大学 保育学科通信教育課程　専任講師

［執筆担当］第11章

内藤 真希（ないとう　まき）

(学)共立学園認定こども園新光明池幼稚園　園長

［執筆担当］第4章

早川 礎子（はやかわ　もとこ）

三幸学園小田原短期大学 保育学科通信教育課程　特任教授

豊岡短期大学・姫路大学　非常勤講師

秘書検定準1級資格

［執筆担当］第2章

松山 寛（まつやま　ひろ）

帝京科学大学幼児保育学科　助教

保育士

［執筆担当］第11章

水野 惠理子（みずの　えりこ）

三幸学園小田原短期大学 保育学科通信教育課程　准教授

日本音楽療法学会認定音楽療法士

［執筆担当］第12章

屋宜 久美子（やぎ　くみこ）

三幸学園小田原短期大学 保育学科通信教育課程　特任講師

［執筆担当］第3章

編集協力：株式会社エディット

本文イラスト：こまつちひろ・株式会社千里

レイアウト：株式会社千里

実践につながる 新しい幼児教育の方法と技術

2020 年 3 月 30 日　初版第 1 刷発行　　　　　　　　〈検印省略〉
2021 年 12 月 10 日　初版第 2 刷発行

定価はカバーに
表示しています

編著者　　大　浦　賢　治
　　　　　野　津　直　樹
発行者　　杉　田　啓　三
印刷者　　中　村　勝　弘

発行所　株式会社　ミネルヴァ書房
607-8494　京都市山科区日ノ岡堤谷町 1
電話代表 (075) 581 - 5191
振替口座　01020 - 0 - 8076

© 大浦・野津ほか, 2020　　　　　　中村印刷・藤沢製本

ISBN978-4-623-08964-2
Printed in Japan

─────────── ミネルヴァ書房 ───────────
https://www.minervashobo.co.jp/